Rupert Frank

Biblische Geschichten auf boarisch

Rupert Frank

Biblische Geschichten auf boarisch

Ehrenwirth

Die Deutsche Bibliothek - CIP-Einheitsaufnahme

Frank, Rupert:
Biblische Geschichten auf boarisch / Rupert Frank. - 2. Aufl. -
München : Ehrenwirth, 1999
ISBN 3-431-03578-7

Internet: http://www.ehrenwirth.de
ISBN 3-431-03578-7
Illustrationen und Titelbild: Beate Brömse
Redaktionelle Bearbeitung: Frank Auerbach
Satz: ew print & medien service gmbh, Würzburg
Druck: Friedrich Pustet, Regensburg
Printed in Germany

Inhalt

1. D' Schöpfungsgschicht

Mir Menschen, mir könna uns des übahaupts net vorstelln, wias vor Urzeiten amoi ausgschaugt hot auf dera Welt. Finster, fad und ekelhaft koid is gwen. Bloß oan hots gebn, der hot sich desweng Gedanken gmacht - des war der liabe Gott. Und in oana Wochn hot er dann ois higstellt. Des Nochananda, des spuit koa Rolln, drum gibts für mi aa koan ersten, zwoaten oder dritten Tog. Wichtig is doch, wiaras gmacht hot.

Ois ersts hot er si gsagt: »A Liacht muaß her, daß mir was sehng!« Und so wiaras gsagt hot, so is gscheng. Er hot an Haufa Laterndl aufn Himmi naufghängt - des san d' Stern gwen. Dann hot er no d' Sonna fürn liachten Tog gmacht, und, daß net ganz so hell is bei da Nacht, an Mond - weil d' Menschen (die hots oba damals no gar net gebn), die sollten bei da Nacht guat schlafa könna.

Ois nächsts hot er gsogt: »Etz muaß amoi des viele Wasser auf d' Seitn, ma sicht ja gar koan trockna Fleck.« As Wasser hat er zu die Meere und Seen und Flüsse gmacht, und die trockna Flecken hat er Erde gnennt.

»So«, hot er gsagt, »jetzt brauch ma aa no a Gras, Kräuter und Obstbaam, daß do amoi was wachst.« Und bis di umgschaugt hast, war alles grea und voller Baam, die vor Blattl bloß so gstrotzt habn. Ja, und Kräuter san gwachsen, Sauerampfer, Majoran, Thymian, einfach ois, was d' füara guate Suppn brauchst.

Es war eahm aber oiwei no net guat gnua: »Im Wasser soin Viecherl leben, Forelln, Tintenfisch und Haie, Schildkröten und Seeigel - und aa Koralln, damit si de ganz kloana Lebewesen wohl fühln könna und Schutz vor de greßan hobn.«

Und für d' Luft, da hot er d' Vögel gmacht. An Adler, an Spatzn, d' Lerchen, und wias hoid alle so hoaßen. Tauben natürlich aa, de hot a braucht, weils' späta in der biblischen Gschicht a ganz a bsondere Bedeutung hobn.

»In da Luft und im Wasser hobn ma gnua, etz brauch ma no was auf da Erden: Käfer, Oachkatzln, Tiger, Löwen« - wenn i des ois aufzähln wollt, dann waar des Buach scho voi.

Und zum Schluß hot er sich denkt: »So, etz mach i no an Men-

schen.« Mit am Batzn Loam hot er ogfangt, hotn hi und her draht - und bis d' gschaugt hast, war da Adam scho fertig. Dann hot ern ogschnauft und eahm sein göttlichen Odem eigebn.
Er war zfrieden mit seim Werk und hot si denkt: »So, etza waar a Weißwurschtfrühstück recht und a Hoibe Weißbier.« (Im Himme drom, da hots des nämlich damois scho gebn.)

Genesis 1

2. 's Paradies

Mittndrin im Land Eden, da hots an wunderschöna Gartn gebn, den hot der liabe Gott extra fürn Adam oglegt. Da san Baam drin gwachsn mit Kokosnüß, Äpfi, Kiwis, Haselnüß und noch andere guate Sachn. Am Boden hots Erdbeeren, Radieserl, Radi gebn - einfach ois, was ma zum Sattessen braucht.
Ja, und in der Mittn vo dem Garten, da war a wunderbare Quelln. Mei, erstens hot da Adam drin baden könna, und zwoatens hot er Tausende vo Forelln zum Fanga und zum Braten ghabt.
Des war ois fürn Adam bestimmt - unter oaner Bedingung:
»In der Mittn vo dem Gartn stenga zwoa Baam«, hot der liabe Gott gsagt. »Der oane is der Baam vom Lebn, da andere da Baam der Erkenntnis. Wennst von dem ißt, nacha woaßt, was Guat und Bös is - aber dann muaßt sterbn.«
Dann hat der liabe Gott an Adam in d' Tierpflege eigwiesen, hat eahm gsagt, daß er am jeden Viecherl an Nama gebn muaß unds artgerecht pflegn soll.
Aber trotzdem hots am Adam net recht taugt. Bloß mit die Viecherl spuin, des war eahm zwenig. Zwider war er und umananader ghängt is er. De Gäns hod er oplärrt und d' Henna umanandergscheucht - nur weil er oaschichtig und alloa gwen is.
»Ja«, hot si da Herrgott denkt, »so konns mit dem Burschn net weitergeh. Der kriagt jetzt a gscheits Holzscheitl auf sei sture Birn.«

Denn a vernünftige Narkose hots damois no net gebn.
So hots da liabe Gott gmacht, und da Adam is bewußtlos gwen. Er hot im Schlaf aa gar net gmerkt, daß da Herrgott eahm im Leib rumgwerklt hot.
A ganze Rippn hot er eahm rausgnomma, und da draus hot er d' Eva gmacht. Ganz staad hot er sie nebn an Adam higlegt. Wia der am nächsten Tog wieder zu sich kumma is, hot er zerscht amoi ganz blöd gschaugt.
»Ja – wos isn etz des füra Fleischerl?« hot er sich gfragt. »I bin doch gestern ganz alloa eigschlafa.«
Nacha hot er so rumtappt, wias hoit de Anfänger so macha. Und er hot sich denkt: »So rund und woach, des gfoit ma guat.«
D' Eva is nacha aa boid wach wordn, und dann hobns glei mitanand gspuit: Versteck, Räuber und Gendarm, Kirschenessen, und wos no ois so gibt.
Die andern Gspui san erst nachm Sündenfall kumma...

Genesis 1–2

3. Da Sündenfall

Es hot oba oan gebn, dem hot des gor net paßt, daß de zwoa so schee friedli und in Eintracht glebt hobn. Des war da Satan. In da Gstalt von dera Schlanga, die ja es listigste von alle Viecher is, hot er sich ganz verschmitzt um an Baam rumgringelt, unter dem d' Eva grad a Sonnenbad gnumma hot.
»Sog amoi«, hot er gfrogt, so ois wissert er überhaupt nix, »stimmt des, daß ihr von alle dene scheena Baam überhaupt nix owibrocka derfts? Die Früchte san doch so wunderschee und guat und saftig – und ihr sollts nix davo kriagn?«
»Naa«, hot d' Eva gsagt, »mir derfa von alle Baam essen, sovui mir wolln. Bloß vo dem Baam in der Mittn derf ma nix nehma, net amoi oglanga derf ma eahm, weil sonst müaßma sterbn.«

»Mei«, hot drauf der Satan gsagt, »des hot eich der doch bloß verzählt, weil er net wui, daß ihr genau so gscheid werds wia er. Des is nämli der Baam der Erkenntnis. Wennst oamoi von dem Baam gessn host, na woaßt, wos Guat is und wos Bös is.«
Jetzt is d' Eva natürlich ganz neigieri wordn und hot den Baam mit ganz andere Augn ogschaugt. Und scho hots oan Apfe owibrockt und gscheit neibissen. Am Adam hot sies aa glei verzählt, und der hot dummerweis und ohne zu überlegn aa von dera verbotnen Frucht gessn.
Des hot zwar guat gschmeckt, aber der Nachgschmack war recht fad.

»Ja, Eva«, hot der Adam zu seim Wei gsagt, »mir san ja ganz nackert, mir braucha was zum Oziang!«
Nacha hobns si aus Feignblattl und a paar Zweigl Lendenschürzl bastelt.
Auf oamoi hobns a Stimm ghört: »Adam, wo bist du?«
Nachad hot der Adam zur Antwort gebn: »I hob mir erst was oziagn müaßn, weil i nackert bin. Und so konn i doch net vor di hitretn.«
»Woher woaßt jetzt auf oamoi, daß d' nackert bist, ha? Vom Baam habts gessen, den wo i eich strengstens verbotn hob.«
Der Adam wollt sich natürlich nausredn, so wia d' Mannsbuida hoid san: »I wars ja net, d' Eva hot den Apfe daherbracht und mi beißn lassn.«
»Des is etza wurscht, wers war«, hot der liabe Gott gsagt, »oba etz könnts schaung, wia ihr weiterkummts. Des Paradies verlaßt's auf der Stell. Dafür wird der Erzengel Michael sorgn mit seim Feuerschwert. Euer künftigs Leben, des werd hart. Jetzt könnts arbeitn unter Gluathitz und Körpaschwoaß.
So – und jetzat schleichts eich, i konn eich nimma sehng!«

Genesis 3

4. Da Kain und da Abel

Da Adam und d' Eva hobn zwoa Buam kriagt. Da ältere hot Kain ghoaßen, und da jüngere war da Abel. Da Kain war a Landwirt, und der Abel hot a ganze Herd Schaf ghabt. Warum da Kain an Abel net leidn hot könna, des woaß koana. Aber wahrscheinli is da dro glegn, daß da Abel a redlicher und ehrlicher Mo war – im Gegensatz zu seim Bruada. Dem hots gstunka, daß der liabe Gott seine Opfer nia ognumma hot. Bei eahm is der Rauch oiwei bloß braun gwesen und hot gstunka – is ja koa Wunder: Erschtens hot er net mit Liebe gopfert, und zwoatens warns meistens Kartoffelkräuter, denn mehra war eahm a gscheits Opfer gar net wert.

Dagegn beim Abel is da Rauch weiß gwesen und schnurstracks zum Himmi naufgstiegn, wenn er a Lamperl gopfert hot. Der Haß vom Kain gegn sein Bruada is natürlich oiwei größer wordn. Nacha hotn da liabe Gott ogsprocha und gsagt: »Sog amoi, wos hotn da Abel dir eigentli doa? Des is doch dei eigne Schuld, daß d' dauernd so ekelhaft und grantig bist. Nimm daramoi a Beispui an deim Bruada und sei aa amoi a bißl umgänglicher – dann nimm i deine Opfer aa gern oo.«
Aber des war am Kain wurscht, er is weiterhin a Grantlhuaber bliebn, und zum Schluß hot er sogar beschlossen, daß er sein Bruada umbringt.
Es war in der Früah um hoibesiebne, wia er zu seim Bruada gsagt hot: »Wos hoits denn von am kloana Spaziergang? Draußen is d' Luft so guat, und dann kannt ma uns aa guat unterhoiten.«
Da Abel war ganz überrascht, weil er gmoant hot, daß sei Bruada jetzt nimma so spinnt und bös is.
Aber es is ganz anders kumma, wia ma moant: In dem Augenblick, wo si der Abel umdraht hot, hotn der Kain derschlogn. Der Abel war auf der Stell hi – is aa koa Wunder, wennst oane mitm Hackl in d' Wampn und aufs Hirn naufkriagst...
Auf oamoi hot der Kain a Stimm ghört: »Wo is dei Bruada?«
»Des woaß doch i net, bin i vielleicht sei Aufpasser?« hot er trotzig plärrt.
»Du host dein Bruada umbracht, und drum sollst jetzat verdammt sei auf der Erdn. Des is wurscht, was du obaust – d' Erdn werd dir koa Frucht mehr bringa!«
Jetzt hat an Kain doch as Gwissen druckt: »Wos soll i nacha toa, mei Schuid, de konn i nimma rückgängi macha. A jeder, wo mi sieght, der werd mi umbringa wolln.«
»Naa«, hot der Herrgott gsagt, »des passiert net. Du kriagst von mir a Zeichen, und dann tuat dir koana was.«
Und so is da Kain fortganga vo dahoam.

Genesis 4

5. D' Sündfluat

Nachdem da Abel tot war, hot da liabe Gott am Adam und der Eva an andern Buam gschenkt: an Seth. Des war a ganz a braver Mo, und aa seine Kinder warn gottesfürchtig und ehrlich.
Des Pech war freili, daß si die Guatn mit die Schlechten vermischt hobn. Weil am Kain seine Nachkommen die Welt mit ihrer Bosheit verdorbn hobn, hots Raub und Diebstahl überoi gebn. Am End hot si da Herrgott gfragt, wos des sei soi.
»Mir langts jetzat! Lang gnua hob i zuagschaugt und Geduld ghabt, aber etz werds weggschwoabt.«
So hot er gsprocha in seiner Wuat.
Der oanzige, der vor die Augn vom liaben Gott Gnad gfunden hot, des war der Noah. Zu dem hot der Herrgott gsagt: »Jetzat baust a Schiff, die Arche. Streichs innen und außen gscheit mit Pech ei, daß net untergeht. Und dann nimmst dir von alle Viecherl oa Paar mit. Denn de Fluat, de wo i schick, werd koaner überlebn. Daß dei Weib und deine Kinder mitnimmst, des setz i voraus. Mach di an d' Arbat, denn boid gehts los.«
Da Noah hot si an d' Arbat gmacht und a Schiff baut. Alle hobn eahm ausglacht, weil sie sich denkt hobn: A so a Depp – der spinnt doch.
Oba er hot net gsponna. Vierzig Tog und Nächt hots grengt, was owiganga is. Des war des erste Hochwasser übahaupts. Bisd gschaugt hast, warn alle dasuffa – bis auf die, wo in da Arche drinna warn.

Genesis 6

6. 's Dankopfer vom Noah

Hundertfuchzg Tog is des Wasser über da Erdn gstandn, bis amoi wieder a bisserl a Land nausgspitzt hot. Der liabe Gott hot an trockna Wind blasn lassn, so daß die Feuchtigkeit amoi wieder abgnumma hot. Sogar d' Berggipfeln hot ma wieder gsehng. D' Archn is auf am Berg in Armenien liegn bliebn. Soweit mi net ois täuscht, war des der Berg Ararat.
Nach vierzig Tog hot der Noah moi as Fenster aufgmacht und an Raben ausfliagn lassn. Der is aber nimmer kumma. Nacha hot er a Taubn nausgschickt. Die is aber wieder zruckkumma, weils koa Platzl zum Ausruahn gfunden hot. Nach siebn Tog hot er wieder a Taubn nauslassen, und de is - ma möchts ja gar net glauben - mit am greana Ölzweigl im Schnobi zruckkumma. Da hot da Noah gwußt, daß as Hochwasser vorbei is. Aber trotzdem hot er no siebn Tog gwart und hot dann noamoi a Taubn ausfliagn lassn. Die is aber nimmer zruckkumma. Jetzt hot er gwußt, daß d' Erdn trocken is und daß endlich alle amoi aus dera Archn nauskraxln könna.
Des war vielleicht a Gaudi, a jeda hot sich gfreit, daß er amoi wieder a frische Luft dawischt. Giraffen, Elefanten, Wuidsäu, Igel - was glaubts denn ihr, was des für a Grücherl auf an so am enga Raum gibt? Zerst hots da Noah alle austobn lassen, so ungefähr an hoiben Tog. Aber dann hot er gsagt: »Jetzat wirds Zeit, daß ma am Herrgott a Dankopfer bringa.« Mit seiner Familie hot er an Altar aus lauter Stoana baut, und dann hobns gemeinsam bet und an Herrgott globt. Der liabe Gott hot sich narrisch gfreit über sovui Dankbarkeit und hot gsagt:
»Ab sofort werds koa Wasserfluat mehr gebn, im Gegnteil, jetzt soll eich d' Erdn Fruchbarkeit und Segen bringa. Mit dir, Noah, und deine Nachkommen wui i an Bund schliaßn. Da Rengbong da drobn am Himme soi des Ganze besiegeln!«

Genesis 7-9

7. Am Noah seine Nachkommen

Drei Buam hot er ghabt, der Noah: an Sem, an Cham (des hot nix mit dera Stodt in da Obapfoiz zum toa) und an Japhet. Die drei san nach der Sündfluat de Stammvotan vom neichn Menschengschlecht wordn.

Da Noah hot ogfangt mit Ackerbau und Viehzucht. Außerdem hot er an Weinberg obaut. Und wia er des erste Krüagl von seim selberpflanztn Wein probiert hot, hot er glei so an Saurausch ghabt, daß er nackert in seiner Hüttn liegn bliebn is.

Der Cham hot des gsehng und hot nix anders zum toa ghabt, ois des Ganze seine Brüada zu verzähln. Sei ganze Wampn hot gwackelt vor lauter Lacha. Seine Brüada aber hobn des gar net lustig gfundn, sondern san neiganga und hobn eahnan Vota respektvoll zuadeckt, ohne daß überhaupts higschaut hobn.

Wia der Noah sein erstn Rausch ausgschlafa ghobt hot und ghört hot, wos passiert war, hot er natürlich an Mordsgrant ghabt. »Du Saubua«, hot er an Cham oplärrt, »du soist verfluacht und der niedrigste Knecht von deine Brüada sei. Aber der Sem und der Japhet solln vom liabn Gott gsegnet sei!«

Aber wias der Teife hot hobn wolln, san aa die Kindeskinda vom Noah wieda übamüatig und hochnäsig wordn. »Jetzt baun mir uns a Stadt aus Ziagel, die mir uns selber im Feuer brenna. Und in d' Mittn nei an Turm, der bis in Himme naufglangt. Des soi der erste Wolkenkratzer der Welt werdn.« Aber der liabe Gott hot eahna an Strich durch d' Rechnung gmacht: Er hot eahnare Sprach verwirrt, so daß koana an andern mehr verstandn hot. Des hätt der Turmbau zu Babel werdn solln – so hot die Stadt ghoaßen. Aber nachdem koana an andern mehr verstandn hot, hobns an Bau einstelln müaßn.

So sans in aller Herrn Länder ausnandaglaffa. Am Sem seine Nachkommen hobn sich über Asien verbroat – von eahna stammt aa as Volk Israel ab. Am Cham seine Nachkommen san nach Afrika. Am Japhet seine Nachkommen san nach Europa zogn. Und des fei ois ohne Auto, Flugzeug und Bahn!

Genesis 11

8. Am Abraham sei Berufung

D' Menschen san oiwei mehra wordn und hobn sich über die ganze Erdn verbroat. Vor lauter Spinnerei und Übermuat habns aber an richtigen Herrgott vergessn. D' Sonna hobns obet, an Mond, d' Stern und Viecher. Sogar Buidl aus Holz und Stoa hobns eahna gmacht – lauter Schmarrn. Sexuell, wia ma heit sogt, warns natürlich aa net grad enthaltsam – damois hot ma des ois sittenlos bezeichnet. Oana von de wenigen, die anständig bliebn san, war da Abraham. Er hot aus der Ortschaft Ur im Chaldäerland gstammt. Von da is er mit seim Vota nach Haran zogn. Des war a so a Kaff im Norden, ohne Wegweiser, Tankstelln und wos ma hoit ois so braucht – guat, Tankstelln warn damois no überflüssig, aber die Kamele hobn doch aa wos zum Trinka braucht.

Da is eahm da liabe Gott leibhaftig erschiena und hot zu eahm gsagt: »Ziahg weg, verlaß dei Votahaus und komm in des Land, des i dir zoagn wui. Du sollst der Gründer und Stammvota von am ganz großen Volk werdn.«

Der Abraham is kurzentschlossen wegzogn. Alle hot er mitgnomma, d' Sara, sei Wei, und alle seine Angstellten (oiso Knecht, Mägd und Viechtreiber). Sei Neffe Lot war aa dabei. Sie san nach Kanaan komma und hobn sich in Sichem niederglassn. Da is der Herrgott am Abraham nomoi erschiena und hot zu eahm gsagt: »Des Land ghört dir und deine Nachkommen.« Da Abraham hot vor lauter Freid glei an Altar aufbaut, is aber später mit seim Neffen Lot mehr in Richtung Süden aufbrocha.

Genesis 11–12

9. Wia da liabe Gott beim Abraham eikehrt is

Sauhoaß wars, es war Mittag. Da Abraham war grad dabei, sich a Hoibe einzuschenka, wia auf oamoi drei fremde Mander vor eahm gstandn san. »Kummts nur grad rei«, hat er gsagt. »Waschts eure Füaß und laßts es eich guat geh. I laß uns a gscheite Brotzeit kumma, a Gselchts und a Wammerl, a guats Bauernbrot hob i aa da.« Des hot dene natürlich taugt, und sie san glei hocka bliebn.

Da Abraham is in der Zwischenzeit schnell in sei Zelt neigrumpelt und hot da Sarah ogschafft, wos macha soll: »An Pressack in Essig und Öl, a Schweiners, an Kaas – und a paar Kalbsschnitzl. Und schaug, daß as Bier koid is. Die Männa hobn an langa Weg hinter sich!«

Wias nacha so beianander ghockt warn, hot der Mittlere von dene drei, der a bisserl vornehmer ausgschaugt hot, gsagt: »Übers Jahr kumm i wieder, und nacha werd dei Sarah an Buam hobn.« D' Sarah war hinterm Vorhang vom Zelt gstandn und hot des mitghört. Nacha hot sie recht saudumm vor sich hin glacht.

Der Herrgott hot des ghört und hot an Abraham gfragt: »Wos lachtn die so saublöd, is bei mir vielleicht ebbas unmöglich?«

Jetzat san am Abraham d' Augn natürlich aufganga. Und er hot gwußt, daß des da Herrgott persönlich is, der da vor eahm hockt.

Wias mitm Essen fertig warn, sans aufgstandn und hobn gsagt: »In Sodom und Gomorrha gehts zua, daß auf koa Kuahhaut mehr naufpaßt. De Stadt werd etz vernicht.«

Am Abraham is ganz anders wordn, wiara des ghört hot, weil eahm um sein Neffen Lot angst wordn is.

»Solln alle Gerechten aa mit dene sterbn, die wo Unrecht dean? Sollns vielleicht aa bloß fuchzge sei.«

Der Herrgott hot gsagt: »Und wenns aa bloß zehne san, passiert der Stadt nix.«

Oba net amoi zehne hobn drin gwohnt, wo anständige Leit warn.

Genesis 18

10. Am Abraham sei Prüfung

Da Abraham hot an Buam kriagt, so, wias eahm der Herrgott vorausgsagt hot. Isaak hot ern ghoaßen und grad liab hotn sei Vota ghabt. Aber der liabe Gott wollt eahm auf d' Prob stelln: »Nimm dein oanzigen Buam und bring an mir ois Brandopfer dar!«
Da Abraham is sofort aufgsprunga - mitten in der Nacht - und hot sich aufn Weg gmacht. Am Isaak hot er as Holz aufglegt, damit er aa wos zum Tragn ghabt hot. Wias dann unterwegs warn, hot der Bua gfragt: »Du sog amoi, Vota, wo is eigentlich as Opfer?«
»Des werst dann scho sehng«, hot da Abraham gsagt.
Wias aufn Berg naufkomma san, den eahm der liabe Gott ogwiesen hot, hot er sofort an Altar aus lauter Stoana aufbaut. Und dann hot er sein Buam packt und gfesselt. Im nächsten Augenblick hot er as Messer gnomma und wollt an Isaak abstecha, so wiara Gans oder a Sau.
In dem Moment is a Engel kumma und hot gruafa: »Abraham, net, hoit ei, des, wos du vorhast, sollt nur a Probe sei. Der liabe Gott wollt bloß sehng, ob du eahm ghorchst!«
Im selben Moment hot er aufgschaugt und an Widder gsehng, der sich in am Busch verfangt hot. Dann hot er den gopfert.

Genesis 21

11. Da Esau und da Jakob

Heiratsvermittler hots zur damaligen Zeit noch net gebn. Und trotzdem hot der Abraham sein oiden Diener auf d' Roas gschickt, daß er für sein Buam Isaak a gscheits Madl findt. Koane von dene Disco-Weiber, die bis in der Früah um hoibe fünfe ausbliebn san, sondern a nette, die mitm Ackerbau und da Viehzucht wos am Huat ghobt hot. Am Elizier is des dann aa gelungen - heitzutog hätt ma Hochzeitslader zu eahm gsagt.

Na ja, nacha hot sichs so ergebn, daß der Isaak d' Rebekka gheirat hot, a Frau aus der Stadt Haran.
Zwilling hobns kriagt, an Esau und an Jakob. Der Esau war der Erstgeborne und a recht a Wuidling. Am ganzn Körper hot er Haar ghobt, fast wia a Aff. Da Jakob dagegn, der war staad und zruckhaltend. Deswegn hotn aa sei Muatta, d' Rebekka, so gern mögn.
Es war a recht a hoaßa Tog, wia der Esau vom Feld hoamkomma is und der Jakob grad a Linsensuppn kocht hot. Da hot der Esau zu eahm gsagt: »Geh weiter, gib mir aa a gscheite Portion, bevor i narrisch werd.« Der Jakob hot zur Antwort gebn: »Du bist der Erstgeborne, aber wennst jetzt von dera Suppn ißt, dann bins i.«
Der Esau hot an solchn Hunga ghobt und hot sich denkt: »D' Hauptsach is, daß i jetzt amoi a warme Suppn kriag. Wer ois erster geborn is, des is mir doch wurscht.« Er hot seim Bruada Jakob versprocha, daß ab sofort er der Erstgborene sei sollt.
Wia der Isaak kurz vorm Sterbn war, is er blind wordn. Da hot er an Esau gruafa und zu eahm gsagt: »Schiaß mir no an schöna Bock! Und dann machst mir no an gscheitn Bratn, so wia sichs ghört, mit Preiselbeern - und a Hoibe Dunkels mog i aa no dazua!«
Wia d' Rebekka des ghört hot, hot sie sich denkt, den werdn ma scho überlistn, und hot zum Jakob gsagt:
»Ziag dir a Goaßbockfell oo, daß d' genauso haarig bist wia dei Bruader. Dann bringst eahm den Bratn ans Bett.« Da Isaak hot nix gmerkt, weil er bloß kurz über des haarige Fell gstricha hot.
Nachher is der Esau kumma und wollt aa an Bratn macha - oba des war scho zspät. Der Isaak hot an Jakob gsegnet ghobt, dabei is aa bliebn. Da hot der Esau a Sauwuat auf sein Bruada kriagt und wollt eahm gar umbringa. Dem is dann nix anders übrigbliebn, ois wia abzuhaun zu Verwandten vo seina Muatta.

Genesis 24-27

12. Wia da Jakob in da Fremdn war

Es war net einfach fürn Jakob, bis nach Haran zu wandern. Aber oamoi is eahm nix anders übrigbliebn, ois im Freien zu übernachten. Er hot sich an Stoa ois Kopfkissen gnumma - des muaß ma si amoi vorstelln - und is aa glei drauf eigschlafa und hot an wunderschönen Traam ghobt.

A Loater vom Himmi bis zur Erdn hot er gsehng.

Und auf der san d' Engerl nauf und owi gstiegn, hobn Geign und Harfn gspuit. Gsunga hobns natürlich aa - drei-, ja manchmoi sogar fünfstimmig.

Hauptsächli war des a Frauenchor - aber d' Erzengel Michael und Gabriel hobn ab und zua aa an gscheitn Baß rausglassn. Des hot sich fei scho guat oghört. Normalerweis, wenn die zwoa ofanga, dann wackeln d' Glasl aufm Tisch - so tiaf könna die singa. Aber weil der Jakob gschlafa hot, hobn sie sich a bisserl zruckghoitn.

Oba die Krönung von dem Traam war, daß ganz obn auf der Loater der Herrgott persönlich gstandn is und gsagt hot: »Des Land, auf dem dei Kopf liegt, is gsegnet und werd dir und deine Nachkommen vui Glück bringa.«

Wia der Jakob wach wordn is, war eahm ganz anders. Er hot den Stoa gnomma, den er ois Kopfkissen benutzt hot, hot Öl draufgossen und ois Altar aufgstellt.

Wia er nach Haran komma is, hot sei Onkel, der Laban, zu eahm gsagt: »Umsonst brauchst für mi net arbeitn. Was verlangstn ois Lohn?«

»I möcht' dei Tochter Rachel, wennst mir die gibst, dann arbat i siebn Jahr gratis für di.« Aber wia die siebn Jahr rum warn, hot eahm der Laban net sei jüngere Tochter Rachel, sondern sei ältere Tochter Lea zur Frau gebn. Da war der Jakob scho a bisserl eigschnappt. Dann hot er nomoi siebn Jahr für sein Onkel garbat. Gras gmaht, Radieserl pflanzt, Bier vom Keller raufgholt - einfach ois, was ma ois Knecht so tuat.

Erst dann hot er no dazua d' Rachel heiratn derfa. Sechs Jahr is er mit seiner zwoaten Frau noch bei seim Onkel bliebn. In der Zeit hobns elf Buam und oa Tochter kriagt - des muaß ma sich erst amoi vorstelln. Ghoaßn hobns: Ruben, Simeon, Levi, Juda, Dan, Nephtali, Gad, Aser, Issachar, Zabulon und Joseph.

Genesis 28

13. Wia da Jakob wieder hoamkemma is

Zwanzg Jahr is der Jakob fortbliebn – heit taat ma sogn, er war auf Montage. Er hot so Zeitlang nach seiner Hoamat ghobt die ganzen Jahr, bis ers dann amoi packt hot. Mit seine zwoa Weiber, der Rachel und der Lea, und seine Kinder is er endlich aufbrocha nach Kanaan. Seim Bruada Esau hot er an Eilboten vorausgschickt, damit der net recht grantig is, wenn er eahm sicht.
Wias unterwegs warn, is der Jakob amoi ganz früah aufgstandn, vielleicht so uma viere oder hoibe fünfe. Auf omoi steht da oana und hot eahm an gscheitn Kinnhaken gebn, daß eahm glei umghaut hot. Aber des hot am Jakob nix ausgmacht, er is aufgstandn, hot den andern packt und gscheit in Schwitzkasten gnomma. Der Jakob hot zuadruckt wia a Stier, daß seim Gegner d' Luft wegbliebn is. »Laß mi aus, i erstick ja glei.« Aber der Jakob hot in seim Kampfeseifer zur Antwort gebn: »Wer mit mir as Raffa ofangt, der kriagt a gscheite Portion mit. I laß net los, bis du mir dein Segen gebn hast.«
»Wia hoaßtn du übahaupts«, hotn der Fremde gfragt.
»Der Jakob bin i.«
Da hot der Fremde gsagt: »Du hoaßt ab sofort nimmer Jakob, sondern Israel, des bedeut: der Herrgottsstreiter.« Wia d' Sonna aufganga is, sans weiterzogn, und auf oamoi hot der Jakob sein Bruada Esau mit ana Mannschaft von vierhundert Leit auf sich zuakomma gsehng. Dann hobn sie sich umarmt und gwoant wia kloane Buabn.
»I hob dir aa an Haufn Gschenke mitbracht«, hot der Jakob zum Esau gsagt. Zerscht wollt ers net onehma, aber dann hot er sich doch durchgrunga.
Er is weiter bis nach Bethel zogn. In Bethlehem hobns dann nomoi

an Buam kriagt, an zwölften, des muaß ma sich ois amoi vorstelln. Benjamin hobns gnennt. Leider is d' Rachel kurz drauf gstorbn. Nacha hot er sie beerdigt, an der Zuabringerstraß nach Bethlehem. In Hebron hot der Jakob sein Vota, an Isaak, nomoi troffn. D' Muatter war scho tot. Und zwölf Jahr später is der Isaak aa gstorbn - mit 180 Jahr!

Genesis 28-32

14. Da Joseph und seine Brüada

Von dene zwölf Buam, die der Jakob ghobt hot, war der Joseph der Beste, Bravste und Gerechteste. Deswegn hotn aa sei Vota so liab ghobt. Er hot eahm a wunderschöns, buntgstreifts Gwandl gschenkt. Daß seine andern Brüada da neidisch wordn san, is ja wohl koa Wunder. Sie hobn nix mehr mit eahm gredt und hobn eahm gschnittn. Des is aber noch schlimmer wordn, weil der Joseph sie dauernd, wenns wieder irgend an Schmarrn ogstellt hobn, glei bei eahnam Vota verpfiffa hot. Dann hot er aa ständig so sonderliche Traam ghobt, die er eahna verzählt hot. Des hobn die natürlich meistens verkehrt ausglegt.

Oa Traam war zum Beispui: »Heit nacht hot mir traamt, daß mir aufm Feld warn und Garben bunden hobn. Meine is gstandn wia a Turm, und die euren hots umghaut wiaran Strohhalm.«

»Was soll der Schmarrn eigentlich? Wuist damit sogn, daß d' Kini werdn und uns regiern willst?« hobns drauf gfrogt. Des hots natürlich oiwei no grantiger gmacht.

A anders moi hot er gschildert: »D' Sonna, an Mond und elf Stern hob i gsehng, die sich vor mir verneigt hobn.« Des hot aber aa seim Vota net paßt. »Was wuistn mit dem Traam sogn? Solln mir uns vielleicht vor dir verneign, dei Vota, dei Muatta und deine Brüada?«

Da Jakob hot si aber ganz im stillen schon Gedanken über die

Gschichten von seim liabsten Buam gmacht. Am Joseph seine Brüada aber hobn sich überlegt, wias eahm a gscheite Lektion erteiln könna.

Genesis 35, 37

15. Wia da Joseph verkauft wordn is

Oamoi warn am Joseph seine Brüada beim Viehhüatn. Da hot der Jakob zu eahm gsagt: »Geh weiter, und schaug amoi nach deine Brüada. I woaß gar net, wias eahna geht.«
Der Joseph is sofort aufbrocha und hot seine Brüada gsuacht. Es hot scho a ganz schöne Zeit dauert, bis er sie endlich entdeckt hot. Ma muaß si des vorstelln, die warn ja a ganz schöns Eck von dahoam entfernt. Ois Vergleich könnt ma sogn: von Vaterstetten bis nach Sendling in Mingga. Und die ganze Streck is der z' Fuaß glaffa. Seine Brüada hobn eahm scho von der Weitn gsehng und hobn beraten: »Da schaug her, da kummt unser ›Träumling‹. Den bringa mir jetzt um, und zum Vota sogn mir, daß 'n a Löw gfressn hot.«
Wia der Ruben, der Älteste, des ghört hot, is eahm scho ganz anders wordn. »Umbringa brauch ma eahm doch aa net glei, wißts wos, mir werfa eahm in' Kanalschacht do vorn nei.«
Insgeheim hat er nämlich vorghabt, seim Bruada as Leben zu retten und eahm zu befrein.
»Des is a guate Idee«, hobn die andern gsagt.
Bevor sie eahm in' Kanalschacht owiglassn hobn, hobns eahm zerst sei bunts Gwandl auszogn. Dann hobn s' eahna highockt und Brotzeit gmacht, weils grad hoibe zehne war. An Ruben hots natürlich gscheit umananderdruckt, weil er Angst um sein Bruada ghabt hot. Und so hot er sich staad und hoamlich davongmacht. In da Zwischnzeit is a Karawane vorbeikemma, die nach Ägypten ziahng wollt.
Da hot der Juda gsogt: »Wißts wos, den Joseph verkauf ma dene ois Sklaven.« Des hot die andern aa recht guat gfalln. Zwanzg Sui-

berling - des waarn heit a paar hundert Euro - hobns für eahm verlangt.
Wia der Ruben an die Gruabn hikomma is und gsehng hot, daß s' leer is, war er ganz verzweifelt. Er is zruck zu seine Brüada und hot plärrt: »Jetzt is er nimma da, der Joseph!«
Dene andern war des wurscht. Sie hobn an Goaßbock gschlacht, am Joseph sei Gwand in des Bluat eitaucht und zruck zu eahnam Vota gschickt. Zu dem Eilboten hobns gsagt, er soll am Vota ausrichten: »Des Gwand hobn mir gfundn, könnt des vielleicht vom Joseph sei?«
Der hats natürlich glei kennt und hot ausggruafa: »A wuids Viech hot mein Buam gfressn, des hätts aa net braucht. Lang werds nimma dauern, dann werd i aa sterbn, weil i den Schmerz net aushoit.« Vor lauter Verzweiflung hat er an seiner Joppn rumgrissn, daß glei a paar Knöpf davoghaut hot.

Genesis 37

16. Wia da Joseph beim Potifar ois Knecht war

Die Kaufleut hobn an Joseph mit nach Ägypten gnomma und dort am Potifar, am Chef vo da königlichen Leibwach, verkauft. Da Joseph hot garbat wiara Stier, und es hot net lang dauert, bis der Potifar eahm zu seim Hausverwalter gmacht hot. Der liabe Gott hot am Potifar sein Segn gebn, weil er so guat zum Joseph war. Durch am Joseph sei Arbat is er sehr reich wordn.
Aber es hot oa Problem gebn. Am Potifar sei Frau war aufn Joseph scharf wiara Rasierklinga. Überoi, wos nur grad ganga is, hot s' eahm nachgstellt. Ganz wurscht, ob er sich im Bad grad rasiert hot oder unter der Duschn gstandn is, dauernd hot des aufdringliche Weib eahm verfolgt. Sie hot natürlich ihr Handwerk scho verstandn ois Verführerin. Da Joseph werd net der oanzige Mo gwen sei, den s' obaggert hot. Is aa koa Wunder, bei dene Körperformen: 96 - 67 -

95 … Lange, schwarze Haar hot s' ghabt und a Gsichterl zum Narrischwern. Außerdem hot s' jedsmoi, wenn s' an Joseph ogmacht hot, bloß so dünnne Fetzn trogn: amoi an Schleier, der des Wichtigste grad a bisserl verdeckt hot; oder aber a Negligé – da host aber dann ois gsehng. Oiso, i muaß sogn, in der heitign Zeit hätt die die besten Chancen auf a Karriere ois Model ghabt.
Fast jeden Tog is eahm nachgrumpelt und wollt eahm verführn. Eines Togs, er is grad ausm Bad rauskumma, hot s' eahm an seim Mantel packt und wolltn auf der Stell vernaschn. »Nix da«, hot der Joseph plärrt, sein Badmantel falln lassn und is davoglaffa. Jetzt war s' natürlich stinksauer. Sie is glei zum Potifar grennt und hot eahm (a satte schauspielerische Leistung!) erzählt: »Dei Knecht, da Joseph, wollt mi grad vor a paar Minuten verführn. Wia i ›Hilfe‹ plärrt hob, hot er sein Mantel weggworfa und is davogrennt.« Da is der Potifar stinksauer wordn und hot an Joseph ins Gfängnis werfa lassn.

Genesis 39

17. Wia da Joseph im Gfängnis ghockt is

Durch so a verhängnisvolle Affäre is da Joseph ins Gfängnis komma. Aber der Herrgott hot eahm net verlassn. Der Kerkermoasta hotn recht gern mögn wegn seiner guaten Führung. Und es hot gar net lang dauert, dann is er Oberaufseher über die andern Häftling wordn.
Zwoa Jahr san verganga, da hot der Kini sein Mundschenk und sein Mundbäckamoasta (späters hot ma gsagt: an obersten Schankkellner und an Hofbäcker – »ehemals königliche Hoflieferanten«) ins Gfängnis werfa lassn. Wias nachad im Gfängnis drin glegn warn, hobn s' aa ganz sonderliche Traam ghobt. Und weil s' net gwußt hobn, was die bedeuten, hobn s' an Joseph gfragt.
Der Joseph hot gsagt: »Jetzt fangts amoi oo mit dera Erzählerei. Ihr

wißts doch selber, daß d' Besuchszeit kurz is!« Der Mundschenk hot glei ogfangt: »I hob an Weinstock gsehng, da warn drei Reben droghängt. Auf oamoi hot der as Treibn und as Blüahn ogfangt. I hab grad den Becher vom Pharao in der Hand ghobt und eahm a paar Traubn auspreßt.«
Da hot der Joseph gsagt: »Des bedeut, du bist in drei Tog wieder frei und werst eischenka wia bisher. Aber oans sog i dir, vergiß mi net und bitt an König, daß i freiglassn werd, weil i unschuldig bin.«
Dann hat der Bäcker verzählt: »I hob drei Körb voller Gebäck auf meim Kopf trogn. Da war ois mögliche drin: Bienenstich, Krapfn und no ganz andere guate Sachn. Des war ois fürn Kini bstimmt. Oba auf oamoi san Vögel kumma und hobn des ois zammgfressen.«
Zu eahm hot der Joseph gsagt: »Des bedeut nix Guats. Nach drei Tog werst du um an Kopf kürzer gmacht, an a Kreuz ghängt, und dann werdn die Vögel dei Fleisch fressn.«
Drei Tog drauf hat der Kini Geburtstog ghobt. Sein Schankkellner hot er ausm Kerker holn lassn. Der Bäcker aber is aufghängt wordn, so wias der Joseph vorausgsagt hot.
Der Schankkellner oba hot sich an den Joseph nimmer erinnert, vor lauter Freid, daß sei eigne Haut grettet war.

Genesis 39

18. Wia da Joseph befördert wordn is

Zwoa Jahr später hot aa da Kini vo Ägypten, da Pharao, an recht an sonderbarn Traam ghobt: Es is eahm vorkumma, ois taat er am Nilufer steh. Auf oamoi san siebn Küah, so zeckerlfett wia Nilpferdl, ausm Wasser rausgstiegn und hobn sich am Ufer eahnan Ranzn vollgschlogn. Kurz drauf san siebn zaundürre Küah ausm Wasser kumma und hobn die fetten Küah ratzeputz zammgfressn.
Da Kini war ganz deppert vo dem Traam, is aber glei drauf wieder eigschlaffa. Es hot net lang dauert, da hot eahm was anders traamt:

Siebn Ähren, prall und schee, san aus oam oanzigen Halm rausgwachsen. Unmittelbar danach san siebn ausdörrte und laare Ähren aufgsprossn und hobn die siebn vollen auf oan Schlag verdruckt. Der Kini is vor lauter Schreck wach wordn, hot sofort nach seine Zeichendeuter und Glehrtn plärrt, weil er von eahna wissen wollt, wos die Traam bedeitn kanntn. Aber koana hots eahm sogn könna.

Jetzt auf oamoi hot sich der oberste königliche Barkellner wieder an' Joseph erinnern könna: »Im Gfängnis hockt a hebräischer Bursch, der hot damois am Hofbeck und mir unsre Traam aufs Haar gnau ausdeit.«

»Ja, warum nachad sogstn des erst jetzat, du Loamsiada, du damischa? Holtsn sofort her, sonst staubts!« hot der Kini tobt.

Wia da Joseph da war, hot der Kini zu eahm gsagt: »Koana von meine Gstudierten und Zeichendeita ko mir sogn, was meine Traam bedeitn. Aber i hob ghört, daß du des konnst.«

Der Joseph hot gantwort: »I konns net, aber der liabe Gott werds dir durch mei Person verkünden.« Drauf hot eahm der Kini erzählt, wos er traamt ghobt hot.

»Die siebn fetten Küah und die siebn volln Ähren bedeutn sieben fruchtbare Jahr. Die sieben magern Küah und die dürren Ähren bedeutn sieben unfruchtbare Jahr. Des hoaßt, daß sieben guate, ertragreiche Jahr kumma. Danach werdn sieben Hungerjahr folgen, und die große Not werd den Überfluß von de vorherigen siebcn Jahr aufzehrn. Deswegn muaßt dir an gscheitn, fähigen Mo suacha und eahm ois Verwalter über ganz Ägypten eisetzn. Der muaß den Ertrag von de fruchtbarn Jahr guat olegn, damits was habts, wenns dann recht knapp hergeht!«

Der Ratschlag hot am Pharao sofort gfalln. »Du bist der Mo, den i brauch. Weil dir dei Herrgott des ois so guat eigebn hot, sollst du Verwalter über mei Haus und über ganz Ägypten werdn. Alle müaßn dir pariern. Nur mein Thron, den bhoit i mir selber vor!«

Er hot eahm sein königlichen Siegelring ogsteckt und eahm ganz elegant oziahgn lassen. A goldne Kettn hot er eahm aa no gschenkt.

An großen Umzug hot er veranstalten lassn, bei dem der Joseph aufm Pharao seim Wagn umanandkutschiert und zum Herrscher

über Ägypten ausgruafa wordn is. Dreißg Jahr war er damois, da Joseph.
Eigentlich könnt ma sogn, er war zu seiner Zeit da erste Vermögensberater und Ministerpräsident in oaner Person.

Genesis 39

19. Wia am Joseph seine Brüada nach Ägypten groast san

Da Joseph hot scho recht ghobt: Sieben fruchtbare Jahr san obrocha, so guat is dene Leit no nia ganga. Weizen und Gerstn wia Sand am Meer. Da Joseph hot guat drauf aufpaßt und hots sofort in riesige Schupfan abtransportiern lassn. Aber nacha is de schwaare Zeit kumma, so wias da Joseph vorausgsagt hot. Da hots koane Maurerloabi und Schinkensemmerl mehr gebn, naa, do hobn s' sich as Kinn ans Tischeck highaut. An Kini hobn s' ogruafa, Protestmärsch hobn s' gmacht, jeden Tog warn s' vor seim Palast gstandn. Aber der hot bloß abgwinkt und gsagt: »Gehts zum Joseph, der werd eich scho weiterhelfn.«
Da Joseph hot net lang rumtoa, sondern alle Schupfan aufmacha und as Troad unter d' Leit verteiln lassn.
Wias da Teife hobn wollt, war aa in Kanaan a bittere Hungersnot. Bis nach Ägypten sans zum Eikaufa nüberzogn. Der Jakob hot seine Buam aa higschickt. Nur der Benjamin, da Kloa, hot dahoam bleibn müassn.
Wias okumma san, hots der Joseph natürlich glei kennt, aber sie eahm net. Damit s' aa wirklich nix merkn, hot er sich durch an Sprachenübersetzer mit eahna unterhaltn und selba nur ägyptisch gredt.
»Von wo kemmtsn ihr her?« hot er sie ganz forsch gfragt.
»Mir san aus Kanaan und wolln nur a bisserl a Getreide kaufn.«
Aber der Joseph hot gantwort: »Nixnutzige Spione seids, die illegal eigroast san und unser Land unsicher macha wolln!«

»Naa, des stimmt net, mir wolln wirklich bloß fürn Eigenbedarf eikaffa, weil mir a große Familie san.«
Aber da Joseph is dabei bliebn: »Bazi seids, Spione, eich werd i scho helfa!«
»Zwölf Brüada samma, der jüngste is beim Vota dahoam, ja mei, oaner lebt leider nimmer«, hobn s' drauf zur Antwort gebn.
»Des möcht i jetzt scho genau wissen«, hot da Joseph gsagt, »ihr kummts mir von da nimmer weg, bis euer jüngster Bruada da is. Schickts oan von eich hoam, daß ern holt. Oba ihr andern kommts dawei ins Gfängnis.«
Nach drei Tog hot der Joseph die Brüada wieder vortretn lassn und gsagt: »Wenns wirklich friedliche Leit seids, dann hauts ab mit eierm Vorrat. Aber bringts mir euern jüngsten Bruada. Bis der da is, bleibt oana von eich bei mir ois Geisel.«
Jetzt war natürlich a guater Rat teuer. Weil s' gmoant hobn, daß sie der Joseph net versteht, hobn s' unteranander in ihrer Sprach beraten, grad gjammert hobns. »Des hobn mir davo, weil mir so gschert zu unserm Bruada warn.« Da Ruben hot gsagt: »Auf mi hobts ja net ghört, i hobs eich glei gsagt, daß des net guatgeh ko.«
Wia da Joseph des ghört hot, hot er sich umdraht und erst amoi gscheit gwoant. Die Deppen hobn ja net gwußt, daß er ois gnau versteht.
Vor ihre Augn hot er an Simeon in Handschelln legn lassn und seine Diener ogschafft: »Machts die Sackl voll, grad daß net platzn. Und am jeden von eahna legts sei Geld obnauf. A gscheite Brotzeit und a Bier gebts eahna aa no mit aufn Weg!«
Die Brüda hobn aufglodn und san hoamzogn. Wia der Jakob des ghört hot, was ois erlebt hobn, waar er fast verzweifelt. Wias dann ihre Säck ausgleert hobn, hot a jeder sein Geldbeutel wiedergfundn. Da sans ganz schee daschrocka.
Aa da Jakob hot nix mehr drauf gwußt und hot sich an doppelten Enzian eigschenkt.

Genesis 42

20. De zwoate Ägyptenroas

Des Getreide aus Ägypten hot nimma lang herghoitn, aber trotzdem hot in Kanaan oiwei no a große Hungersnot gherrscht. Drum hot da Jakob zu seine Buam gsagt: »Auf gehts, ziahgts no amoi nach Ägypten und machts an Großeinkauf.« Aber da Juda hot gantwort: »Mir derfa bloß mit unserm Bruada Benjamin wiedakumma, hot der Ministerpräsident von Ägypten gsagt. Ohne eahm brauch ma gar nimma otanzn. I woaß scho, daß dir des net recht is.« A bisserl hot da Jakob no zögert, aber dann hot er hoit nachgebn.
Sie hobn sofort aufgladn, Proviant - oiso Bauernwürscht, Schweinshaxn, Butterbrot (na, des hobn s' net mitgnomma, weil die Butter bei dera Hitzn ja zerschmolzn waar), Schnittlauch, Peperoni - a paar Schläuch voll Bier natürlich aa. Geschenke hobn s' aa no mitgnomma: an Kompaß, der sogar in da Nacht d' Richtung gwiesen hot, wenn ma a Kerzn highoitn hot. Sie hobn no vui andere Sachn eipackt; aber as schönste und wertvollste Gschenk war a Wasserstandsmesser für Kamelhöcker. Zur selbigen Zeit host ja wissen müaßn, wia lang dei Transporter no herhoit. Des Geld, des eahna da Joseph gschenkt hot, hobn s' aa mitgnomma.
Wias okumma san, hobn s' sofort wieder beim Joseph otretn müaßn. »Is der Kloane in der Mittn euer jüngster Bruada?«
»Ja freilich, des is da Benjamin«, hobn die Brüada einstimmig zur Antwort gebn. Da Joseph hot vor lauter Freud gwoant und um 18.45 Uhr (mittelägyptischer Zeit) a Party für seine Brüada gebn.
Wia des Spektakel gar war, hot er zu seine Diener gsagt: »Machts die Säck voll bis obnauf; und in dem Sack vom Benjamin versteckts mei Hoibekrüagl!«
Am nächsten Tog, wias hoamziahgn wolltn, san s' scho kurz drauf oghoitn wordn. »Ihr Schlawiner hobts des Krüagl vom Joseph gstohln!« (Es war am Joseph sei Verwalter, der über ois Bescheid gwußt hot.)
Sie san sofort verhaft und vorn Joseph gführt wordn.
»Hob is net glei gsagt, daß ihr Banditen seids?«
»Mir wissn net, wia ma des wieder guatmacha solln. Jetzt werdn ma hoit gstraft für unsere Sünden. Schau her, mir wolln alle deine Skla-

ven sei«, hot da Juda beteuert. »I wui nur den ois Sklaven, der mir mei Krüagl gstohln hot«, hot da Joseph zur Antwort gebn. »Bittschön, tuas net, ausgrechnet da Benjamin. Wenn da Vota des erfahrt, dann brichts eahms Herz«, hot da Juda an Joseph ogfleht.
Des ehrliche Bekenntnis hot an Joseph umgstimmt. Er hot gspürt, daß seine Brüada nimma so hartherzig und gefühllos warn. Daraufhin hot er sich zu erkenna gebn.

»I bins, euer Bruada Joseph, den ihr nach Ägypten verscherbelt habts. I trag euch nix mehr nach. Jetzt ziaghts hoam und holts an Vota!«
Da Pharao hots aa erfahrn, daß am Joseph seine Leit kumma. Aus diesem Anlaß hot er a riesigs Volksfest mit Bierzelt, Blasmusi und ägyptischen Goaßlschnalzern veranstalten lassn.

Genesis 44

21. Da Jakob und seine Buam in Ägypten

Wia am Jakob seine Buam hoamkumma san, warn s' ganz außer sich vor lauter Freud. »Stell dir nur grad vor, Vota, dei Bua, da Joseph, lebt und is Ministerpräsident von ganz Ägypten.« Da Jakob hots gar net glaubn könna, erst wias eahm alle die Gschenke zoagt hobn, war er überzeugt. »Jetzt muaß i aber aa danüber, weil mein Joseph möcht' i scho no amoi sehng«, hot da Jakob gantwort. Sie hobn sofort zammpackelt und san loszogn.
Wias an der Landesgrenz okumma san, hot da Jakob am liaben Gott a Opfer bracht. In der selbigen Nacht is eahm da Herrgott erschienen und hot zu eahm gsagt: »Du brauchst koa Angst hobn, ziahg nach Ägypten. Dort werd i deine Nachkommen zu am großen Volk macha. Aber i werd s aa wieder ins versprochane Land zruckführn.«
Wia da Joseph erfahrn hot, daß sei Vota kummt, is er eahm sofort entgegnzogn. Mei, war des a Freid! »Jetzt konn i beruhigt sterbn, weil i di no oamoi gsehng hob«, hot da Jakob gsagt. Da Joseph hot sein Vata aa mitm Kini bekanntgmacht. Der war hocherfreut und hot eahm und seiner Familie Grundstückl und Wiesn für eahnare Viecher zuateiln lassn.
Nach siebzehn Jahr in Ägypten, da Jakob hot grad sein 147. Geburtstog gfeiert ghobt, war eahm, ois wenn er boid sterbn müaßt. Deswegn hot er aa an Joseph mit seine zwoa Buam, am Ephraim und an Manasse, zu sich kumma lassn.

Wia er im Sterbn glegn war, hot er aa seine andern Buam zu sich gruafa und eahna sein letzten Segen gebn.
Da Joseph hot den Leichnam von seim Vota eibalsamiern und nach Hebron in Kanaan bringa lassn. Dort is er dann im Westfriedhof beerdigt wordn.
Am Joseph seine Brüada hobn oiwei no a schlechts Gwissen ghobt und sich tausendmoi entschuldigt. »Ihr habts nix mehr zu befürchten, ihr warts zwar ganz schee gschert zu mir, aber i werd für euch und eure Kinder sorgn.« Da warn s' natürlich ganz schee froh, daß in Ägypten bleibn hobn derfa, aa wenn der Vota scho tot war.
Da Joseph is 110 Jahr alt wordn. Kurz bevor er gstorbn is, hot er seine Brüada vorausgsagt: »Da Herrgott werd eich in des Land zruckführn, des er am Abraham, am Isaak und am Jakob versprocha hot. Oa Bitt hätt i no: Nehmts mein Leichnam mit hoam und grabts mi dort ei!«

Genesis 45-46

22. Da Moses

Am Jakob seine Nachkommen hobn lang und guat in Ägypten glebt. Sie hobn si aa ganz tüchtig vermehrt. Langsam, aber staad sans a groß Volk wordn. Des war dene Ägypter aber bald z'blöd. »Die werdn oiwei mehra und nehma uns d' Arbeitsplätz weg«, hobn s' vorm Pharao seim Palast demonstriert.
Die Lösung war schnell gfunden: Zwangsarbeit für die Israeliten. Stoabrüch, Ziegeleien und schwaare Feldarbeit - des warn eahnare neuen Beschäftigungen. Aber trotzdem san s' oiwei no mehra wordn.
Aus dem Grund hot der Kini befohln, daß a jeder neugeborne Bua von dene Israeliten in' Nil neigworfa werd.
Aba oa Muatta ausm Stamm vom Levi hots net fertibracht, daß s' ihr Kindl umbringt. Drei Monat hot s' des Büabal bei sich dahoam ver-

steckt – wenn er hoit net oiwei so plärrt hätt! Wias nimma anders ganga is, hot s' a ganz a bsondere Idee ghobt: Sie hot a kloans Binsenkerbal gflochten und außen schee mit Pech wasserdicht gmacht. Da hot s' den Kloana neiglegt (ned bloß in a Plastiktütn wia heitzutog!), an Deckel drauf toa und des Körbal in Nil neigsetzt. Die Schwester von dem Büabal is aber in der Näh bliebn, weil s' wissen wollt, was etz passiert.

Es war um d' Mittagszeit, da hot am Pharao sei Tochter jeden Tog 25 Bahna im Nil durchzogn. Die warn abgsteckt mit weißblaue Melonen (die Landesfarbn vo unserm Bayern!). Auf oamoi, sie hot si grad mit Rückenschwimma a bisserl entspannt, is mit ihrer Hand an des Körbal hikumma. Sie hot den Deckel aufgmacht und ausgruafa: »Ja, was is denn des, mei, is der liab, des is bstimmt a Hebräerbua!« Sie is mit dem Körbal ans Ufer gschwomma und hots ihre Dienerinnen gebn.

Auf oamoi hot die Schwester von dem Buam aa an Muat kriagt und is wia ganz zuafällig auftaucht: »I wißat oane, die den Kloana aufziahng kannt'.«

»Ja, hols nur glei«, hot d' Königstochter gsagt. Wias nacha da war (des war grad so weit wia von da Briennerstraß bis zum Marienplatz), hots zur leiblichen Muatta (sie hot ja net gwußt, wen s' vor sich hot) gsagt: »Sorg du für den Buam und ziahgn gscheit auf. Der kriagt später amoi a Stipendium von mir am königlichen Hof.« Wia der Bua hergwachsn war, is er in' Palast kumma, hot den Namen »Moses« kriagt und hot alle möglichen Wissenschaften und Künste vo de Ägypter glernt.

Exodus 1–2

23. Am Moses sei Berufung

Da Moses hot sich guat entwickelt und is boid zu am strammen Burschn hergwachsn. Es hot eahm gar net taugt, daß d' Ägypter sei Volk a so drangsaliern. Durch sei guate Ausbildung am Königshof hot er sich ziemlich guat auskennt, war oft auf de königlichen Baustelln unterwegs und hot mitkriagt, wia dreckig daß seim Volk eigentlich geht.

Oamoi is er grad dazuakumma, wia a ägyptischer Aufseher an Israeliten mitm Ochsenfiesl a so gschlogn hot, daß er gstorbn is. Da hot da Moses a solchane Wuat kriagt, daß er dem Aufseher mit am Prügel a so oane mitgebn hot, daß er auf oan Schlog weg vom Fenster war. Da Moses hot sich umdraht und gschaugt, ob eahm koana gsehng hot. Sofort hot er a Loch im Sand grobn und den Ägypter drin verscharrt. Wia da Kini des erfahrn hot, wollt er an Moses umbringa lassn. Aber da Moses is abghaut nach Madian in Arabien. Dort hot er sich ois Viehhiata beim Priester Jethro beworbn. Vierzg Jahr is er bei eahm bliebn – ganz schee lang!

Wia er wieder amoi mit seiner Herdn in da Wüstn am Berg Horeb unterwegs war, hot er auf oamoi an Dornbusch brenna gsehng. »Komisch, da brennts, aber verbrenna tuat nix. Koa Aschn, koa Gluat.« Wia er sich des Ganze a bisserl näher oschaugn wollt, hot a Stimm gsagt: »Moses, bleib sofort steh, des is a heiliger Boden. Ziahg deine Schuah aus. I bins, da Herrgott vom Abraham, Isaak und Jakob.« Da Moses is gscheit daschrocka und hot sich glei sein Hiatamantel übers Gsicht gworfa.

»I woaß, wia schlechts um mei Volk steht«, hot da Herrgott gsagt. »I möchts aus der Gefangenschaft in a Land führn, in dem Milch und Honig fliaßn. Geh hi zum Pharao und sog eahm, daß dir die Knechtschaft über mei Volk nimma gfoit!«

Der Moses is gscheit daschrocka über diesen Auftrag: »Wer bin i denn, daß du mir so a Aufgab anvertraust? Was soi denn i sogn, wenn i zu dene zruckkumm und eahna a solchane Botschaft überbring? Die werdn mi frogn, wer der Gott is, der mir so was oschafft, und wia er hoaßt.«

Der liabe Gott hot feierlich drauf gantwort: »Jahve, des hoaßt: I bin da.«

Der liabe Gott hot sofort bemerkt, daß da Moses no unsicher war. »Mit dene Zeichen, die i dir jetzt gib, werst du sie alle überzeugn. Wirf amoi dein Hirtnstecka am Bodn hi!« Und sofort is aus dem Hirtastock a Klapperschlanga wordn, die an Moses ozischt hot. »Nimm die Schlanga und packs am Schwanz!« Er hots gmacht, und sofort wars wieder sei Hacklstecka.
»So, jetzt zoag i dir no a Kunststückl: Schiab dei Hand in dei Joppn nei.« Wia da Moses sei Hand rauszogn hot, wars voll Aussatz. »Jetzt schiabst as no amoi eini«, hot der liabe Gott zum Moses gsagt. Wia er s' wieder rauszogn hot, wars wieder gheilt.
Aber da Moses war oiwei no net überzeugt: »Liaba Gott, i konn doch net guat redn.«
»Des is aa koa Problem, ab sofort werst du mit deim Bruada Aaron auftretn. Der hot a gwiefte Goschn und werd deine Leut mitteiln, wos i eahna zum sogn hob!«

Exodus 3-4

24. De ägyptischen Plogn - oder wia da Moses »zaubert« hot

Da Moses und da Aaron san zum Pharao ganga und hobn zu eahm gsagt: »Unser Herrgott wui, daß du unser Volk ziahgn laßt, weils a so net weitergeht.«
»Wer is nachad eier Herrgott? I kenn eahm net, und ihr bleibts da. I glaub, daß ihr a bisserl spinnts. Hauts ab und laßts eich nimmer sehng!« Wia s' fort warn, hot er seine Aufseher ogschafft: »Gebts eahna Arbat, daß eahna d' Augndeckel tropfa. Da Leberkäs in da Früah um viertel nach neune is aa gstricha!«
Jetzt is eahna fei wirklich dreckig ganga. Wia s' aufgebehrt hobn, hots ghoaßn: »Zum Opfern brauchts ihr net in d' Wüstn naus. Des könnts bei uns auf de Baustelln aa rausschwitzn. Ihr kriagts ab sofort nur noch Sonderaufträg, wia zum Beispui Gleise reparieren,

Schienen poliern - de Schiena, auf dene der Transport mit de riesign Stoana für d' Pyramidn laaft«, hot da ägyptische Polier plärrt.
»Jetzt langts«, hot da Herrgott zum Moses gsagt. »Ihr gehts zum Pharao und erklärts eahm, wenn er eich net ziahng laßt, werdn ganz schlimme Sachen passiern.«
Da Moses und da Aaron hobn sich an Termin beim Kini gebn lassen. Glei, wia s' in sein Palast neikumma san, hot da Aaron sein Stock aufn Bodn higfeuert, und sofort is a giftige Schlanga draus wordn, die an Kini in d' Wadl neibeißn wollt. Den hot des gar net beeindruckt.
Wia da Kini mittags zum Schwimma geh wollt, hot da Moses mit seim Zauberstab oamoi aufs Wasser naufghaut, und des is bluatigrot wordn. Alle Fisch san umkumma, des Wasser hot gstunka, koana hot mehr draus trinka könna.
Nach oaner Woch san a Haufn Frösch aufm Herrgott sein Befehl überoi umanandagsprunga (sogar bis ins Bett vom Pharao). Stanzn und Fliagn san in da Luft rumgwimmelt, grad daß ma no schnaufa hot könna. Da Pharao, der oide Bazi, hot aber net nachgebn. Bei jeder Plog, die kumma is, hot er versprocha, des israelitische Volk ausziahng z' lassn, bis daß wieder vorbei war.
Viechseuchen (vielleicht hots damois aa scho an Rinderwahn und a Schweinepest ghobt?), Hagel, so daß da Wintadienst nimmer mitkomma is. Es war eigentlich ois hi. Nix war zu macha, z'letzt san Heuschrecken komma und hobn ois zsammgfressen. Dazua no drei Tog Finsternis, daß ma die Mistviecher net amoi fanga hot könna.
Der Pharao is stur bliebn. Deswegn hot da Moses zu eahm gsagt: »Heut nacht um zweife werdn alle erstgeborna Buam sterbn. Ganz gleich, ob vo der Magd oder vom Kini!«

Exodus 5 - 12

25. Wia d' Israeliten vo Ägypten auszogn san

Da liabe Gott hot zu den Israeliten gsagt: »Etz werds Zeit, daß es packts. Aba zerscht machts no a Festessen. A jeda Familienvota schlacht an kerngsunden, oajahrigen Bock. Wer koane Böck dahoam hot, soll si beim Metzger oan kaffa. Mit dem Bluat von dem Böckal streichts eierne Haustürn o, damit der Engel mit dem tödlichen Auftrag, den i eahm gebn hob, Bscheid woaß. An alle bluatigroten Haustürn werd er vorbeimarschiern. Bei de andern passiert a Unglück. Alle erstgeborenen Buam werdn umbracht. Des muaß ois ganz schnell passiern. Ziagts eierne Schuah o und seids reisefertig. Zu eierm Lammkotelett eßts a ungsäuerts Weißbrot und bittere Kräuter wia Sauerampfer und Majoran.
I wui, daß ihr den Tog in Zukunft net vergeßts! Des werd in Zukunft es ›Passafest‹ hoaßn – des bedeut:
›Wia da liabe Gott vorbeiganga is.‹«
Ois hams zsammpackt, eahnare siebn Sachen, eahnare Viecher hams zsammtriebn und aufn Auszug gwart. Um Mitternacht hot sich a furchtbars Gschroa erhobn, weil der Todesengel durchganga is. Nirgendwo hat er haltgmacht, am Pharao sei Bua is aa drokumma. Auf den Vorfall hin hat er an Moses und an Aaron zu sich kumma lassn. »Hauts endlich ab, i wui eich nimma sehng. Nehmts ois mit, was eich ghört – vielleicht kannts aa in da Wüstn für mi betn und a Opfer darbringa!«
So ummara 600 000 Menschen san auf d' Roas ganga, am Joseph seine Reliquien hobn s' aa mitgnomma.
400 Jahr warn d' Israeliten in Ägypten gwen, bis auf so wunderbare Weis befreit wordn san.

Exodus 12 und 13

26. Wia d' Israeliten durchs Rote Meer ganga san

A durchtriebner Bazi war er scho, da Pharao. Kaum daß d' Israeliten fort warn, is eahm eigfoin: »Ja, was teama denn etz ohne unsre billign Arbeitskräft? De Ägypter kannst ja fast net dazahln. Die baun mir koane Pyramiden und Paläst.« Er hot überlegt und nachdenkt: »Jetzat woaß is: De hol i zruck. Mit meine besten Kämpfer werd i des Gschwerl eiholn. Bogenschützen und Wagnfahrer, die mit da besten Trainingszeit, werdn dene scho aufn Leib rucka!«

Des Bsondre an dera ganzn Sach war, daß da liabe Gott die Israeliten die ganze Zeit ois Wolkn begleit hot. In da Nacht hot er eahna gleucht, und am Tog hot er sie beschützt - getarnt ois schwarze Wolkn - de Ägypter, de Deppen, hobn jedsmoi gmoant, daß a Gwitter kummt.

D' Israeliten hobn as Rote Meer erreicht ghobt, es werd vielleicht hoibe fünfe nachmittogs gwesen sei, auf oamoi hobn s' a Staubwolkn in da Luft gsehng. »Jetzt kumma d' Ägypter«, hobn s' alle mitanander plärrt. »Jetzt samma verlorn. Du bist schuld, daß mir jetzt da in da Wüstn sterbn müaßn! Liaber waarn ma no in der Sklaverei bliebn«, hobn s' an Moses beschuldigt.

Aber da liabe Gott hot zum Moses gsagt: »Streck dein Stock aus übers Meer!« Und sofort hot sich as Wasser teilt, und a brettlebne Straß hot si auftoa. Dazua hot da liabe Gott an frischen, trockna Wind wahn lassn, so daß de Israeliten sauber durchmarschiern hobn könna. Die Ägypter wollten s' verfolgn - und wieder hot da Moses zaubert. Grod, daß da letzte Israelit sicher am Land war, hot da Moses sein Stecka in d' Höh ghoitn und des riesige Wasser wieder zammfliaßn lassn. Auf die Weis san alle ägyptischen Kamfwogngfahrer, Fechter und Bogenschützen auf oan Schlog dasuffa.

Jetzt hobn s' wieder glaubt und gsunga:

»Am Moses und am liabn Gott,
der uns aus Ägypten rausgführt hot,
Mir dankn eahna alle zwoa,
weil gschafft hättn mir des nia alloa!«

Exodus 13 und 14

27. Am Moses seine Wunder in da Wüstn

Es hot net lang dauert, grad daß durch wunderbare Weis errett wordn san, hobn d' Israeliten scho wieda as Bengsen und Wuiseln ogfangt. Sie hobn zwar lange Zeit in der Gfangaschaft verbracht - aber an a selbständigs Lebn warn s' net gwöhnt. Scheinbar hams die Schufterei in Ägypten scho lang vergessen ghobt, sonst hättn s' an Moses net so saudumm ogredt: »Dauernd müaß ma macha, was du uns oschaffst. In Ägypten hamma wenigstens jeden Tog unser Fleischration mit Beilagen kriagt - aba bei dir - was hobn mir da? Leere Wasserschläuch und Hunger.«
Da Moses war ganz sprachlos und hot an liaben Gott um Rat gfragt.
»Tua di net a so ab, Moses, du gehst jetzat mitm Aaron zruck zu deim Volk und sogst eahna, wia des laffa werd.«
»Ihr hobts net an Aaron und mi beschuldigt, sondern an liabn Gott. Er hot eich aus Ägypten rausgführt«, hot da Moses zu seim Volk gsagt. »Morgn in da Fruah werds sovui zum Essen ham, daß' es gar net zwingts.« In der selbigen Nacht is a riesiger Wachtelschwarm vorbeigflogn und hot sich direkt nebn eahnam Lager niederglassn. Des war natürlich a gfundns Fressn für d' Israeliten. Da hobns bratn und grillt, bis nimma könna ham.
Aber am nächsten Morgn, wias aus eahnare Zelte nausgschaugt hobn, war der ganze Bodn ringsum voll mit weiße Flockn bedeckt. Wiases probiert ham, hobn s' net gwußt, nach was des Zeug schmeckt (des is wia des heitige Popcorn gwen: süaß und nahrhaft). Sie hobn dera Speis den Namen »Manna« gebn, des hoaßt: »Was is nacha des?«
Wennst heit oan frogst, was a Manna is, dann kriagst zur Antwort: »Geh am Nockherberg, na woaßt as.« Sie hobn aa bloß oiwei für oan Tog Vorrat sammeln derfa. Außer am Samstog, da hobn s' fürn Sonntog (damois hot da Sonntog no »Sabbat« ghoaßn) für zwoa Tog Vorrat nehma könna.

Exodus 16

28. Da Durscht und da Krieg gegn de Amalekiter

Es hot net lang dauert, bis wieder as Mosern ogfangt hobn. »Dauernd unterwegs, as Viech müaßn mir treibn, schwitzn und arbeitn. Soll des unser Zukunft sei? Des hättn ma in Ägypten aa hobn könna. Koa Dusch und koa Bad, stinka tuan ma scho bis zum Himmi nauf. Wenns d' net bald amoi was unternimmst, na werst gstoanigt!«

Jetzat is am Moses natürlich a bisserl eng wordn. In seiner Angst hot er an liabn Gott ogruafa: »Bitte, liaba Gott, huif mir, du sichst es selber, mit dene Schafsköpf konn ma net umgeh.«

»Etz tua di net aso ab, hau amoi mit deim Stock an den Felsn Horeb hi.« Da Moses hot hinghaut, und sofort is a Wasser rausgsprudelt.

Des war vielleicht a Freud! Bod't und duscht hams, und die Viecher hobn was zum Trinka kriagt.

Aber es warn no andere da, die aa a Wasser braucht hobn: die Amalekiter. Des hot an Krieg bedeut. »Was solln mir denn toa?« hobn s' wieder plärrt, »was solln mir denn macha? Die san in da Übermacht, die macha uns fertig!«

»Auf gehts«, hot da Moses zum Josua gsagt – des war da damalige Oberstleutnant und Heerführer. »Mir braucha a Strategie i stell mi aufn Berg nauf und hoit meine Arm in d' Höh und bet.« Natürlich is da Moses aa amoi müad wordn, dauernd d' Arm hochhaltn, des war eahm zvui. Und jedsmoi, wenn er d' Arm sinkn hat lassn, hots ausgschaugt, wia wenn s' verliern taatn. Aber dann hobn s' a Superidee ghobt:

Da Aaron und da Hur hobn eahm an Stoa untergschobn, auf den er sich draufsetzn hot könna, und links und rechts hot a seine Arm aufgstützt – und bis d' gschaut hast, war der Kampf gegn die Amalekiter gwonna.

Exodus 15, 17

29. Wia da Moses de Zehn Gebote kriagt hot

Drei Monat nach eahnam Auszug aus Ägypten hobn die Israeliten die Wüstn Sinai erreicht. Unten im Tal, am Fuaß von am hohen Berg hobn s' eahnare Zelte aufgschlogn. Da Moses is auf den Berg naufgstiegn, weil er mitm Herrgott a Unterredung ghobt hot. Da liabe Gott hot zu eahm gsogt: »Ihr seids mei auserwählts Volk, i wui eich groß und stark macha und mit eich an bsondern Bund schliaßn. Aba dafür miaßts meine Gebote, die wo i eich in drei Tog gebn werd, aa eihoitn! Die nächsten drei Tog san Feiertog, tuats innere Einkehr hoitn! Koana bewegt sich ausm Lager, net amoi mitm Zehenspitzl derf er den Berg berührn, sonst muaß er sterbn!«
Da Moses is vom Berg owigstiegn und hot seim Volk die Mitteilung vom Herrgott überbracht. Die warn ganz begeistert und hobn oastimmig gruafa: »Gelobt sei unser Herrgott, ois was er uns oschafft, wolln mir eihoitn!«
Am dritten Tog hot da Moses seine Leut ausm Lager rausgführt und unten am Berg otretn lassn. Auf oamoi hots blitzt und donnert, d' Erdn hot bebt, und grad qualmt und graucht hots. Da Posaunenchor vo da Sechsten Engels-Gebirgsdivision hot »Großer Gott, wir loben dich« ogstimmt. Zerscht piano und nacha forte. Mei liaber Freind, da hobn eahna d' Knia gwackelt. Und in da Zwischenzeit hot da Herrgott am Moses seine Vorschriften übermittelt:

I. I bin dei Herrgott, du sollst koane andern Götter nebn mir hobn. Du sollst dir aa koane andern Buidln und Statuen macha und sie obetn.
II. Du sollst mein Nama net verunehrn mit Fluacha und Schimpfwörter.
III. Denk dro, daß da Sabbat heilig is. Da werd net garbat. Höchstens an Frühschoppen konnst dir genehmigen. Schafkopfa is aa no erlaubt.
IV. Sei anständig zu deim Vota und zu deiner Muatta, nacha gehts dir guat.
V. Du sollst koan umbringa, net aus Haß, Habgier oder Eifersucht.

VI. Du sollst net unkeusch sei. Des is a Gebot, des hängt aa mitm neunten ganz eng zsamma.
VII. Du sollst net stehln.
VIII. Tua koan verleumden oder eahm a Unwahrheit unterstelln.
IX. Laß d' Weiber in Ruah – vor allem die von deine Arbeitskollegen und Freind. Wenns d' durch Zufall a Ledige triffst, na is des was anders.
X. Was dir net ghört, geht di nix oo, drum rühr die Sachn aa net oo.

Des Blitzen und Donnern, des hot des Volk ganz schee ferti gmacht. Mittlerweile hobn die Bläserengel aa no mitm Bayrischen Defiliermarsch ogfangt; daß des mit am 16stimmigen Posaunenchor ganz schee neihaut, des könnts eich dengga. Da Moses hot sich ois aufgschriebn im heiligen Bundesbuach und hots nacha seim Volk vorglesen.
»Moses, ab sofort wolln mir folgsam sei und die Gebote vom liabn Gott einhoitn«, hobn s' feierlich globt. Na ja – schaung ma mal...

Exodus 20

30. As goldne Kaibi

Da liabe Gott hot an Moses wieder auf sein Berg naufgruafa. Vierzg Tog is er drobn bliebn, ohne Essen und Trinka. Da liabe Gott hot eahm zwoa stoanerne Tafeln gebn, auf dene warn die Zehn Gebote eigmoaßlt.

Wia da Moses solang net zruckkumma is, is as Volk scho wieda ekelhaft wordn. »Der hot sich doch abgseilt, der kummt nimma zruck. Wer hoit'n des aa so lang aus auf so am hohen Berg ohne Sauerstoffmaskn? Grad amoi da Reinhold Messner, weil der is a geübter Bergstoager (aba der war damois no gar net geborn). Mir wolln etz a neue Statue, die mir obetn könna!«

Am Aaron is ganz zwoaraloa wordn, weil er gwußt hot, wia gfährlich die Israelitn sei könna. »Oiso«, hot er gsagt, »bringts mir eure goldnen Ohrringl, Zungen-, Nabel- und sonstige Piercings!« Insgeheim hot er ghofft, daß' vo dera Idee net so begeistert waarn – aber bis der sich umgschaut hot, hot er an richtigen Juwelierladen beinander ghobt.

Jetzt hot er koa andere Wahl ghobt: Er hot des ganze Glump eigschmolzn und a goldnes Kaibi draus gossn. Er hot Flugblattl verteiln lassn, auf dene gschriebn war:

»Morgn ab 14.00 Uhr mach ma a riesigs Fest, mit Blasmusi, Brotzeit und der feierlichen Enthüllung von dem Kalb.«

Da is aufganga, Disco-Musi, Bauchtänzerinnen – i mog gar net weiterverzähln. Grad daß Ecstasy und Koks no gfehlt hobn. Was sonst no ois triebn hobn, des laß ma liaba untern Tisch falln. I konn bloß sogn: Ziemlich bunt is scho zuaganga.

Wia unser Herrgott des gsehng hot, hot er an Moses sofort owigschickt, um sei Volk zurechtzuweisen. Wiara ans Lager kumma is und des ois gsehng hot, hot er vor lauter Wuat die zwoa Stoatafeln mit de Zehn Gebote a so an Bodn higfeuert, daß in tausend Bröckerl zersprunga san.

An Aaron hot er glei aa so zsammplärrt, daß er in koan Schuah mehr neipaßt hot: »Depp trauriger, kann ma di net amoi a paar Tog alloa lassn?«

»Die hobn mi ja erpreßt«, wollt da Aaron zur Antwort gebn.

»Deine blöden Ausreden kannst da schenka. Hol deine Leit, wo mit am Schwert umgeh könna. A jeder, der weiterhin Götzendienst betreibt, werd sterbn!«
Zum Moses hot da liabe Gott gsogt: »Und du schreibst des gleiche nomoi in Stoa. Wegwerfa derfst as natürlich nimma, weil da Pfarrer predigt aa net zwoamoi!«

Exodus 32

31. Wia da Moses gstorbn is

Da liabe Gott hot zum Moses gsprocha: »Steig auf den Berg Nebo. Von dort aus konnst dir as Gelobte Land oschaugn. Da host a Fernsicht wia von da Zugspitz bis zum Waxnstoa. Aba den Jordan werst nimma überschreitn.« Wia da Moses des gsehng hot, hot a zerscht amoi gscheit gwoant. »Derf i do wirklich nimma hi? Vierzg Johr hob i des Volk gführt – und grod jetzat muaß i abtretn.« Er hot sich von dem Anblick gar net trenna könna. Wenn ma zum Beispui am Oktoberfest ins Zelt vom Hacker-Pschorr geht, da sicht ma an Engel Aloisius mitten im Zelt schwebn (mir wolln jetzt da koa Schleichwerbung macha, aber bisserl a Werbung für inserne Kultur muaß scho sei) Da Moses is vom Berg owigstiegn und hot seim Volk an letzten Segn gebn.
»I muaß etz sterbn, mei Nachfolger werd da Josua sei. Der is Hauptmann und Offizier, der werd euch weidahelfn.«
Da Moses is 120 Jahr alt wordn, er hot koa Brilln und koan Zahnersatz braucht.
Er is unmittelbar nach seiner Ansprache aufn Berg naufgstiegn. Dort is er gstorbn. Da liabe Gott hot eahm persönlich begrabn, koa Mensch woaß bis heut, wo sich sei Grab befindt.

Deuteronomium 32

32. Wia de Israeliten ins Gelobte Land kumma san

Nachdem da Moses verstorbn war, is da Josua sei Nachfolger wordn. Er war in Heerführung ausgebildet und hot alle taktischn Tricks kennt, die ma braucht, wenn ma zum Beispui a Stadt erobern wui. A gwiefter Kerl war er, dem so schnell koana was vorgmacht hot. Trotzdem war er zaghaft und hot zweifelt, ob er der Aufgab gwachsen is, die eahm übertragn werdn sollt. Da liabe Gott hotn ermutigt: »Josua, du bist da oanzige, ders im Kreuz hot, die Israeliten zu führn. Du muaßt nur die Gesetze, die i am Moses gebn hob, genau befolgn und aa deim Volk jeden Tog verkünden!«

Da Josua hot die Israeliten an Jordan higführt. Sie hobn die Bundeslade, in der die Zehn Gebote aufbewahrt warn, vorm Fluß abgstellt. Die Bundeslade war a wunderschöner Kasten aus Eichnholz, d' Henkel, Griff und die Tragring, durch die ma Tragstöck durchstecka hot könna, warn aus massivem Gold. Im selben Augenblick, wia s' die Bundeslade abgstellt hobn, is des Wasser zruckganga, und sie hobn (damois sans ja no alle barfuaß oder in Sandaln glaffa) durch des kniatiafe Wasser durchmarschiern könna.

Sog amoi des heutzutogs, irgendoaner soll mit seine Schuah durch a seichts Wasser durchgeh. Der werd sogn: »Du spinnst a bisserl. I werd mit meine Designerschuah da net durchlaffa. Wozua gibts'n Fähren, Brücken, Boote?« Wias den Fluß durchquert ghobt hobn, ham s' eahna die Stadt Jericho ogschaugt, weil des die erste Stadt war, die sie erobern hobn müaßn. Herrschaft no amoi, des warn Mauern! So was bringa die heutigen Bauherrn gar nimma zamm. Da san die Zelte am Oktoberfest no besser und sicherer als des, was die heut baun.

Es is zweni bekannt, daß da Josua aa a hervorragender Pianist und Orchesterleiter war. Wenn der a Melodie ghört hat, dann hat er sich highockt und seim Orchester an Ton ogebn, so daß die ihre Instrumente stimma und loslegn hobn könna.

Der Josua is siebnnmal um die Stadt Jericho rüberzogn – und jedsmoi hobns dene an Marsch blasn. Beim siebtenmoi san die Mauern eigfalln. Des hot an Schlag toa. Und dann hobn die Israeliten die

Stadt erobert und eignumma. Des war die legendäre Schlacht um Jericho (und drum kenna mir des scheene Liad vo de Gospelsänga: »Joshua Fit the Battle of Jericho«. Wer des oamoi ghört und gsehng hot, der woaß, was wahrer Glaube is. Weil die bringa des so überzeugend rüber, daß d' moanst, die Mauern von Jericho stürzn ei. Die hobn oft an Sänga dabei, an Baß. Wenn der owigeht aufs tiafe »G«, dann wackeln die Glasl am Tisch).

Josua 5-6

33. Wia die Richter dem Volk Israel gholfn ham

Da Josua is 110 Johr oid worn. Solang er glebt hot, hot er sei Volk immer an den rechten Herrgott erinnert und sie ermahnt, die Gesetze vom liaben Gott eiz'hoitn und danach zu lebn. As Volk Israel war jetzt zum erstenmoi ohne Anführer, und so hots leider wieder net lang dauert, bis daß die Großzügigkeit und Freundlichkeit vom liabn Gott, der wo eahna scho so oft gholfn hot, wieder vergessn hobn.

Es san Kinda hergwachsen, die an Josua gar nimma kennt hobn. Sie hobn in die Familien von die Kanaaniter eigheirat und ogfangt, dene eahnare Götzen ozbetn. Des war vielleicht a grausame Religion, bei der kloane Kinder ins Feuer gworfa wordn san, weils glaubt hobn, daß eahnare Götter eahna nacha gnädig waarn und a guate Ernte beschern tatn. Da liabe Gott war traurig und verärgert drüber, daß sei Volk sich wieder amoi von eahm abgwandt und solch grausame Bräuch übernomma hot.

Der Plan vom liabn Gott, alle Bewohner aus Kanaan zu vertreibn, war aa sehr schnell vergessn. Jetzt san die Kanaaniter natürlich stärker wordn ois die Israeliten, hobn gegn sie kämpft und sogar Steuern von eahna verlangt. Aber wia oiwei, wenns de Israeliten dreckig ganga is, hobn sie sich wieder an eahnan wahren Herrgott

erinnert und eahm ogfleht, daß er eahna beisteht. Er hots erhört und eahna Anführer gschickt, die sie vom Feind befreit und gschickt und weise beratn hobn.
Des warn die sogenanntn Richter.

Richter 1-2

34. Die Gschicht vom Gideon, am Heldn, der koana sei wollt

Und wieder hots net lang dauert, bis die Israeliten an liabn Gott, eahnan Freund und Helfa in alle Gefahren, vergessn hobn. Nach kurzer Zeit hobn s' neue Feinde ghobt: die Midianiter. Die hobn aber net die Stämme ogriffa, sondern d' Felder plündert. Sie hobn bis zur Erntezeit gwart, dann san s' über die Felder hergfoin, hobn as Getreide, d' Weintraubn und d' Oliven abg'ernt. D' Esel, Schaf und Rindviecher hobn s' aa gstohln.
Siebn Johr is des a so ganga. In ihrer großen Not hobn d' Israeliten wieder amoi an liabn Gott um Hilfe ogfleht.
Der junge Gideon ausm Stamm Manasse war genauso grantig über die Frechheiten von de Midianiter. Er hot sich an Plan ausdenkt, wia er wenigstens an Teil der Ernte b'hoitn könnt. In einer versteckten Höhle hot er des bisserl Weizen droschn, des er no dawischt hot. Auf oamoi is a Fremda vor eahm gstandn und hot zu eahm gsagt: »Gideon, du bist stark und guat beinand. Du sollst Israel von de Midianiter befrein!«
»Wia soll denn des geh?«
»Mit meiner Huif, i bin bei dir, du werst die Midianiter schlogn, ois waars bloß oa oanziger Mo.«
Bervor eahm sei Bsucher no mehr verzähln hot könna, wollt er eahm a Brotzeit bringa. Da Gideon is hoamgrennt und hot an Korb voll Fleisch, a frischbachas Brot und an Kruag mit Brüah bracht.
Der Fremde hot zum Gideon gsagt: »Leg des Brot und des Fleisch

auf den Felsn da drübn und schütt dei Brüah drüber.« Dann hot da Fremde mit seim Stock die Speisen berührt – und sofort is a Stichflamma aus dem Felsn rauszischt und hot ois zammgfressn. Jetzt hot da Gideon gwußt, daß des a Engel vom Herrgott war, der eahm a Botschaft bracht hot. Unmittelbar drauf war der Bsuacha verschwundn.

Aber da Gideon wollt no mehr Beweise hobn, deshoib hot er zum liaben Gott gruafa: »Liaba Gott, wenn i wirklich da auserwählte Retter von Israel sei soll, dann gib mir bitte a Zeichen. Heut nacht werd i mei Wolldeckn im Freien ausbroatn. Wenn die Deckn morgn früah naß vom Tau, der Bodn ringsum aber trockn is, dann woaß i, daß du mi berufen host.« Und tatsächlich, am Gideon sei Deckn war patschnaß, am Boden ringsum aber koa oanziger Tropfa Wasser. Aber er hots einfach no net glaubn könna, vielleicht war des a Zufall, hot er sich denkt.

»Bitte, liaba Gott, zoag mir no amoi, daß du mi ois Führer von Israel brauchst. Laß heut nacht an Boden feucht und mei Deckn trockn sei!« Und es is eitretn, wias da Gideon sich gwünscht hot. Die Deckn war kuschelig trocken (wia in da Reklame von am moderna Weichspülerhersteller) und da Bodn voller Tau. Jetzat hot da Gideon glaubt, daß da liabe Gott eahm ois Führer gegn die Midianiter bestimmt hot.

Richter 6

35. Wia da Gideon an Altar vom Götzen Baal eigrissn und a Heer aufgstellt hot

Da liabe Gott hot zum Gideon gsprocha: »Bevor du überhaupts a Heer auf d' Füaß stellst, hob i erst a andere Aufgab für di: Geh auf des Grundstück von deim Vata Joasch und zerstör den Altar vom Götzen Baal. Die Baam ringsum, die am Baal gweiht san, muaßt aa umhaun. Wennst des host, nacha baust an großen, festen Altar für mi!« Da Gideon hot ganz schöne Bolln ghobt, weil er gwußt hot, daß d' Leit a gscheite Wuat kriagn, wenn der Altar vom Baal zerstört is.

Mittn in da Nacht hot er mit zehn Diener den Altar vom Baal eigrissn und die Baam umghaut. Danach hobn s' fürn liabn Gott an neuen Altar erricht und san davogschlicha, bevors hell wordn is.

Aber wos zehne wissn, des bleibt net lang a Geheimnis. Es hot sich glei rumgsprocha, was passiert is und wer des war. Am nächstn Morgn san die Stadtbewohner vorm Joasch seim Haus gstandn und hobn plärrt: »Bring dein Buam Gideon raus, der ghört umbracht!« Aber der Joasch hot – obwohl er zerscht zuaglassn hot, daß auf seim Grundstückl a Götzenbuidl fürn Baal erricht werd – sofort für sein Buam Partei ergriffa: »Wenn der Baal wirklich a Gott is, dann soll er von selber wieder aufsteh. Wenn ers kann, soll er mein Buam strafa! Und jetzt hauts ab, es Gschwerl!«

Nachdem er die erste Aufgab so guat glöst hot, is da Gideon droganga, a Heer zsammzustelln. Mit dene Kriager, die sich freiwillig gmeldt hobn, hobn s' eahna Lager a paar Kilometer von de Midianiter entfernt aufgschlogn. Net weit weg war a schöne, klare Bergquelln. Es hot eigentlich ausgschaugt, ois ob des Heer vom Gideon im Vergleich zu dem riesigen Midianiterheer vui z'kloa waar.

Aber der liabe Gott hot zum Gideon gsprocha: »Dei Mannschaft is vui z'groß. Sog zu deine Soldaten: Wer Angst hot, der soll hoamgeh und sich von seiner Muatta an Bauch waschn lassn.« Der Gideon hot des gmacht, und bis d' gschaugt host, hot sich oaner nachm andern davogschlicha. Auf die Weis san zwoa Drittel vo seine »Kämpfer« verschwundn.

»Dei Armee is oiwei no z'groß«, hot da liabe Gott gsagt. »Jetzt machst an Test und laßt as aus dera Quelln trinkn. Die, die sich hinknian und as Wasser mitm Mund schlürfa, die kannst aa glei hoamschicka. Aber die, die as Wasser mit die Händ schöpfa, die b'haltst.« Da Gideon hot die Anweisung befolgt. Wia er nachzählt hot, san eahm nur noch dreihundert Mann übrigbliebn.

»Hob koa Angst«, hot da liabe Gott zum Gideon gsagt. »Mit dene dreihundert Soldaten gwinnst du haushoch gegn die Midianiter.«

Richter 6–7

36. Wia da Gideon d' Midianiter aufgmischt hot

In da selbigen Nacht hot da liabe Gott zum Gideon gsprocha: »Auf gehts, Gideon, jetzt werds Zeit, daß ma die Midianiter aufmischn! Wennst oiwei no Angst host, dann geh mit deim Diener Pura owi ins Tal und spionier die Midianiter aus. Hör gnau zua, was redn, dann werst koa Angst mehr hobn!« Da Gideon und da Pura san owikrackelt, um sich des Ganze aus da Näh anzuschaun. Je näher daß kumma san, um so schlimmer is eahna vorkumma: lauter schwarze Zelte, dicht an dicht, Wachn rundumadum ums ganze Lager.

Sie san ganz dicht an zwoa Wachtposten hinkrocha, die sich grad unterhaltn hobn. »Mei, hob i heit an saublödn Traam ghobt«, hot da oane erzählt, »a kloans Gerstnbrot is vom Berg owigrollt und hot a Zelt troffa, so daß sofort eigfalln is.«

»Auweh«, hot sei Kamerad gsagt, »des bedeut nix Guats. Des kloane Brot is da Gideon, da Kommandeur von de Israeliten. Er werd uns ogreifa - und niadamacha.«

Wia da Gideon des ghört hot, hot er zerscht amoi am liabn Gott dankt. Dann is a mitm Pura sofort zruck in sei Lager, hot seine Männer gweckt und gruafa: »Freindal, heut nacht gehts los. Ziaghts eure Kampfanzüg oo, nehmts eure Waffen - und vergeßts ma vor allem d' Gasmasken net, weil bei dem Überfall werds ganz schee brandeln.«

Wia die dreihundert Mann hellwach warn, hots da Gideon in drei Kompanien zu je hundert Mann ei'teilt.

»Regiment, stillgestandn«, hot da Gideon gruafa. »Ois hört auf mei Kommando. A jeder kriagt an Tonkruag, a Trompetn und a Fackel. Steckts eure Fackeln in die Krüag, daß ma as Feuer net sieght. Mir werdn des Lager von de Midianiter umzingeln. Paßts genau auf, was die erste Kompanie unter meiner Führung macht. Des gleiche machts ihr dann nach!«

Am Gideon seine Mander hobn as Midianiterlager grad erreicht, wia d' Wachn gwechselt hobn. Die andern hobn tiaf und fest gschlafa. Koana hot die Dreihundert ghört oder kumma gsehng. Da Gideon hot as Zeichen gebn, und sofort hot sei Kompanie in ihre Trompe-

ten neiblosn, daß grad so dröhnt hot. Die andern zwoa Kompanien hobn as gleiche gmacht und dann hobn s' ganz laut plärrt: »Nieder mit de Midianiter!« Im gleichen Augnblick hobn s' eahnare Tonkrüag zammghaut, so daß dreihundert Fackeln auf aomoi gleucht hobn (de Midianiter san si vorkumma wia im Fluatliacht vom Olympiastadion). Die Midianiter warn no ganz schlafdappig und hobn mit eahnare Schwerter umananderghaut wia die Wahnsinnigen. Sie hobn ois zammghaut, was eahna in Weg kumma is, weils gmoant hobn, des waar a Heer von mindestens tausend Mann. Auf die Weis hobn sie sich selber vernicht. Diejenigen, die net von am eigna Kameraden umghaut wordn san, san davoglaffa wia d' Hasn.
So hat da liabe Gott am Gideon zu am großen Sieg verholfn.

Richter 7

37. Wia da Jeftah gholfen hot

Langsam werd' s müßig zu verzähln, wia gschert und unverschämt die Israeliten eahnam Herrgott gegenüber warn. De warn ja scho direkt süchtig nach Götzendienst. Aber es hot ja nia lang dauert, bis sie eahm wieda braucht hobn.
Desmoi sans von de Ammoniter angriffn und mißhandelt wordn (Namen hobn die damois scho ghobt: Ammoniter – des klingt so medizinisch – vielleicht war eahna Stammvata da Ammoniak?
Jedenfalls hobn s' wieder an Feldherrn braucht, weils alloa net z'recht kumma san. Am schlimmstn betroffn warn die Einwohner von da Stadt Gilead. Sie wollten gern an Jeftah hobn, dens zuvor – ma muaß sich des vorstelln – verstoßen ghabt hobn. Es warn seine eignen Brüada, die gsagt hobn: »Du bist nur unser Halbbruada, und deswegn werdn mir aa des Familienerbe net mit dir teiln!« Auf des hin hot sich da Jeftah abgseilt und hot a eigene Bande gründ't. A richtiger Wuidling war er.

Jetzt hobn s' eahm ganz verzweifelt a Botschaft gschickt (per Kurier): »Bittschön, Jeftah, kumm und helf uns. Mir braucha an Anführer, der uns gegn d' Ammoniter führt!«
»So, jetzt auf oamoi? Zerscht hauts mi davo und nacha brauchts mi wieder. I machs, aber nur, wenn i nach dera Schlacht gegn die Ammoniter zum Burgermoasta von Gilead gwählt werd.«
Mit dera Bedingung warns sofort einverstanden.
Da Jeftah wollts zerscht amoi diplomatisch probiern und mit de Ammoniter verhandeln. Aber wia er gsehng hot, daß de stur bleibn, hot er a Heer aufgstellt.
Doch dann hot er an großen Fehler gmacht: Er wollt an liaben Gott bstechn. »Wennst mir zum Sieg verhuifst, dann kriagst des erste, was i sich, wenn i wieda hoamkumm, ois Dankopfer.«
Gegn d' Ammoniter hot er natürlich haushoch gwonna. Beim Triumphmarsch, wias hoamwärts ganga is, hot er scho in da Näh von seim Haus a wunderschöne Musik ghört (sei Frau hot nämlich a Orchester engagiert ghobt). Wia er dann ganz genau higschaut hot, steht sei oanzige Tochter, die er sovui gern ghobt hot, ganz vorn auf da Bühne, singt, tanzt und scheppert mitm Tamburin umananda.
»O mei«, hot er si denkt, »wia soll i den Schwur jetzt eihoitn?« Aber unser Herrgott hot dankend abglehnt. Denn da liabe Gott wui koane Menschenopfer. Des hot er scho beim Abraham bewiesn. Er wui nur, daß d' Menschen auf eahm vertraun.

Richter 11

38. Wenn oana koa »Sch« aussprecha ko

Es war net lang her, dann hot da Jeftah wieder Ärger aus den eigenen Reihen kriagt. Desmoi warns de Ephraemiter, die eahm bedrängt hobn.
»Warum host uns net in dei Heer mitaufgnomma? Mir san ausgebildete Krieger!«

»Des fallt eich aber schnell ei«, hot da Jeftah gantwort. »Achtzehn Jahr hob i gegn die Ammoniter kämpft, und ihr hobts eure Einberufungsbescheide net amoi abgholt. Schauts, wias selber weiterkummts!«
»Schautsn net oo, den Deppen, den arroganten«, hobn s' vor lauter Wuat gruafa. »Mir werdn dir dei Haus überm Kopf ozündn.«
Wia da Jeftah des ghört hot, war eahm nimma nach Spaß zmuat. Er hot sei Heer wieder zsammtrommelt und postiert.
Es hot nur oa oanzige Furt durchn Jordan gebn – da hot da Jeftah siebzehn Wachen aufgstellt (a Furt, des is a seichte Stell im Wasser, wo ma durchhatschn kann).
Jetzt hots no a Problem gebn: Wia solln ma die ausanderkenna?
Oa Wachtpostn hot a guate Idee ghabt: »Die Ephraemiter könna doch koa ›Sch‹ aussprecha, sondern nur ›S‹. Wenn oiso oana kummt und ›Sibbolet‹ statt ›Schibbolet‹ sagt, nacha wissn mir, von welcher Seitn der is.« (Im Prinzip is des wia mitm Englischen Tieitsch, wos die Deitschn aa bloß wiara »S« aussprecha kenna.)
Auf de Weis hobn s' dreihundertfünfavierzg Kämpfer von da Gegenseitn festgnomma.

Richter 12

39. De Gschicht vom Simson

Nachdem da Jeftah abtretn war, hot wieder a neuer Feind Israel bedroht, die Philister, die eahna no etliche Jahr' Schwierigkeiten bereit hobn. Da Manoach und sei Frau hobn sich – wie die meisten Israeliten – an neuen, starken Anführer gwünscht, ders von der Plag befrein sollt. Aber no mehr hobn sie sich nach eigne Kinder gsehnt, so zehne, zwölfe, des war damois normal. Leider is eahna net nausganga, denn sie warn no oiwei kinderlos. Da is da Engel des Herrn am Manoach seiner Frau erschiena und hot ihr verhoaßn: »Du brauchst nimma lang warten, dann werst endlich an Buam kriagn. Er

werd a bsonders Kind werdn, stark wiara Bär. Von seiner Geburt oo soll er am liabn Gott gweiht sei. Durch eahm kann er Israel von de Philister befrein. Du derfst eahm auf koan Fall jemals d' Haar schneidn. A bsonders Shampoo für die langa Haar kriagst zu gegebner Zeit überreicht.«

Am Manoach sei Frau hot glei kapiert, was gmoant war: Ihr Bua sollt as Nasiräergelübde ablegn; »Nasiräer«, des hoaßt: »am liabn Gott gweiht«. Normalerweis hot a Nasiräer, der sei Gelübde erfüllt ghobt hot, zum Friseur geh derfa. Aber da Engel hot gsagt: »Die Haar von deim Buabn derfa nia abgschnitten werdn!«

Es hot net lang dauert, kurz nachdem da Engel da war, hot am Manoach sei Frau den versprochnen Buam geborn. Dank vui Milch und wenig Kakao hot er sich bald zu am richtign Kraftprotz entwickelt (aa seine Haar warn scho schulterlang). Wenn er mit de Nachbarsbuam grauft hot, war er jedsmoi da Sieger. Des hot er natürlich reichlich ausgnutzt, und seine oidn Eltern hot er sowieso leicht um an Finger wickeln könna.

Wia er ins heiratsfähige Alter kumma is, hot er a saubers Deandl gsehng, des er sofort hobn wollt. Daß sie ausgrechnet a Philisterin gwesn is, hot am Manoach net so recht paßt. Aber da Simson war stur, und so sans aufbrocha nach Timna, wo die Eltern von da Braut gwohnt hobn.
Unterwegs hot da Simson auf oamoi in am Gebüsch a Gebrüll ghört. Er is dem Geräusch – ohne daß er seine Eltern Bescheid gsagt hot – nachganga und war auf oamoi am junga, starken Löwen gegenübergstandn. Er hot net lang überlegt: Zwoa, drei Schulterwürf', und da Löwe war maustot hi. Diagnose: Gnack brocha. Zu seine Eltern hot er koa Wort gsagt.
In Timna war scho alles klar, die Hochzeitsvorbereitungen warn scho abgschlossn. Wias wieder zruckgroast san, wollt da Simson no amoi nachschaun, was aus dem Löwen wordn is. Da war aber nur no a Skelett übrig – und mittendrin a Nest von Wildbienen.

Richter 13–14

40. Wia da Simson sei Hochzeit hot platzen lassn und d' Delila kennaglernt hot

Am Simson sei Hochzeit sollt a ganze Woch dauern. Am ersten Tog warn die junga Philister eigladn. Dene hot er glei a Rätsel aufgebn und a hohe Belohnung versprocha.
Des Rätsel hot ghoaßn: Vom Fresser kummt Speis, vom Starkn kummt as Süaße.
Drei Tog hobn s' umanandatoa, und koana hot die Lösung gfundn. Voller Wuat sans zum Simson seiner Frau und hobn droht: »Wenns't de Lösung am Simson net außikitzelst, werdn ma dei Haus ozündn – und di mit dazua!«
Jetzt is ihra natürlich zwoaraloa wordn, und sie hot an Simson umgarnt: »Geh, sags ma halt, i taats so gern wissn.«
»Nix da, meine Eltern wissns aa net«, hot da Simson ganz scharf zur

Antwort gebn. Jeden Tog is des so ganga bis zum letztn Tog von da Hochzeit. Nacha hot er hoit nachgebn und ihr erzählt, was des Rätsel bedeut'. Sie war so blöd und hots sofort dene junga Philister verratn. De san natürlich glei kumma und hobn eahm zuaplärrt: »Was is süaßer wia Honig und was is stärker ois a Löw?« Da Simson hot a gscheite Wuat kriagt und des Gasthaus, in dem sei Hochzeitsfeier war, mit bloße Händ' eigrissn, weil er gwußt hot, daß sei Frau die Verräterin war. Er is naus ind' Wüstn und hot über Jahre hinweg zahllose Angriffe gegn d' Philister gführt. Aber dawischt hobn s' eahm nia, weil er so stark war.

A paar Jahr' später hot da Simson sich wieda in a Philisterin verliabt. Delila hots ghoaßn. De hot sauguat ausgschaut; a Gsicht wia a Puppn und a Figur wia a Model (Miniröck hots damois ja no net gebn, dafür aber durchsichtige Schleiergwänder. Da host aber wirklich ois gsehng, bis ins Detail). De Philister hobn gwußt, daß da Simson a Weibernarr und d' Delila geldgierig war. Deshoib hot ihr a jeder von dene dreißig Philister-Parlamentarier 1100 Silberling botn, daß sie des Geheimnis rauskriagt.

Mei, hot die den Simson umturtelt: »Simson, lieber Simson mein, was is dein Geheimnis? Sag es, und es ist mein!« Er hots natürlich derlogn und ihr jedesmoi a andere Story erzählt: »Fessel mi mit siebn neue Bognsehnen oder mit neue Strick.« Bei jedem »Experiment«, wenn da Simson im Schlaf war, hots ausgruafa: »Simson, d' Philister san da!« Und jedesmoi is er aufgrumpelt und hot mit oamoi »Muskelospanna« ois z'rissn (nur wenige Leut wissn des – er war da Vorgänger vom Schwarzenegger).

Ois letzten Gag hot er ihr verkauft, daß sie sein Zopf in ihrn Webstuhl einflechtn und aa no mit am Holzpflocka festmacha sollt. Aber wias ihrn bekannten Ruf: »D' Philister kumma!« gelispelt hot (weil sie wollt ja sei Geliebte spuin), hot da Simson bloß an Schnaufera toa und hot die Philister umanandaghaut wia Schulbuabn.

Richter 14–16

41. Die Niederlag vom Simson - und wiara trotzdem im Sterbn no gwonna hot

Jeden Tog und jeden Tog is des so weiterganga. Sie hot in eahm neibengst in oaner Tour. Sie hot eahm sogar Liebesentzug odroht. Daraufhin hot da Simson nachgebn und ihr ois erzählt: »I hob as Nasiräergelübde abglegt. Meine Haar derfa nia gschnittn werdn, denn sonst bin i a Schwächling wia alle andern Mannsbuider aa.«
»Mei, Liebling, mei Simson, des is a gschmeidige Sach. Weilst mir des verzählt host, kriagst jetzt an guatn Schnaps von mir, an selberbrenntn« (da Simson hot nämlich net nur d' Weiber, sondern aa an Alkohol gern ghabt). Sie hat eahm zusätzlich no a kloans Schlafpulverl nei - und dann war er weg vom Fenster.
So schnell hot ma gar net schaun könna, da hot sie eam sei »Löwenmähne« auf an »Bubikopf« zuagstutzt.
Und wieder is da Ruaf komma: »Simson, d' Philister san da!« Er wollt alle zammhaun - aber es war nix mehr los mit eahm.
Sie hobn eahm problemlos festnemma könna und abgführt. As Gemeinste war, daß eahm sei Augn'liacht gnomma hobn mit am glühenden Schwert. Verspott hobn s' eahm und in der Getreidemühle umanandalaufa lassn. Aber er hot sich denkt, euch zoag is no. Jeden Tog hot er bet': »Liaba Gott, i hob versagt, gib mir zum letztenmoi a Kraft, daß i de Hammeln besiegn kann.«
Die Philister hobn a Volksfest in eahnam Tempel abghaltn, weils gmoant hobn, daß gwonna hobn. D' Musi und die Tänzerinnen warn eahna no net vui gnua.
A kloana Bua hot an Simson vom Kerker holn müaßn, weil sie eahm aussinga wolltn. Wia da Simson obn im Tempel war, hot er zu dem Buam gsagt: »Führ mi wenigstens an die Mittelsäulen von dem Tempel, daß i mi abstützn kann.« Wia er zwischen dene zwoa Säulen gstandn is, hot er nomoi sei ganze Kraft zammgnumma und sie ausananderdruckt, so daß da Tempel in Tausend Trümmer eigfalln is und alle Philister begrabn hot.
So hot da Simson aa im Sterbn gegn seine Feinde gwonna.

Richter 16

42. Die Gschicht vo da Ruth

Die Arbeitslage war aa damois scho so schlecht. Da Elimelech, sei Frau Noomi und eahnare zwoa Buam hobn nimma weitergwußt, und so sans abghaut nach Moab. Aber kaum dort okomma, hat da Elimelech an Löffel abgebn. Seine Buam warn aa scho erwachsen und hobn sich glei' a Moabiter-Deandl oglacht.
Es hat net lang dauert, nacha hobn am Elimelech seine Buam aa as Zeitliche gesegnet.
Aber d' Ruth wollt ihr Schwiegermuatter, d' Noomi (net zu verwechseln mit am bekannten Fotomodell), net im Stich lassn. D' Orpa, ihr andere Schwiegertochter, is zruck ins eigne Land.
D' Ruth hot sich sofort a Arbeit gsuacht. Sie is de Mäher, die as Troad gschnittn hobn, nachglaffa und hot an jedn Halm, a jede Ähre die sie dawischn hot könna, aufklaubt.
Am Mittog is da Boas, da Bauer, dem des Feld ghört hot, komma und hot gfragt: »Wer is des Madl da?« »Des is d' Ruth, d' Tochter von da Noomi.«
Da Boas is zu ihr hi und hot gsagt: »Du kannst dir mit hoamnehma, sovui wiast magst!« (Heimlich hot er seine Mäher die Anweisung gebn, daß absichtlich mehr Halm' liegn lassn, damit des Madl aa gnua hoamtragn kann).
Wias hoamkomma is, hot sich d' Noomi narrisch gfreut. »Wia host denn des ogstellt, daß du sovui mitbringst«?
»Da Boas hot mi ogredt, i woaß aa net warum. Auf oamoi warn doppelt sovui Halm umananderglegn wia sonst.«
»Da Boas is aus meiner Familie, wennst' di um den umschaughn kannst, des waar koa schlechte Partie.«
Gesagt, getan – d' Ruth hot an Boas gheirat und sofort a Kind kriagt. D' Noomi, ihr Schwiegermuatter, hot sich so gfreut, daß ihr Schwiegertochter net alloa lassn hot.

Ruth 1–4

43. Was am Samuel sei Muatta ausgstandn hot, bis der Kloane hot Priester werdn könna

Die Burschn hobn s' damois scho kracha lassn. Mir heutigen Männer derfa uns grad oa Frau leisten. Und die hobn meistens zwoa bis drei ghobt. Da hört' sichs doch auf.
Die Bundeslade, as Allerheiligste, habens nach Schilo (a kloana Ort nebn Oberstimm, des is in da Näh von Reichertshofen) verfracht'. Jed' s Jahr san da mindestens vier- bis sechstausad Leit hi'pilgert (des war as erste Altötting).
Da Elkana hot sich mit zwoa Frauen zufriedn gebn.
Die oane hot Hannah ghoaßn, die andere Pennina. Und die hot as Hannal dauernd verspott', weils koane Kinder kriagn hot könna.
As Hannal war todunglücklich und hot sich z'rückzogn von der großn Tafelgemeinschaft. Die Spötterei is ja über mehrere Jahre ganga (daß da Elkana sei Pennina trotzdem so geliebt hot, is bis heit no a Rätsel).
As Hannal is naus ins Zelt, in dem die Bundeslade gstandn is. Sie hot an Herrgott um a Kind ogfleht: »Liaber Gott, wennst ma oans schenkst, dann kriagst as von mir geweiht!«
Da Eli, da damalige Stadtpfarrer, hot as Hannal ogsprocha und gfragt: »Host du auf der Feier a bisserl z'vui dawischt?«
»Naa, Herr Hochwürden, i wünsch' mir nur a Kind.«
»Geh zruck auf die Fete, und du werst bald in freudiger Erwartung sei!«
Jetzat war as Hannal natürlich glückselig und hot sich gfreut. Es hat nimmer lang dauert, bis sich ihr Wunsch erfüllt hat.

1 Samuel 1

44. Wia da Samuel zum Eli kumma is

D' Hannah war überglücklich, wias ihrn ersten Buam geborn hot. Sie hot eahm Samuel gnennt, des hoaßt: »vom liaben Gott erbeten«. Sie hotn sovui gern ghobt, wias nur grad a Muatta kann.
Wias wieder so weit war, nach Schilo z'roasn, hat d' Hannah zum Elkana gsagt: »I bleib heuer dahoam. Wenn da Samuel alt gnua is, daß er alloa essen und sich selbständig oziahgn kann, nacha bring ma eahm zum Eli. I hob eahm am Herrgott versprocha, und des halt' i ei.«
Des war a trauriger Abschied, wias beim Eli okumma san. Der Bua wollt sei Muatta gar nimma auslassen. Aber es hat nix gholfa, die Trennung war durch da Hannah ihr Gelübde besiegelt. Zum Eli hots gsagt: »Paß guat auf eahm auf und nimm eahm zu dir, damit er was gscheits lernt.«
Oamoi im Jahr hot d' Hannah an Samuel bsuacht. Sie hot sich extra a Maßbandl wia bei da Bundeswehr kauft'. Da hots für jeden Tog an Zentimeter abgrissn und rückwärts zählt', bis wieder Zeit fürs Wiedersehen war. Da Eli war sehr z'frieden mit seim Lehrling und hotn globt, weil er so tüchtig war.
Dann hot er zur Hannah und zum Elkana gsagt: »Da liabe Gott soll euch no mehr Kinder schenkn.« Und so wars aa: D' Hannah hot no drei Buam und zwoa Töchter geborn. Aber an Samuel, ihrn ersten Buam, hats oiwei im Herzn tragn.
D' Jahr san in Windeseile verganga und am Eli seine Augn oiwei schwächer wordn. Er war ja aa scho stoaalt. Da Samuel war inzwischen ois Wächter der Bundeslade eigsetzt und hot nebn dem heiligen Schrein gschlaffa.
Oamoi is er in da Nacht aufgwacht und hot an Ruaf ghört: »Samuel!« Er is aufgrumpelt und in Eli sei Zimmer, um nachz'schaun, was los is. Aber der hot gsagt: »Ois in Ordnung, geh wieder in dei Bett.«
Aufm Rückweg zu seim Bett hot er wieder die Stimm ghört: »Samuel!« So is des aa no a drittsmoi ganga. Desmoi hot da Eli gwußt, was los is und zum Samuel gsagt: »Des is da liabe Gott, der di ruaft. Wenns't die Stimm wieder hörst, gibst zur Antwort: ›Ja, liaba Gott, was kann i für di toa?‹«
Kaum war er wieder im Bett, hot die Stimm' sich wieder gmeldt.

»Liaba Gott, i hör' di laut und klar. Sprich bitte zu mir«, hot da Samuel gantwort. »Am Eli seine Buam gfalln mir gar net so recht. Die stehln die Gschenke, die d' Leut in mei Heiligtum bringa. I mags nimma länger ois Priester sehgn«, hot da liabe Gott gantwort.

Am nächsten Tog in da Fruah hot da Eli an Samuel gfragt, welche Nachricht er kriagt hot. Der is feuerrot oglaufa und hot rumdruckst, aber nacha is er halt doch mit da Sprach' rausgruckt. Da Eli hot bloß ganz staad gnickt und gsagt: »Da liabe Gott woaß scho, was guat und recht is.«

Da Samuel hot no vui Botschaften vom Herrgott kriagt, die er dann ans Volk Israel weitergebn hot. Langsam, aber sicher hobn d' Leut eahm respektiert.

1 Samuel 2 – 3

45. Da Raub vo dera Bundeslade – und wias auf wunderbare Weis wieder zruckkemma is

D' Philister san wieder stark wordn, hobn gegn d' Israeliten Kriag gführt und sie dauernd besiegt. »Wißts was, mir tragn die Bundeslade an da Heerspitzn, dann kann uns nix mehr passiern«, hobn d' Israeliten beratn. Sie hobn glaubt, daß da Herrgott mit so am fadenscheinigen Bestechungsversuach glei bedingungslos einverstandn waar. Am Eli seine zwoa Buam san mit der wertvollen Fracht vorausmarschiert. Aba nix da – sie hobn haushoch verlorn. Und d' Philister hobn aa no die Bundeslade mithoam gnomma, weils glaubt hobn, daß sie auf die Weis an liabn Gott beeinflussn und mehr Macht über d' Israeliten kriagn könntn. Oa Soldat is glei hoamglaffa und hot die schreckliche Nachricht überbracht'. Da Eli war auf am Stuhl vor seim Reihenhäusl ghockt und hot ganz gspannt auf a neue Nachricht gwart.

Da Soldat hot no gar net richtig schnaufa könna vor Laufn und ganz bedrückt zum Eli gsagt: »D' Bundeslade hobn s' uns abgnomma, große Verluste in da eigna Mannschaft - und deine zwoa Buam san aa tot.«
Wia da Eli des ghört hot, is er samt seim Stuhl hint'über gfalln und hot sich as Gnack brocha.
Aber des Glück von de Philister sollt net lang ohoitn. Sie hobn die Bundeslade vor eahnam Götznbuidl Dagon aufgstellt. Am nächsten Tog in da Fruah sans nei in eahnan Tempel - und da Dagon war dagflackt wia a überfahrner Protz. Sie hobn eahm wieder aufgstellt und mit Zement und am Dübel befestigt. Aber am nächsten Tog is er wieder daglegn - in Tausend Trümmer zersprunga.
Krankheiten san aa no ausbrocha: Wundstarrkrampf, Diphterie, Keuchhuastn und Heuschnupfn. Des war eahna z'blöd, und sie hobn beschlossn, des Heiligtum nach Israel zruckzuschicka.
Sie hobn den heiligen Schrein auf an Karren aufgladen und aa no a paar wertvolle Gschenke drauf. Chauffeur hot sich koana gfundn, weil koana mehr gwagt hot, mit dem Heiligtum umz'geh.
So hobn s' zwoa Küah vor den Wagen gspannt und gsagt: »Wenn des wirklich des Heiligtum von de Israeliten is, dann werdn die Küah eahnan Weg alloa findn - und mir hobn unser Ruah.«
Kaam, daß ausgredt hobn, san die Küah lostrott' auf d' Hauptstraß', die nach Israel gführt hot.
A paar Feldarbeiter hobn des Gspann scho von da Weitn gsehng. Wias näher komma is, hobn s' sofort gwußt, daß des da Heilige Schrein is, der am liabn Gott gweiht war.
Mei, hot des a Freud gebn, weil die Bundeslade wieder zruck war.

1 Samuel 4 - 6

46. D' Israeliten wolln an neia Kini

Da Samuel war da letzte Richter von Israel. A jeder hot eahm gern ghobt. »Wenn ihr gegn d' Philister stark sei wollts, dann miaßts aa die Gesetze vom liabn Gott beachtn! Immer nur auf eigne Faust handeln und Götzendienst leisten, des geht net guat.«
A Zeitlang hobn s' wieder aufm Samuel seine Worte ghorcht. Aber jedsmoi des gleiche. Da Samuel hot alle Jahr' seine Stützpunkte bsuacht und de Leut beratn.
Wia da Samuel alt wordn is, hobn s' drüber beraten: »Mir braucha an König, der uns führt und Herrscher und Richter z'gleich is.«
»Wißts ihr, was des bedeut', wennts an Kini hobts?« hot da Samuel gfragt. »Steuer für Esel, Bärenfell, Goaskas, Hendlhaxn. Die Steuer für euer Ernte werd er persönlich mit seine Soldaten eiholn – wer net glei spurt, is aa glei furt – im Kerker. Eure Töchter werd' er euch nehma und in seim Palast arbeitn lassn. Mit Freiheit könnts ihr scheinbar wirklich net umgeh. Ihr brauchts dauernd an Druck.«
Sie hobn s' net glaubt, und so hot da liabe Gott zum Samuel gsagt: »Laß, dene is nimma zum helfa!«

1 Samuel 7 – 8

47. Wos da Saul erlebt hot – und de Gschicht von de verschwundna Esel

Da Saul war da Bua vom Kisch, am reichn Bauern. Er war groß, stattlich und hot sauguat ausgschaut. Eines Togs in da Fruah hot da Kisch an Saul aufgweckt und ganz aufgregt gruafa: »Alle Esel san weg. Nimm deine Diener und suachs!«
Sie hobns überoi probiert, aber nix zu findn. Nach drei Tog is eahna aa no da Proviant ausganga. Am Saul sei Diener hot gmoant: »Bevor mir umkehrn, schaun ma no in Rama, beim Samuel, vorbei. Der is a Prophet und kann uns vielleicht an Rat gebn.«

Wias ei'troffa san, hot da Samuel grad a Bürgerfest veranstalt'. Wias am Samuel begegnet san, hot der scho – ohne, daß sie was gsagt hobn – gruafa: »Machts euch koane Sorgn mehr, die Esel san in Sicherheit.« Dann hot da Samuel zum Saul gsagt: »Du bist a bsonderner Mo, du bist für a höhere Aufgab bestimmt. Aber jetzt kommts mit auf des Fest, hauts euch an Bauch voll und trinkts a paar Bier.« Nach dem Fest hot da Saul natürlich gschlaffa wia a Stoa.

Am nächsten Tog hot da Samuel eahm aufgweckt: »Steh auf, i hob an bsondern Auftrag für di. Mir gehn naus vor d' Stadt, da werd i dirs verkündn, was aus dir werdn soll.«

Wias draußn warn, hot da Samuel am Saul die Botschaft vom liabn Gott preisgebn: »Du sollst da erste Kini von Israel werdn.« Er hot eahm mit a paar Tropfa Olivenöl zum Kini gsalbt. »Etz sag i dir no a paar Sachn, die dir auf deim Hoamweg begegnen werdn. Dann werd' s dir aa leichter falln, zu glaubn, daß du der erste Kini von Israel sei werst. Zwoa Männer werdn dir sogn, daß d' Esel in Sicherheit san. Nacha triffst a paar, die dir zwoa Loab Brot obieten. Und z'letzt kommst auf a Gartenfest, da wirst eigladn und hast a Fetzngaudi.«

Aufm Saul seim Hoamweg is ois so ei'troffa, wias da Samuel vorhergsagt hat.

Wia da Saul dahoam okomma is, hot er nix von seiner Bestimmung erzählt. Er hots ganz sorgsam in seim Herzen b'hoitn, weil er die nächste Botschaft vom liabn Gott abwarten wollt.

1 Samuel 9 – 10

48. Da Saul, a Kini, der koana sei wollt - und trotzdem glei an Triumph hot feiern kenna

Da Samuel hot die Ausrufung vom neuen Kini ganz gschickt organisiert. Zerscht is a Gottesdienst abghalten wordn und dann hot er verkünd't, daß da neue Kini durchs Los ausgwählt werd. Er hots insgeheim ja gwußt, wer der neue Kini sei werd, aber er wollt hobn, daß die Israeliten sehgn, daß der Herrgott sei Hand im Gspui hot. Kurzum, des Los is auf d' Familie Kisch, oiso aufn Saul gfalln.
Da Samuel hot an Saul zum neuen Kini ausgruafa, aber der war nirgendwo aufzufindn. Er hot sich versteckt ghobt, aber schließlich hobn s' eahm doch no daspecht' und eahm im Triumphzug vor die Volksansammlung trogn.
»Hoch lebe der Kini«, so hot die Menge jubiliert. Da Samuel hot glei drauf die Gesetze niedergschriebn, die da Saul und seine Nachfolger zu beachten ghobt hobn. As Volk war glücklich und is hoam, aber da Saul hot no amoi für kurze Zeit aufm Hof von seim Vota garbeit. Aber es war damois scho so wia heut: Nach jeder Wahl werd' kritisiert und rumpalavert, weil der Kandidat, der gwonna hot, nix taugt. Wias grad no so rumbengst hobn, san d' Ammoniter scho wieder vorgruckt und zwar gegn d' Stadt Jabesch. Daß d' Ammoniter grausam warn, woaß inzwischen a jeder. Die Jabescher hobn die Ammoniter ogfleht: »Bitte, laßts uns unser Ruah!«
»Nix do«, hot da Heerführer von de Ammoniter gsagt. »Bevor mir an Vertrag macha, werd a jeder Jabescher aufm rechtn Aug blind gmacht.«
Wia da Saul des ghört hot - er is durch einige Kuriere unterricht' wordn, hot er sofort an Befehl ausgebn, daß sich a jeder zu melden hat, ansonsten muaß er vierz'g Jahr' Zivildienst leisten.
»Mir werdn dein Vertrag unterschreibn«, hobn s' am Kini von de Ammoniter versprocha. Derweil hot da Saul sei kloans Heer in drei Kompanien aufteilt und in da Fruah um viere - da hobn d' Ammoniter no Restalkohol ghobt - so zuagricht, daß gern abghaut san. Mit dem Sieg hot da Saul aa seine Gegner für sich gwonna.

1 Samuel 10 - 11

49. Wia da Jonathan d' Philister »blitzt« hot und da Saul net pariert hot

Da Saul hot sich guat rausgmacht als Kini und Feldherr gegn die Philister. Allerdings hobn die hervorragende Waffenschmied' und Sensndengler ghobt. Der Spruch »Heut bist unrasiert, host vielleicht dei Rasierklinga zum Dengeln toa?«, kummt net von ungefähr. In Friedenszeiten hobn die Philister ois gricht für d' Israeliten: Schwerter, Messer, Hackl, eiserne Recha, Straßenbesen - und was no ois so gibt. Aber in Kriegszeiten hams sofort a Waffenembargo verhängt (wia in da heutigen Zeit, da werdn halt dann koane Panzer und Maschinengwehr mehr gliefert - i glaub', an weitern Kommentar brauchts net).

Jedenfalls wars wieder amoi soweit, daß d' Philister ogriffa hobn. Die oanzign, die no a rechte Schneid an eahnare Schwerter ghobt hobn, warn da Saul und sei Bua Jonathan. Dadurch san vui Israeliten überglaffa.

Da Jonathan und sei Diener warn bewaffnet und hobn zwoa Philisterwachen überwältigt. Die Philister hobn natürlich gmoant, es waar a Großangriff, und san abghaut.

Da Samuel war oiwei no as Oberhaupt und hot seine Ratschläge gebn. Er hot a Woch' Urlaub gnomma, und in der Zeit hot da Saul seine eigenen Pläne durchgsetzt.

Des war ja net as oanzigemoi, daß da Saul net pariert hot. Immer mehr is er sein eignen Weg ganga.

Da Samuel hot zu eahm gsagt: »Is scho recht, mach nur so weiter, aber du und deine Enkel (früher hot ma s' Kindeskinda gnannt) werd' s koan Thron mehr besteigen.«

1 Samuel 14 - 15

50. Da David, wiara no a Bua war, und da Ries

Eines Togs hot da liabe Gott zum Samuel gsagt: »Vergiß jetzt amoi dei Enttäuschung übern Saul. Geh nach Bethlehem zum Isai. Oana von seine Buam werd da neue Kini werdn.« Da Samuel hot a großes Fest vorbereiten lassn – damit da Rahmen und as Ambiente gstimmt hobn. Da Isai hot seine Buam vorgführt wia bei Mister-Universum-Wahlen. Aber jedsmoi, wenn da Samuel gmoant hot, des waar da richtige, hot eahm da Herrgott Bescheid gebn und gsogt: »Des is der net, den i hobn wui, da jüngste aus der Familie is, der is no aufm Feld und hüat' d' Schaf', holts den Buam, weil sonst könnts auf euer Freibier no stunden- und toglang warten.«

Da David is ganz verschwitzt und dreckig okumma. »Des is er«, hot da liabe Gott zum Samuel gsprocha, »des is da neue Kini von Israel.« Da Samuel hot eahm gsalbt, und dann hot die Blasmusi as Spuin ogfanga.

Leider warn d' Israeliten oiwei no im Kriag mit de Philister. De drei ältesten Buam vom Isai warn eigruckt, und er hot sich langsam Sorgen um sie gmacht. Und so hot er an David aufs Schlachtfeld nausgschickt, daß er eahna a Brotzeit bringt. Für d' Offiziere hot er eahm ois Gschenk zwoa Tragl Starkbier mitgebn.

Wia da David okumma is', hobn eahm seine Brüada zerscht verspott': »Was wuist denn du da? Geh hoam und laß da von da Muatta an Bauch waschn.« Auf oamoi tuats an Schrei, daß glei a jeder zammzuckt is (es war ungefähr 18.00 Uhr). Da David hot zu de Philister nübergschaut und sieght an Riesen, nomoi so groß wia da Schwarzenegger. Der hot rüberplärrt: »Wos is jetzt mit euch Haubntaucher, hobts endlich amoi oan, der mit mir raufa mog? Wenn i gwinn, gehts euch net guat, aber wenn euer Kämpfer siegt, san mir Philister euere Sklaven!«

»Des macht der jeden Tog so, in da Früah und auf'd Nacht um sechse. Der führt sich jeden Tog so auf, daß'd eahm glei oane mitgebn könnst«, hobn eahm die israelitischen Kämpfer mitteilt.

Da David hot gfragt: »Was isn des für oana, was bild't sich der ei? Unsern Herrgott so zu beleidigen? Den hau' i zamm, kurz und kloa.«

Er is zum Kini Saul und hot sich für den Kampf bereit erklärt. Der war ganz erstaunt und hot gmoant: »Is da der net a Nummer z'groß?« »Mitm liabn Gott seim Beistand hob i scho Löwen und Bären umglegt, da kommts auf so an großfotzadn Narren aa net oo. Der moant, weil er zwoa Meter vieravierzg groß is, konn er sich aufspuin?«
»Na, guat«, hot da Saul gsogt, »nacha packst eahm«, und hot den Ring freigebn.

1 Samuel 16 - 17

51. Wia da David mitm Goliath grafft hot

Wias soweit war, daß da David gegn an Goliath otretn sollt, wolltn da Saul erst amoi »gefechtsmäßig« ausrüsten. Er hot eahm sein' Stahlhelm aufgsetzt, sei Kettenhemd ozogn und aa no sei groß' Schwert umbunden.
Da David hot pumpt wia a Maikäfer, weil er sich vor lauter Gwicht fast nimma rührn hot könna. »Mit dem schwaarn Glump konn i nix ofanga, i bin ja schließlich aa koa ausgebildeter Soldat. I kämpf' liaber mit dene Waffen, die i kenn' und die i gwohnt bin.«
Er hot die ganze Rüstung wieder abglegt, is zum Fluß glaffa und hot sich lediglich fünf flache Kieselstoana, so groß wia Fünfmarkstückl rausgfischt.
Da Goliath hot wia jeden Tog pünktlich wia a Gockel in da Fruah um sechse as Plärrn ogfangt. Aber desmoi hot er saudumm aus seiner Rüstung gschaut. Es war doch tatsächlich oana da, der gegn eahm kämpfa wollt.
»Ja, wia kummst denn du daher?« hot er gschimpft. »Wuist du bei am Leichtathletikwettbewerb mitmacha? So brauchst ma fei gar net komma. Di schnupf i ja mitm kloana Finga.«
»Geh, reiß doch dei Goschn net so weit auf«, hot da David ganz lässig gantwort, »du kommst ja daher wia a Panzerfahrzeug, so gstarrig

wia du bist, siehgst ja net amoi mehr auf deine großen Zeha owi. Und jetzt konnst di auf was gfaßt macha, du gscherter Rammel. Du host unsern Herrgott beleidigt, und des werst jetzt büaßn.«
So schnell hot der Koloß gar net schaugn könna, wia da David auf eahm zuagrumpelt is. Er hot blitzschnell an Kieselstoa in sei Lederschleuder eiglegt, zielt und an Goliath genau zwischen de Augn troffa. Den hots umghaut wia an naßen Sack, er war auf der Stell' bewußtlos. Da David is hi und hot eahm mit seim eigna Schwert an Garaus gmacht.
Da hobn d' Philister saublöd gschaut und san abghaut wia a Herd' aufgscheuchte Henna.

1 Samuel 17

52. Wia da Saul neidig aufn David war und wia da Jonathan am David sei bester Freind gwordn is

Da Saul hots gfühlt, daß er sich durch sein' Eigensinn die Gunst und Zuneigung vom liaben Gott verspuit ghobt hot. Nach und nach is er schwermütig wordn. Er is nur no stumpfsinnig daghockt und hot vor sich hin gstarrt. Da is oam von seine Diener eigfalln, daß da David, am Isai sei jüngster Bua sehr guat Harfen- und Zitherschlogn hot könna.

»Ja, holts eahm nur glei her«, hot da Saul bettelt, »a gscheite Musi taat mi wieder aufbaun.« Wia da Saul an David wieder gsehng hot, hot er sich narrisch gfreut.

Ab sofort war da David »Königlicher Hofmusikant«. Wenn da Saul wieder depressiv war, hot da David Landler und Zwiefache aufgspuit und dazua gjodelt.

Am Saul is wia durch a medizinisches Wunder glei wieder besser ganga.

Da David is gleichzeitig aa no zum Soldaten ausgebildet wordn und hot die Offizierslaufbahn eigschlagn. Wia er und da Saul amoi von einer Schlacht im Triumphzug hoam san, hot da Saul feststelln müassn, daß d' Frauen und d' Madl am David mehr zuagjubelt hobn, ois eahm selber.

Des hot eahm natürlich narrisch gstunka, und ab dem Zeitpunkt hot er am David nachm Lebn tracht'. Wia der wieder amoi für eahm Zither gspuit hot, wolltn da Saul mit seim Speer dawerfa.

Aber da David hot blitzschnell ausweicha könna, und so is da Speer in da Wand steckabliebn. A zwoatsmoi hot ers aa no probiert, aber wieder net troffa.

Jetzt hot da Saul ganz deutlich gspürt, daß da Herrgott aufm David seiner Seitn is.

Und dadurch is sei Haß aufn David oiwei no größer wordn.

»Den bring i um, den laß i wegramma«, hot er zum Jonathan (seim Buam) und zu seine Verwalter gsagt.

Da Jonathan hot an David so gern ghobt, daß ern gwarnt hot: »Geh eahm ausm Weg, bevor i net mit eahm gredt hob. Der spinnt nämlich momentan.«

Ois innigstes Zeichen seiner Freundschaft hot er eahm sei Schwert, sein Bogn und sein Gürtel gschenkt. Des war zur damaligen Zeit a Zeichen der untrennbaren Freundschaft und Verbundenheit.
Da Jonathan is zum Saul ganga und hot gsagt: »Des hot er net verdient, überleg amoi, wos er scho ois für di toa hot.«
»Ja, du hast recht, Jonathan, i versprechs bei Herrgotts Nam: Am David soll nix mehr passiern, er hot mein Zorn net verdient.«

1 Samuel 16, 18 - 19

53. Wia da David abghaut is

Es is wieder a Kriag zwischen de Israeliter und de Philister ausbrocha. Da David hot de Schlacht glänzend gwonna und is hoamzogn. Aber koa Spur von Dankbarkeit vom Saul am David gegnüber. Im Gegenteil, jetzt wollt er eahm endgültig abmurksen.
Wia da David wieder amoi für eahm d' Zither gschlogn hot, hot er wieder sein' Speer nach eahm gschleudert, aber net troffa, weil da David flink wia a Wiesel ausgwichen is. Bevor er sich »dünngmacht« hot, hot er zum Saul gsagt: »Knapp danebn is aa vorbei.« Und dann is er abghaut. Jetzt war beim Saul da Ofen natürlich endgültig aus.
In da selbigen Nacht hot er as Haus vom David von Soldaten umstelln lassn. Er hot gar net gwußt, daß d' Michal, sei jüngere Tochter, an David gheirat' hot (junge Madl stenga schließlich auf junge Helden).
»Du muaßt jetzt abhaun«, hots zum David gsogt, »des weitere werd' i dann scho richten.«
Da David is zum Fenster nausghupft, und sie hot sei Bett hergricht, ois wenn oana drinliegn taat.
In da Fruah hobn die Soldaten des Haus gstürmt und wollten an David verhaften.
»Dem gehts heut net so guat«, hot d' Michal gsagt, »i glaub, der hot a Fischvergiftung.«

D' Soldaten san zruck zum Saul und hobn gfragt, was macha solln. »Bringts mirn her, wenns sei muaß mitm ganzn Bett!« hot der gschrien.
De Soldaten san nomoi neigrumpelt, hobn d' Michal von da Schlafzimmertür weggschubst - und hobn blöd gschaut.
Da David war nämlich längst fort über alle Berge.

1 Samuel 19

54. Wia da Jonathan am David as Zeichen zur Flucht gebn hot

Da David is no oamoi zruckkomma, um sein Freund Jonathan zu bsuacha. »I woaß wirklich net, was i falsch gmacht hob«, hot da David an Jonathan gfragt, »warum wui mi dei Vata umbringa?«
Da Jonathan hot zur Antwort gebn: »I bin mir sicher, daß er dir in Wirklichkeit gar nix otoa wui. Er spinnt halt momentan ziemlich stark. Außerdem tuat er nia wos, ohne daß er vorher mit mir red't.«
»Wia soll i nacha wissn, wias weitergeht?« hot da David gfragt. Sie warn grad an am Waldrand okomma, wo danebn a schöne Wiesn war.
»Da versteckst di jetzt, bis i mit meim Vata gredt hob«, hot da Jonathan zum David gsagt.
»Wenn i wiederkomm', bring i Pfeil und Bogn und an Diener mit und tua, wia wenn i trainiern taat. Wenn i nah bei dir bin, schiaß i an Pfeil ab. Wenn i sag: ›Der Pfeil liegt da, wo du stehst‹, is ois in Ordnung. Wenns aber hoaßt: ›Der Pfeil liegt weiter weg‹, dann muaßt um dei Lebn renna!« A so sans ausananderganga.
Da Jonathan is ins Büro vom Saul und hot eahm gfragt: »Warum bist du so bös aufn David?«.
»Du Rotzbua, was bildtst du dir eigentlich ei, di aufn David sei Seitn zu stelln?« hot da Saul gschimpft. Und dann hot er so a Wuat kriagt,

daß er sein Speer aa am Jonathan nachgschleudert hot (aber natürlich wieder net troffa. Net umsonst is Speerwerfa a olympische Disziplin - da hoaßts trainiern!).
Da Jonathan is wia vereinbart naus aufs Feld, wo sich da David versteckt ghoitn hot. Er hot an Pfeil abgschossen und dann gruafa: »Der Pfeil liegt weiter weg!« Da Jonathan hot sein' Diener hoamgschickt, und da David hot aus seim Versteck auftaucha könna.
Da Jonathan war ganz traurig und hot zum David gsogt: »Irgendwann werst du da Kini von Israel sei. Wenns soweit is, dann vergiß aa bitte du mi net und bleib mir a treuer Kamerad und Freund!«
Des warn bittere Worte fürn David, er hot nimma gwußt, wohin. Aber es war die oanzige Lösung.

1 Samuel 20

55. A Brotzeit und a Schwert

Wia da Jonathan fort war, hot da David überlegt: »In Palast konn i net zruck, a Schwert brauchat i - und zum Essen hob i aa nix.« Auf oamoi hot er a Idee ghobt: »Die Priester vom liabn Gott in Nob, die könna mir bestimmt weiterhelfa.«
Wia da Priester Ahimelech an David ganz alloa komma hot gsehng, is er eahm entgegnglaffa und hotn ganz erstaunt gfragt: »Ja, wo is denn dei Mannschaft?«
Jetzt is am David doch zwoaraloa wordn, und er hot sich net traut', d' Wahrheit zu sogn.
»I hob an dringenden Auftrag fürn Kini zu erledigen. I bin so schnell aufbrocha, daß i Brotzeit und mei Schwert vergessen hob. Vielleicht könnts't du mir weiterhelfn?«
»Mir hobn koa normals Bauernbrot da, sondern nur des heilige Brot, des die Priester essen derfa.«
»Bittschön, gib mir a Scheibn«, hot da David bettelt, »i hob an solchn Hunga.«

»Na guat«, hot da Ahimelech gsagt und hot eahm glei a ganz Scherzl abgschnitten.
»A Schwert brauchat i aa no«, hot da David weitertoa.
»Mir hobn koane Waffen da«, hot da Ahimelech gantwort. »Halt, da fallt mir wos ei, mir hobn ja no des Schwert vo dem Goliath. Des hebn mir seit damois ois Andenken an dein großn Kampf gegn den Riesen auf.«
Des hot er am David aa no ausghändigt.
Der hot sich aufn Weg gmacht. Aber leider war da no a Zuahörer...

1 Samuel 21

56. Da Verrat am David

Da David is umanandergirrt wiara Verruckta. Jede Höhle, die er gfundn hot, hot er ois Unterschlupf gnutzt. Es hot aber net lang dauert – schließlich war er bekannt und berühmt –, bis sich eahm a Haufa Leut ogschlossen hot (man könnt sogar sogn, er war da Vorläufer vom Robin Hood). Arbeitslose, Schuldner, entlassne Soldaten, die koa Arbeit gfundn hobn. Es hot scho a Zeitlang dauert, bis da David aus dem Gschwerl a disziplinierte Truppn aufbaun hot könna.
Da Saul hot seine Verwalter gschimpft und zammplärrt, weils an David net auftreibn hobn könna. »Ihr hobts eich alle gegn mi verschworn, es Saubande. Koana wui mir sogn, wo i den Burschn findn könnt!«
Kaum daß da Saul sich ausgschimpft ghobt hot, hot da Doeg, da Königliche Schafoberhirt, um Vorsprach gebetn.
»Kini, i woaß ganz was neus, des di interessiern werd. Wia i in Nob war, war aa da David da, hot um Brot und a Schwert bettelt. Da Ahimelech hot eahm Brotzeit und a Schwert gebn.«
Da Saul is ausgrast und hot plärrt: »Bringts ma de Verräter her!«

Wias alle da warn, hot da Ahimelech vergeblich sei Unschuld beteuert, denn er hot ja wirklich nix gwußt. Er hot am David nur aus reiner Nächstenliebe gholfa.
»Nix da«, hot da Saul donnert, »ihr Priester miaßts alle sterbn!«
Da Doeg, der Verräter hot sogar no die Hinrichtung vollzogn.
Oana von de Priester, Abiathar, hot fliehn könna und am David die grausame Nachricht überbracht.
Wia der des ghört hot, hot er sich gschaamt. »I hätts ja wissn müaßn, daß mi da Doeg verpfeift. Bleib bei mir, und es werd dir nix passiern.«

1 Samuel 22

57. Wia da David mitm Saul Versteck gspuit hot

Da David und seine Männer san von oam Versteck zum andern zogn. Aber oiwei wieder hot irgend jemand am Saul den Aufenthaltsort von dene Freischärler verratn, und dann sans jedsmoi vom Kini und seine Soldaten gjagt wordn.
Da David hot sich grad in am trocknen Wüstengebiet aufghaltn, wia da Saul und seine Männer eahm umzingelt hobn. Im letzten Moment is die Nachricht ei'troffa, daß d' Philister wieder an Angriff starten, und da Saul hot mit seiner Armee kehrtgmacht.
Da David is mit seiner Mannschaft ins Bergland zogn. Des war voller Höhlen, a Quelle war vorhandn, und so hobn sie da guat lebn und sich verstecka könna. Fürn Saul und seine schwerbewaffneten Männer wars schwierig, die Hügel so flink auffi- und owiz'krackeln, so wias da David mit seine wenigen, kaam bewaffneten Leut könna hot.
Oamoi hobn da David und seine Leut ganz hintn im Eck von a ganz tiafn, finstern Höhle glagert, wias ghört hobn, daß sich da Saul mit seiner Truppn gnähert hot. Da Saul is in den Eingang von der Höhle tretn, aber weil eahm d' Sonna so blend't hot, hot er die Männer, die sich versteckt ghobt hobn, net erkenna könna.

»Jetzt hostn, murks eahm ab«, hobn am David seine Spezln gflüstert. »Nix da«, hot da David ganz leise gantwort', »i hob a vui bessere Idee.« Er is mucksmäuserlstaad nach obn krocha und hot am Kini mit seim Schwert an Fetzn aus seim Mantel rausgschnittn. Da Saul hot die Höhle wieder verlassn, ohne daß er was gmerkt ghobt hot. Todesmutig is eahm da David nachgrennt und hot gruafa: »Mein Kini, du muaßt mir glaubn, grod hätt' i di ums Eck bringa könna, wenn is wolln hätt. Da schau her, des is a Stückl von deim Mantel. Des muaß da doch endlich a Beweis sei, daß i dir nix ohobn wui.«
Da Saul hot sich gschaamt und Rotz und Wasser gwoant. »I hob dir sovui Unrecht otoa. I woaßs, irgendwann werst du da neue Kini von Israel sei. Bitte sei guat zu mir und meiner Familie.« Dann hot er sich umdraht und is traurig hoamganga.
Aber da David hot eahm oiwei no net recht traut.

1 Samuel 24, 26

58. Da Nabal is a Depp, und da Saul is bei da Wahrsagerin gwen

In der Zeit, in der da David und seine Männer wia Vogelfreie glebt und sich dauernd verstecka hobn müaßn, hobn sie sich (wia später amoi da Robin Hood) um die Schäfer und armen Leut kümmert. A gscheite Brotzeit aufzutreibn, war as Schwierigste.
Zum Votatog hot da Nabal, a reicher Bauer, a Party gebn. Da David hot a paar Kuriere higschickt und die Nachricht überbringa lassn: »An herzlichen Gruaß vom David. Wia deine Schäfer d' Schaf gschert hobn, hobn mir deine Herden ghüat. Und jetzt gibts a Fest und ladts uns net amoi ei. Mir wolln aa gar net kumma, aber vielleicht fallt trotzdem a bisserl was für uns ab. Zum Beispui a hoiberte Sau in a Semmel, oder a Paar Roßwürscht?«
»I kenn koan David, und an an Haufa Vagabunden hob i nix zu vergebn«, hot der gantwort.

Wia da David des ghört hot, is er grantig wordn: »Schnallts eure Schwerter um, der werd glei wissn, wer i bin!«
Oana vom Nabal seine Schäfer hot des mitkriagt und am Nabal seiner Frau, da Abigajil, erzählt. Die hot gsagt: »Des is wirklich a Narr.« (Nabal bedeut' nämlich Narr). Sie hot gar koa Zeit mehr verlorn, sondern hot etliche Loab Brot, a Gräucherts und 20 Tragl Starkbier aufladn lassn. Dann is sofort mit am Diener loszogn, der ihr an Weg zoagt hot. Wias an David gsehng hot, hots nur gsagt: »Bei meim Mo brauchst dir nix denka, des is a Depp und bleibt aa oana. Bitte trag eahm nix nach.«
Da David hot sich narrisch gfreut über die Gschenke - und sie hot eahm scho aa recht guat taugt. Nachdem da Nabal gstorbn war, hot er sie selber gheirat.
Inzwischen is da Samuel gstorbn. Da Saul und da David warn sehr traurig. D' Philister hobn scho wieder zum Kampf grüst, da Saul hot koan Ausweg mehr gwußt.
Da is eahm a Totenbeschwörerin in Kanaan in da Stadt Endor eigfalln (des is ja fast so wia heutzutogs as Kartenlesen).
Zu der is er in da Nacht heimlich hi (vermummt wia die heutigen Demonstranten) und hot sich vorgstellt. Die is natürlich mächtig daschrocka, weils gmoant hot, daß ma sie verratn hot (Der Saul hot nämlich früher die Totenbeschwörer gerichtlich verfolgn lassn).
»Hab' koa Angst, i brauch an Samuel, vielleicht hot er scho an Geheimcode? Bitte hol' eahm her, so schnell wias geht«, hot da Saul gfleht.
Sie hot ihre Geheimformeln gmurmelt und auf oamoi hots gsagt: »I hob an altn Mann gsehng, mit am weiten, weißen Mantel. Und der hot gsagt, weil du an Herrgott vergessn host, werst du aa koa Glück mehr hobn. Morgn werst du mit deine Buam in da Schlacht sterbn.«
Da Saul hot gwußt, daß des da Samuel war und is zsammbrocha.
Sie hot eahm no an Kamillentee gebn, und dann is er ganz staad ins Lager von de Israeliten zruckgschlicha.

1 Samuel 25, 28

59. Wia da David übaglaffa is - und wia ois verlorn war

Da David war hoffnungslos, weil er sich so vui Jahr vorm Saul verstecka hot müassn. »Irgendwann werd er mi doch umbringa. As Beste is, wenn i zu de Philister geh.«
Oana von eahnere Anführer, da Achisch, hot an David gern ghobt und gmoant, daß er für sei Mannschaftsaufstellung nützlich sein könnt. Da David hot umanandagräubert und an Achisch in dem Glaubn lassn, daß die reiche Beute, die er erkämpft hot, für d' Philister is (in Wirklichkeit hot er alle Israel feindlichen Staaten beraubt).
Wia d' Philister wieder gegn d' Israeliten grafft hobn, hot da Achisch eahm aa ois Feldherrn einberufen. Am Achisch seine Berater warn argwöhnisch.
»Schickn weg, der taugt nix und steht net auf unserer Seitn!«
Aber da Achisch hot gsagt: »Machts euch koane Sorgn, des is unser Mann!«
Wia da David und sei Mannschaft zruckmarschiert san, hobn s' über da Stadt Ziklag Rauchwolken aufsteign gsehng und Brandgeruch grocha. D' Stadt war ausgeplündert und menschenleer.
Zu allererst san am David seine Männer ganz verzweifelt dagstandn. Aber dann hot da David zum Abiathar, dem entflohenen Priester, gsogt: »Bitt' du für mi an liaben Gott um an Rat. I selber trau mi nimmer.«
»Du muaßt die Räuber verfolgn, des hot da liabe Gott zu mir gsagt.«
Jetzt war da David stark und bereit für an neuen Kampf.
Aber wias dann am Fluß Besor okomma san, warn etliche Landser zu dem Unternehmen »Plünderer-und-Brandstifter-Einfanga« nimma bereit.
»Dann bleibts da, ihr Haubentaucher«, hot da David gsagt, »mir schaffens aa ohne euch. Paßts wenigstens aufs Gepäck und an Proviant auf.«
Mit zwoahundert Leut is er dann weiterzogn.

1 Samuel 27 - 29, 30

60. Wia da David an Buam grett hot – und wia da Saul und da Jonathan umkemma san

Wia da David und seine restlichen vierhundert Manna weitermarschiert san, hobn s' an kloana Buam regungslos am Wegrand liegn gsehng.

»Wos is mit dem, is er tot oder braucht er an Notarzt?« hobn a paar saudumm gfragt. Sie hobn eahm zum David trogn und der hot gsagt: »Ihr Deppn, hobts des net gsehng, daß der nur bewußtlos is? Der braucht a Brotzeit und a Wasser, dann gehts eahm glei wieder besser. Von Pulsfühln hot anscheinend von euch no gar koana was ghört. Am Dienstog geht a neuer Erste-Hilfe-Kurs beim IRK (Israelitisches Rotes Kreuz) oo, da werd' s alle ogmeldt.«

Auf oamoi hot sich der Bua aufgsetzt und war wieder pumperlmunter.

»Wer bistn du?« hot da David eahm ganz freundlich gfragt.

»I bin a ägyptischer Sklav von am Amalekiter. Mei Chef hot mi mitgnomma, wias Ziklag plündert hobn. Aber aufm Rückweg bin i krank wordn, und dann hobn s' mi einfach da liegnlassn.«

»Konnst du uns zoagn, wo die Bande jetzt is?« hot da David den Buam ganz freundlich gfragt.

»Des mach' i gern, wenn ihr mir versprechts, daß i nimma zu meim Herrn zruckmuaß.«

Es hot net lang dauert, bis da David und sei Mannschaft die Amalekiter aufgstöbert ghobt hobn. Die hobn, ohne sich groß was zu denkn, aufm freien Feld broat gmacht und a Siegesparty gfeiert. Net amoi Wachn hobn s' aufgstellt. Da David hots ganz ruhig beobacht' und festgstellt, daß die mindestens scho zwoahundert Hektoliter Bier gsuffa ghobt hobn. Sie san da Reih' nach umgfalln wia d' Fliagn. Des war da Zeitpunkt zum Angriff. Am David sei Truppn hot die Banditen niedergmacht und die graubten Güter wieder nach Ziklag zruckbracht.

In da Zwischenzeit is a anders, tragisches Ereignis eitretn. Da Saul hot seit seim Bsuach bei der Totenbeschwörerin gschwächelt. Koa Wunder, daß er – wia vorhergsagt – am nächsten Tog in da Schlacht gegn d' Philister gfalln is. Aa an Jonathan hots dawischt. Wia da David de traurige Nachricht vernomma hot, hot er sei Zither gstimmt und gsunga:

»Die Hügel hier san bluatig rot,
Saul und da Jonathan san tot.
Schön war jeder Tog mit eich,
doch ihr seid' s scho im Himmelreich.
Lebts wohl ihr zwoa, und warts auf mi,
i kumm aa amoi (hoffentlich) do hi.«

Dann hot er erst amoi gscheit gwoant und is ins Bett ganga.

1 Samuel 30; 2 Samuel 2

61. Wia da David da neie Kini wordn is

Nachdem da Kini Saul tot war, hot da David endlich wieder sicher nach Israel zruckkehrn könna. Er hot lang bet' und an liaben Gott gfrogt, was er denn jetzt toa kannt.

»Geh nach Hebron, die Stadt ghört zu deim eigna Stamm Juda«, hot da Herrgott gantwort. Dort hobn s' eahm freundlich aufgnomma und bei am riesigen Volksfest zum Kini von Juda gmacht.

In da Zwischenzeit is da Abner, der Feldherr vom Saul in Norden gflohn. Da Ischbal, da oanzige Bua vom Saul, der überlebt ghobt hot, war aa dabei.

Da Joab, da Feldherr vom David, und da Abner hobn sich aufn Tod net daschmecka könna. Weil alle zwoa hobn wolln, daß eahna jeweiliger Befehlshaber da Kini von ganz Israel werdn sollt.

Sie hobn a Rauferei zwischen zwölf Elitesoldaten vom David und zwölf Elitekämpfer vom Ischbal ausgmacht. Die sollten des quasi stellvertretend für die andern ausraufa.

Aber des »Match« is unentschieden nausganga, und es is a grauenhafter Kriag zwischen de zwoa Seitn ausbrocha, der a paar Jahr' odauert hot. Aber allmählich hobn doch am David seine Kriager die größere Kondition zoagt. Zum Schluß is da Abner sogar aufn David

sei Seitn übergloffa und hot zu eahm gsagt: »I werd di mit meiner ganzen Kraft und meim ganzen militärischen Wissen unterstützen, daß du amoi ganz Israel erobern konnst.«
Aber da Joab hot an Abner oiwei no net daleidn könna und boid an Grund gfundn, daß er eahm auf d' Seitn ramma hot könna.
Da Ischbal is von seine eigna Offiziere ums Eck bracht wordn.
Da David war unendlich traurig über sovui Grausamkeit. Siebn Jahr' war da Saul jetzt scho tot. Endlich hobn sich alle Stämme entschlossen, daß da David eahna Kini werd.
Die Stammführer hobn sich in Hebron versammelt und an David zum Kini über ganz Israel ausgruafa.

2 Samuel 2 – 5

62. Wia da David Jerusalem erobert hot

Da David war da neue Kini von ganz Israel - und jetzt wollt er a richtige Hauptstadt hobn. Jerusalem, a riesige Festung, obn auf ana Hügelkettn glegn, die an Norden und Süden vom Land teilt' hot, war genau des richtige Objekt.
Leider hobn d' Israeliten Jerusalem net erobert ghobt, wias in Kanaan ei'zogn san. Und so hot da David gsagt: »Pack' mas oo, Buam, auf gehts, jetzt werdn ma dene Jesubiter zoagn, wo da Barthl an Most holt.«
Doch die Jesubiter (die damaligen Einwohner von Jerusalem) hobn bloß frech von de hohen Stadtmauern owiglacht und an David ausgspott.
Aber da David hot gwußt, daß unter der Stadt a Tunnel verlaffa is', ders direkt mit Wasser versorgt hot.
»Traut sich oana von eich, freiwillig in den Kanal owizusteign?« Sofort san a paar Freiwillige vortretn, durch den Wasserschacht gschlichaa und bist gschaut host, warns scho mittn in da Stadt. Blitzschnell hobn s' die Stadttore aufgmacht, und da David und seine Soldaten hobn die ahnungslosen Jesubiter problemlos überwältigen könna.
Jerusalem is bekannt wordn ois die Stadt vom David.
Aber da David wollt hobn, daß Jerusalem aa die Stadt vom liabn Gott sei sollt. In ana riesigen Prozession hot er die Goldene Bundeslade von Priestern, gefolgt von einer langen Menschenmenge, nach Jerusalem bringa lassn. Er selber hot den Zug ogführt und gsunga und tanzt vor lauter Freud.
Wias in da Stadt okumma warn, is die Bundeslade sorgfältig in a eignes Zelt gstellt wordn.
Dann hot er seine Diener ogschafft: »Brats glei amoi zehn Ochsn am Spieß und fahrts zehn Hektoliter Freibier auf, weil i wui hobn, daß jeder an dem Fest teilnimmt!« Auf die Art und Weis hot da David bewiesn, daß er des net für sich und sein eignen Glanz gmacht hot, sondern daß er am liaben Gott Ehre und Ruhm bringa wollt.

2 Samuel 5 - 6

63. Wia da David Pläne für a Haus fürn liabn Gott gmacht hot

In Israel warn Friede, Freud und Eierkuacha. Da David hots de Philister gscheit zoagt ghobt, hots zruckdrängt in eahna Reservat, so daß sie sich nimmer aufmucka hobn traun.

Da David hot sich in seiner neuen Hauptstadt Jerusalem guat eigwohnt. Da Hiram, da Kini von Tyrus, hot eahm unbandige Ladungen Zedernholz ausm Libanon und seine besten Zimmerleut' gschickt, damits für eahm an saubern Palast baun sollten. Mei war des a pfundige Sach. So was konn ma sich heut gar nimmer vorstelln (da is des legendäre Bernsteinzimmer im Vergleich dazua wia a Sondermarkn von da Post zur Blauen Mauritius).

Aber am David is des langsam z'wider wordn. »Herrschaft«, hot er sich denkt, »i wohn da im höchsten Reichtum und mei Herrgott, der mir scho sovui gholfn hot, haust mit seiner Bundeslade oiwei no in am oafacha Zelt. Des derf net sei, drum bau i jetzt fürn liabn Gott an wunderschöna Tempel, daßd' so was no net gsehng host!«

Er hot sofort am Nathan von seiner Idee erzählt, und der hots aa ganz guat gfundn. Aber in da Nacht is da liabe Gott am Nathan erschienen und hot zu eahm gsprocha: »I wui net, daß mir da David an Tempel baut. I bin oiwei mit meim Volk mitzogn, wias unterwegs war, damit i möglichst nah' bei eahm sei hob könna. Aber oana vom David seine Buam soll für mi amoi an Tempel baun. Deswegn braucht da David jetzt aber net eigschnappt sei. Dafür versprich' i eahm, daß seine Buam und dene eahnere Buam für oiwei Kinie von Israel sei werdn. Sei Königreich werd niamois z'End geh.«

Selbige Nachricht hot da Prophet Nathan am David am nächsten Tog in da Fruah' bei am Weißwurschtfrühstück überbracht. Z'erst war da David scho a bisserl enttäuscht. Aber nachm zwoatn Weißbier hot er sich wieder dafangt und am liabn Gott im heiligen Zelt bei da Bundeslade für sei große Gnade dankt.

2 Samuel 7

64. Wia da David d' Batseba vernascht hot

Es war grad Fruahjahr und da Joab, am David sei Feldherr, is mit seine Soldaten inn Kriag zogn. Da David is schee gmüatli dahoam bliebn und hot sich an schlauen Lenz gmacht. Schließlich war er ja Kini und hot sich des rausnehma könna, die andern für sich arbeitn - oder besser gsagt, kämpfa zu lassen.

Er hot die Gwohnheit ghobt, daß er sich jeden Tog nachm Mittagessen zwoa, drei Stund' higlegt hot.

Wia er amoi wieder nach seim Mittagsschlaf aufgwacht is - es war a richtig schöner Fruahjahrstog -, is er auf sein Dachbalkon gstiegn, weil von da aus hot er an wunderschönen Rundblick (oder wia ma so schee sagt: a Panorama) ghobt. Und wia er so »rundblickt« hot, hot er durch Zufall aa in' Hof von am Nachbarhaus gschaut.

»Sakra, sakra, ja, wos siehg i denn da?« hot er sich denkt. »Des is ja nackerts Weiberleut' beim Baden. Ja, und wia de ausschaugt, da werd' s mir ja glei' ganz anders. De muaß i hobn, sonst werd i narrisch.«

Er hot sofort an Kundschafter losgschickt, der rausbringa sollt, wer de Superfrau is. Es hot gar net lang dauert, bis der Diener wieder zruckkumma is.

»Batseba hoaßts«, hot er gschnauft und waar boid ins Stottern kumma (sie hot eahm nämlich bloß mit am kloana Badetuach bedeckt d' Haustür aufgmacht ghobt). »Sie is, sie is d' Frau vom Urjia, oana von deine besten Soldaten. Er is grad mitm Joab inn Kriag zogn.«

»Brings sofort her«, hot da David eahm ogfaucht. Er hot ois vergessn um sich herum - vor allem aber des Gebot: Du sollst nicht begehren deines Nächsten Weib! Er hot nur an sich denkt - und an des, was er grad wollt.

Es hot net lang dauert, bis d' Batseba im Palast war. Und dann - im Film kann ma an dera Stell' an galanten Kameraschwenk macha - mir überspringa dafür hoid a paar Zeilen. Weil a biblische Gschicht soll ja schließlich jugendfrei sei.

Auf jeden Fall hot d' Batseba nach a paar Wochen am David an Briaf gschickt, in dem gstandn war: »Edler Kini, i kriag a Kind, von wem des is', des konnst dir wohl leicht ausmaln. Bussi, Bussi, Deine Batseba«.

Jetzt war er natürlich fix und fertig, da David. Er hot sich zerscht amoi drei Stamperl Feigenschnaps eigschenkt (heit hoaßt des Zeug »Feigling«). Und wenn mas genau betracht, war da David in dera Situation aa oana.
»Jetzt muaß i mir was eifalln lassn. Wenn des aufkummt, daß i mitm Urjia seiner Frau . . ., na, i mogs mir gar net weiter ausmaln.«
Eigentlich könnt ma sogn, des war da erste biblische Politskandal.

2 Samuel 11

65. Am David sei nächste große Sünd

Da David hot sinniert und nomoi sinniert: »Was stell' i denn bloß oo, daß de verhängnisvolle Affäre net aufkimmt? Wenn wenigstens da Urjia dahoam waar, dann kaamat gar neamad drauf, daß i mit da Batseba . . .; genau, des is die Lösung, der kriagt Fronturlaub.«
Da Kini war so selbstzufrieden mit seiner Idee, daß er sofort an Eilbriaf mit dem Befehl: »Da Urjia hot auf unbefristete Zeit Hoamaturlaub« an Joab losgschickt hot.
Da Urjia hot sich ois pflichtbewußter Soldat natürlich sofort bei seim Kini gmeldt. Der war ganz scheinheilig freundlich (des san alle, die a schlechts Gwissen hobn): »Ja, Grüaß di Gott, Urjia. Geh, setz' di a bisserl her und erzähl' mir was vom Kriag. A Weißbier und a guate Brotzeit magst bestimmt aa.« So hobn s' mitanand Brotzeit gmacht, und da arglose Urjia hot erzählt wia a Buach.
Wia er fertig war, hot da David no ganz siebnsüaß gmoant: »Gell, Urjia, und heut nacht gehst hoam zum Schlafa. A so a saubers Weibsbuid, wia die dei', derf ma net so lang alloa lassn.«
Aber da Urjia is net hoam, sondern hot die ganze Nacht mit de Wächter am Palasttor gratscht. Des hot natürlich da David glei wieder erfahrn, und er hot an Urjia ganz unschuldig gfragt: »Ja, Urjia, warum gehst denn du net hoam, wenn i dir scho extra Hoamaturlaub gib, daß d' mit deim Weiberl beinander sei konnst?«

»Wia sollt i gmüatlich schlafa und mi vergnügen, wenn i an meine Kameraden aufm Feld draußn denk?« hot da da Urjia gantwort'. Und aa die nächsten Tog is er net hoam, sondern is bei de Palastwachen bliebn.
Jetzt is natürlich am David as Wasser bis zum Hals gstandn, wia er gsehng hot, daß sei Plan net aufgeht. Voller Wuat hot er sich highockt und an Briaf mit ana mörderischen Botschaft an Joab gschriebn: »Servus, Joab, wenn da Urjia wieder zruck is, schickst eahm sofort an die vorderste Front, so daß ma ganz sicher sei könna, daß er im Kampf fallt.« Er hot sich net amoi gschaamt, den Briaf dem ahnungslosen Urjia in d' Hand zu drucka, der damit sei eigns Todesurteil überbracht hot.
Leider is der Plan desmoi genau nachm David seine Vorstellungen nausganga, und da Urjia und etliche von seine Kameraden san in da Schlacht gfalln.
Da David hot sich insgeheim gfreut, weil er jetzt d' Batseba selber heiratn hot könna.

2 Samuel 11

66. De Gschicht vom kloana, zahma Lamperl

Da David und d' Batseba hobn gheirat und bald drauf an Buam kriagt. Bestimmt hot da oa oder ander am Hof von dera unrechtmäßigen Liabschaft zwischen am David und da Batseba, bevors gheirat hobn, gwußt. Aber koana hot sich was sogn traut (des hätt aa amoi oana probiern solln).
Damois wars halt so, daß de Kini sich ois gnumma hobn, grad so wias eahna taugt hot. Und da David war ganz da gleiche. Der hot aa gmoant, er braucht nur no mit de Finger schnalzn und scho fliagt eahm ois zua, wos er wui. Daß er die Gebote genauso eihaltn muaß, wia die oafacha Leut aa, an des hot er scho glei zwoamoi nimma denkt.

Aber da liabe Gott hot sich des net gfalln lassen und an Propheten Nathan zu eahm gschickt. Der hot eahm am Herrgott sei Botschaft gschickt und diplomatisch in a kloane Gschicht verpackt: »Es warn amoi zwoa Nachbarn, der oane stoareich und da ander bettelarm. Da reiche Mo hot riesige Schafherden ghobt, aber dem armen Häuslmo hot bloß a kloans, zahms Lamperl ghört. Er hots vo Geburt oo aufzogn ghobt, und es is eahm auf Schritt und Tritt nachglaffa. Sogar beim Essen is auf seim Schoß ghockt. Er hot des Lamperl so gern ghobt, ois wenns sei eigns Kind waar. Aber jetzt werds dramatisch«, hot da Nathan ganz theatralisch eigworfa. »Wia da reiche Mo amoi Bsuach kriagt hot, da hot er net ebba a Schaf aus seiner Herdn gschlacht, sondern hot seine Diener losgschickt und des kloane Lamperl von dem armen Mo, ders sovui gern ghobt hot, holn und schlachten lassen.«
Am David is scho während da ganzen Gschicht alloa vom Zuhörn oa Gänshaut nach da andern übern Buckel owiglaffa. Zum Schluß hot er ganz entsetzt gstammelt: »A so a grausamer Mensch, der ghört ja selber abgstocha.«
»Da brauchst jetzt gar net a so toa und den Mitleidigen spuin«, hot da Nathan ganz ruhig zum David gsagt. »Wenn ma hört, wia andere Unrecht begenga, is des ois vui schlimmer, wia wenn mas selber tuat. Stimmts, oder hab i recht?«
Jetzt hot er erst richtig aufdraht, da Nathan: »Der reiche, grausame Mo bist nämlich du. Ois kloana Hirtabua host ogfangt, und da liabe Gott hot di zum Kini erhobn. Du host ois, was ma sich nur grad wünschen kann, an wunderschöna Palast, an Haufa Frauen und Kinder dazua. Naa, aber du muaßt am Urjia sei oanzige Frau hobn, die er über ois gern ghobt hot. Und aus Feigheit host eahm dann aa no umbringa lassn. Host du vielleicht a Gnade zoagt, ha? Du bist höchstens a gnadenloser Egoist. Und deswegn werd da Herrgott dei Familie strafa.«
»I gib ois zua, i hob mi schwer gegn an liabn Gott versündigt«, hot da David ganz kloalaut gantwort.
»Der Herrgott hot dir verziehn, aber des gemeinsame Kind von dir und da Batseba werd sterbn«, hot da Nathan gsagt und is ganga.

2 Samuel 12

67. Am David sei Kindaerziehung

Es hot net recht lang dauert, dann is da Bua vom David und da Batseba an Wundstarrkrampf und Diphtherie gstorbn. Des hot an David natürlich schwer troffa. D' Batseba hot eahm nomoi an Buam geborn, an Salomo.
Aber da David hot aa no andere Frauen - und dementsprechend vui Kinder - ghobt. Daß da natürlich net oiwei eitel Sonnenschein war, kann ma sich leicht vorstelln.
Vor allem unter de Buam hots, wias größer wordn san, dauernd Sticheleien und Frotzeleien gebn, wer denn amoi Kini werdn sollt. Normalerweis war da älteste Bua von Haus aus zur Nachfolge berechtigt. Aber wenn des am Kini net inn Kragn neipaßt hot, hot er aa an andern bestimma könna.
Oamoi hots wieder an gscheiten Stunk gebn, weil da Amnon, da älteste Bua, sei Halbschwester Tamar so arg tratzt hot. A dreiviertel Stund lang hot ers dauernd in an Brennesselstrauch neigschubst. So schnell hot die gar net aufsteh' könna, wias scho wieder dringlegn war. Wia ihr Bruader Absalom des gsehng hot, hot er sie von ihrm Peiniger befreit. Innerlich hot er kocht vor lauter Wuat.
Wenn da David in da Kindererziehung genau so guat wia in da Produktion gwesen waar, dann waar des a ausgewogene Sach gwesen. Grad in dem Fall hätt er am Amnon amoi gscheit d' Meinung geign müassn. Aber nix dergleichen, er hot dene Bankerten oafach z'vui nausgeh lassen. Daß die sich allmählich oiwei no mehra rausgnomma hobn, versteht sich von selber.
Wia da Absalom gsehng hot, daß da Amnon net gstraft werd', hot er sich denkt: »Na guat, dann kriagt er halt sei Fett vo mir - aber so, daß er nimmer aufsteht.«
Es war a Freitagnachmittag, wia da Absalom an David gfragt hot: »Du Vata, i mach morgn abend um sechse draußen am Bolzplatz vor da Stadt mit meine Spezln a Grillparty. Meine Brüada, vor allem an Amnon, taat i aa gern ei'ladn. Hätts't da was dagegn?«
A bisserl zwoaraloa wars am David scho, aber dann hot er schließlich doch nachgebn und an Amnon und die andern Prinzen, die scho über sechzehn warn, mitgeh lassn.

Da Absalom hot seine Diener nur a paar kurze Anweisungen gebn: »Z'erst füllts eahm ab, daß er nimma steh' konn, und dann ...!« An der Stell' hot er nur des Zeichen gebn, des fast alle Menschen auf da Welt (aa »Nicht-Berufskiller«) kenna: Mit da ausgstreckten, flachen Hand um d' Gurgel rüberfahrn (da woaß doch wirklich a jeder, was gmoant is, oder?).
Wia die Stimmung aufm Höhepunkt war, hobn die Diener eahnare Befehle ausgführt.
Am David seine andern Buam hobn sich auf eahnare Esel gschwunga und san abghaut, so schnell wias könna hobn. Wia da David de traurige Nachricht erhalten hot, hot er erst amoi gscheit gwoant.
Da Absalom aber is gflohn und hot sich in dem Land, in dem sei Muatter geborn war, versteckt.

2 Samuel 13

68. Da Absalom kimmt zruck

Zwoa Jahr' warn verganga, und da David hot oanaseits narrisch Zeitlang nachm Absalom ghobt, andererseits hot er eahm den Mord am Amnon oiwei no nachtragn.
Da Joab, am David sei Feldherr und rechte Hand, hot genau gwußt, wias um an Kini steht. Er hätts gar zu gern gsehng, wenn da David am Absalom d' Erlaubnis erteilt hätt', wieder nach Jerusalem zruckzukumma.
Er hot extra a Laienschauspielerin engagiert, um an David umzustimma. Damois wars da Brauch, daß a jeder zum Kini kumma und eahm bei seine Probleme um Rat fragn hot könna.
Nachdem da Joab da Schauspielerin seine Regieanweisungen gebn ghobt hot, is sie vorn Kini hintretn und hot as Wuiseln ogfangt: »Mein Herr und Kini, vielleicht konnst du mir helfa? Mei Mo is tot. Zwoa Buam hob i ghobt, die mir gholfa und sich um eahm kümmert hobn. Aber vor kurzem hobn s' gstritten bis aufs Messer. Da jüngere is bei dera Rauferei umkumma. Meine Verwandten wolln,

daß i eahna den andern Buam ausliefer', damits eahm hinrichten könna. Des derf net gschehng, er is doch des oanzige, was i hob auf dera Welt.« A so hots in oana Tour dahigflennt.
»Tua di net ab«, hot da David voller Mitleid zu der Frau gsagt, »deim Buam werd nix passiern.«
Jetzt hot de Frau erst richtig a Schneid kriagt und weiterbohrt: »Erlauchter Kini, wenn du in dem Fall scho so gnädig urteilst, taatst ebba aa dein eigna Buam zruckkumma lassen und eahm verzeihn, wenn eahm scho alle so gern sehgn taatn?«
Da David hot glei daschmeckt, woher da Wind waht: »Lüag mi jetzt ja net oo – de Gschicht hot dir da Joab ei'trichtert, gell?« Die Frau war sofort geständig.
Wia die Schauspielerin weg war, hot da David zum Joab gsagt: »Du Bazi, du odrahter, des host ja sauber eigfadelt. Aber meinetwegn, da Absalom konn kumma, er werd net wega Mord zum Tod verurteilt. Aber sehgn wui i eahm aa net, den Hundsbuam, den miserabligen.«
Da Absalom is nach Jerusalem zruckkehrt und hot sich am Stadtrand a Penthousewohnung gmiet.

2 Samuel 14

69. Wia da Absalom gegn sein eigna Vota aufbegehrt hot

Da Absalom war a buidsauberer Kerl (warum soll ma des net aa amoi von am Mo sagn derfa?), und dessen war er sich aa ganz genau bewußt. Er hot scho gneisst, daß er bei de Leut guat okummt. Bsonders stolz war er auf seine langa Haar. Deswegn is er aa bloß oamoi im Jahr zum Friseur ganga.
Insgeheim hot er davo traamt, daß er selber amoi Kini werd und alle Macht besitzt. Aber da is eahm da Schnabel sauber bliebn; solang da David eahm net empfanga hot, war die Hoffnung auf a Thronfolge vergeblich. Zwoa Jahr hot er umsonst gwart, da David hot sich

net grührt. Voller Wuat hot er an Joab ruafa lassn und as Schimpfa ogfangt: »I pfeif drauf, in Jerusalem zu wohna, wenn mei Vota es net für nötig halt, daß er mi amoi in sein Palast eiladt. Na konn er mi ja glei umbringa lassn.«

Da Joab hot des sofort brüahwarm am David erzählt (in der Disziplin war er Weltmoasta).

»Oiso guat, in Gotts Nama, sag eahm an schöna Gruaß von mir, daß er morgn zum Abendessen eigladen is«, hot da David zum Joab gsagt. Wias soweit war, hot da Absalom a ganz a untertänigs Gehabe zur Schau tragn. Er hot sich vorm David ganz tiaf verbeugt und an Diener gmacht.

»Geh, hör auf mit dem Krampf, du bist doch mei Bua. I hob ois vergessn und verziehn«, hot da David zum Absalom gsagt und hotn abbusselt wia a Narrischer.

»Hobts es scho ghört, da David und da Absalom vertragn sich wieder«, »Ja, wer woaß, ob net da Absalom amoi da nächste Kini werd«, »Ausschaugn taat er ja scho danach ...«, und, und, und. So hobn s' am Marktplatz umanandadischkriert. A jeder hot wos Neus gwußt – nur nix Genaus.

Freilich wollt da Absalom Kini werdn – »Jetz is nur no de Frag, soll i warten bis mei Vota an Löffel abgibt, oder pack' is scho eher?« hot da Absalom überlegt.

Er hot sich Pferd'l und an saubern Wagn kaaft. Bodyguards hobn eahm überoi hinbegleit' (Da könnt' sich mancher PR-Berater a Scheibn abschneidn).

Aber da kann mas wieder sehgn: D' Leut hobn sich scho von jeher von Äußerlichkeiten blenden lassen.

Des Wort »Wahlkampf« hots ja damois no net gebn, aber da Absalom hotn scho (unbewußt) betriebn. Vier Jahr' lang hot er um die »Publikumsgunst« kämpft. Nachdem er glaubt hot, der richtige Zeitpunkt waar da, is er nach Hebron und hot a Armee aufgstellt.

Er hot Geheimbriaf' an die israelitischen Stammesführer gschickt, in dene gstandn is: »Wennts die Trompeten schmettern hörts, dann ruafts an Absalom zum Kini aus!«

2 Samuel 14–15

70. Wia da David aus Jerusalem abghaut is

Es is scho a ausgmachte Sauerei, wenn ma sich vorstellt, daß da David von dene Gspassettln, die da Absalom hinterrucks ozettelt hot, net die leiseste Ahnung ghabt hot. Gott sei Dank hots damois no Königstreue gebn, und von dene hots eahm endlich amoi oahna gsteckt: »Ja, sog amoi, David, host denn du Tomaten auf die Augn, oder vielleicht solltest amoi deine Brillenglasel poliern? Da dümmste Hinterwäldler red scho davo, bloß du wuist net wahrhabn, daß dei Bua, da Absalom, sich selber zum Kini ausruafa lassen wui!«

»Mi host ghaut, des is as erste, wos i hör«, hot da David zur Antwort gebn, »auf gehts, jetzt möcht i aa glei wissen, wer da ois dahintasteckt!« Des warn gar net amoi wenige, die eahm die Treu' brocha hobn; sogar da Aphitofel, sei treuester Spez'l, hot sich am Absalom ogschlossen ghabt.

»Z'allererst müaßn mir aus Jerusalem abhaun«, hot er zu seine Diener gmoant, »weil wenn mir dableibn, bis da Absalom mit seiner Armee kimmt, na Servus. A Rauferei am Oktoberfest is a Dreck dagegn.«

Es hot net lang dauert, bis ihre sieben Zwetschgen zammpackelt ghabt hobn, und so san da David und die paar Hanseln, die no auf seiner Seitn warn, übern Fluß Kidron aus Jerusalem nauszogn. As Herz war eahm gscheit schwaar, und er hot sich ganz alloa glassen gfühlt, aber wia er gsehng hot, daß sich eahna wieder neue Freunderln oschliaßn wolltn, is eahm wieder a bisserl leichter wordn.

Zwoa Pfarrersgselln (heut taat ma sogn: zwoa Kapläne), da Abjatar und da Zadok, und no a paar andere Leviten, san sogar mit der Goldnen Bundeslade ogruckt. »Nix da«, hot da David plärrt, »bringts die Truha sofort wieder dohi zruck, wos ghört. Wer woaß, vielleicht führt da liabe Gott aa uns sicher zruck.«

Nach dera Red hot er a Kartengspui aus seiner Rocktaschn zogn und zu seine Kameraden gsagt: »I brauch no zwoa tüchtige Spion', die zwoa unter euch, die an Belle und an Max aussiziahgn, solln den Posten kriagn.« Des war a gerechte Sach, auf die Weis san die Buam vom Abjatar und vom Zadok ausglost wordn.

»Ihr gehts aa zruck und gebts mir guat obacht, daß eich ja nix auskimmt, i wui ois wissen, was rundumadum passiert!«
Die Kapläne und d' Leviten hobn kehrtgmacht und san mitsamt der Bundeslade zruckmarschiert. Bei dem Anblick hot er glei gar wassrige Augn kriagt, da David, und hot sich mit seim »Trauerzug« wieder in Marsch gsetzt, bis an Jordan kemma san.
»Mogst an Schmalzler, David?« hotn oana von seine Gfolgsleut gfrogt.
»Warum aa net«, hot er freundlich gantwort, »gehts weiter, hock ma uns aa bisserl hi und mach ma Brotzeit.«
Wias wieder a Stückl weiterzogn san, is eahna da Huschai, a guater Freund vom David, inn Weg kumma und wollt sich eahna aa no oschliassn.
»Oiso, Huschai, des find' i sakrisch nett von dir«, hot da David zu seim Spez'l gsagt, »aber i glaub, du könnst mir am allerbesten helfen, wennst aa wieder nach Jerusalem zruckgangst. Du brauchst einfach so toa, ois wennst aufm Absalom seiner Seitn steh' taatst. Paß ganz guat auf, welchen Rat da Aphitofel eahm gibt, es werd gwiß koa schlechter sei. Und dann schaugst, daß'd an Absalom vom Gegenteil überzeugn kannst. Sobald du ebbs Neus woaßt, sogs am Abjatar und am Zadok. Dene eahnare Buabn werdn die Nachricht an mi überbringa.«

2 Samuel 15

71. Nix ois wia Intrign und Spionasch

Der Absalom is mit einem Aufgebot in Jerusalem ei'zogn, daß'd »Sie« sagst. Des war halbert Volksfest und halbert Landwirtschaftsausstellung. Goasslschnalzer, Blechmusi und Böllerschützen san vorbeidefiliert, und hinter eahna san glei d' Brauereifuhrwerke kemma. Die warn natürlich no net so schee zum oschaugn wia heut, 'swaar ja aa koa Wunder net, schließlich hots no koa Werbung gebn. Dafür warn d' Rindviecher aufputzt wia bei der Viehscheid im Westallgäu. Der Aphitofel, am David sei ehemaliger Busenfreund, is mitm Huschai (der ehmals zwoate Adjutant vom David) zsamm auftretn. Ab dera Stell' werd' des Kapitel verzwickt und interessant z'gleich, weil da Absalom net gwußt hot, daß da Huschai aa a Königstreuer war.

»Am allerbesten waar, wenn i heut nacht a Armee aufstellen und am David seine lapperten Kriager übern Haufa renna taat. Die san so müad, daß net amoi mehr a naße Zeitung z'reißen«, hot der Aphitofel gmoant.

»Die Idee könnt fast von mir sein, aber zerscht möcht' i am Huschai sei Meinung dazua hörn«, hot da Absalom gantwort. Da Huschai hot sei ganze Überredungskunst aufbieten müassn, denn der Plan war wirklich guat.

Wenns bei dera Taktik bliebn wärn, hätten am David seine Männer net die geringste Chance ghabt. »Oiso, wennst mi fragst«, hot der Huschai ogfangt zu erklären, »wenn d' Leut scho aus den letzten Provinzkäffern daherkemma, bloß damits dei Trikot überstroafa derfa, dann solltest sie aa selber oführn. Bist doch a Feldherr wia ausm Bilderbüachl.«

Des hot am Absalom, dem gspinnerten Kampe, gfalln, und er hot den Rat vom Huschai befolgt. Der hot, so wias ausgmacht war, die Neuigkeiten am Zadok und am Abjatar erzählt. Die wiederum hobn über a Dienstmagd die Meldung an eahnare zwoa Buam weitergebn und san dabei von am »Luser« abghört wordn. Der Jonathan und der Ahimaaz, die zwoa jungen Spione, san ins Haus einer »davidfreundlichen« Familie gflücht ...

Oiso, in dem Kapitel gehts bald so narrisch zua, wia in ana »Derrick«-Folge, drum schreib i gar net bis ins letzte Detail weiter. Wichtig is doch nur, daß der David am End' die Neuigkeit erfahren hat. Amen!

Samuel 17

72. Der traurige Tod vom Absalom - oda wia ma si aa ohne Strick aufhänga ko

Auf geht's, Mander, jetzt derf ma koa Zeit mehr verliern«, hot der David ausgruafa, wia er den Bericht von dene zwoa junge Spione ghört hot, »mir marschiern übern Jordan in Richtung Nordost zur Stadt Mahanajim.«

Saumüad warns, und der Magn hat eahna kracht vor lauter Hunger, weil sie hobn in der Steppn übernacht' ghabt. Da warns verständlicherweis überglücklich und dankbar, wias an am Campingplatz Rast macha hobn könna. D' Leut warn freundlich zu eahna, und sie hobn ois kriagt, was eahna Herz begehrt hot: Kaffee, Wurscht- und Bratensemmeln, Kasloabal, Obst und Gmüas, Erdnüss' und Salzstangerl. As wichtigste hätt i boid vergessen: a Flaschl Bier hots aa gebn (d' Markn muaß aus »Wettbewerbsgründen« geheimghalten werdn; aber daß des Bier a paar Jahrtausend später von Mingga aus sein Siegeszug um die ganze Welt otretn sollt, derf i scho verraten).

Wias gessn, trunka und ausgiebig gschlafa ghabt hobn, hot der David seine Truppen formiert, hot sie wia a Baseball-Coach auf sich eigschworen und wollt mit eahna in d' Schlacht ziahgn.

»Naa, David, du bleibst bittschön da, du bist uns zu wertvoll, ois daß mir dein Tod riskiern könna«, hobn seine Adjutanten zum David gsagt. Des war eahm zwar sauz'wider, aber schließlich hot er nachgebn. »In Gotts Nam', dann ziahgts los. Aber um oans bitt' i euch: Gehts mir mitm Absalom gnädig um und tuats eahm nix an«, hot er eahna mit aufn Weg gebn.

In der Zwischenzeit hot aa der Absalom a Heer aufgstellt ghobt und an Jordan überquert. Der Kriag zwischen Vota und Bua is ausbrocha, und es hot gar net lang dauert, bis am David seine Kämpfer d' Oberhand gwonna hobn. Am Absalom seine Männer hobn sich nach und nach ausm Staub gmacht.

Oana vom David seine Spähtrupps hot an Absalom entdeckt, wia er grad schee gmüatlich auf seim Maulesel dahingritten is. Wia er im Galopp davoreiten wollt, hot er sich mit seine schönen langen Haar' im Ast von am Oachabaam verfangt. Sei Muli is ohne eahm weitergrumpelt, und er is frei in der Luft ghängt und hot zappelt wia a

Bachforelln an der Angel. Da hobn s' hoid die im Barock-Zeitalter praktisch ghobt, da wär d' Perückn alloa im Baam hängabliebn.
»Ja, warum host eahm denn net glei abgmurkst«, hot der Joab den Boten, der eahm die Nachricht überbracht hot, ogfaucht? »Net für vui Geld hätt' i am Absalom ebbs z'leid toa könna, weil des unser Kini net gwollt hätt«, hat der brave Soldat gantwort.
Der Joab is auf- und davogritten und hot an Absalom gsuacht. Der is oiwei no wehrlos an dem Ast ghängt, und der Joab hot eahm ohne Erbarmen obgstocha wia a Stückl Viech. Er hot in sein Bombardon blasn und seine Soldaten otretn lassen. Der Aufstand gegn an David war somit beendet.
»Derf i am Kini die Siegesbotschaft überbringa?« hot der Ahimaaz gfragt. Des war am Joab gar net recht, weil er gwußt hat, daß der David grantig werdn taat, wenn er die traurige Nachricht kriagat und hot statt dessen an Diener nach Mahanajim gschickt. Aber der Ahimaaz is stur bliebn und hot plärrt: »Nix da, i laaf mit!«

2 Samuel 17 - 18

73. Wia der David im Triumph nach Jerusalem zruckkehrt is

Der David hot scho voller Ungeduld am Stadttor von Mahanajim gwart, wia a Wächter plärrt hot: »Achtung, da hinten kemma zwoa Läufer dahergrennt!« Da Ahimaaz war schneller und is fix und fertig vorm David auf d' Knia gsunka: »Liaber Kini, ois is guat nausganga, mir hobn gwonna.« Des hot an David aber gar net interessiert, as erste, was er gfragt hot, war: »Und was is mitm Absalom, gehts eahm guat, is er in Sicherheit?«
»Des woaß…, woaß i net so genau, es hot an riesen Tu…, Tumult gebn…«, hot der Ahimaaz gstottert und nach Luft gschnappt.
Im selben Augnblick is der zwoate Botschafter ei'troffa, und der David hotn glei ganz grob am Arm gschüttelt: »Sog mir, was'd übern

Absalom woaßt, oder i gib dir a paar solchane Watschn, daßd' Hott schaugst!«
»Der hot die gerechte Straf' erhalten, wia alle, die gegn unsern Kini aufbegehrn.«
»Sei staad, sonst darennst di«, hotn der David oknurrt und eahm an saftigen Spitz gebn, daß er sich bald nimmer dafangt hot.
»I hobs doch kemma sehgn«, hot da David in seiner Verzweiflung ausgruafa. »Absalom, mei Bua, liaber hätts mi derwischt statt deiner.«
Wia die Truppen in der Stadt okemma san, warn alle ganz staadlusert, koana hot sich richtig über den Sieg freun könna, weil der Kini so traurig und niedergschlagn war.
Da is am Joab der Kragn platzt, und er is zum David: »Dir solls amoi oana recht macha. Man könnt scho fast moana, dir wärs liaber gwesen, wenn deine Soldaten stattm Absalom draufganga wärn. Reiß di endlich zamm und bedank di bei eahna, wia sichs ghört!«
Der David hot eigsehng, daß er sei Trauer vergessn und seine treuen Anhänger ermutigen hot müassn. Lang hots net dauert, bis aa die Israeliten, die aufm Absalom seiner Seitn gstandn warn, reumütig zruckkehrt san und an David wieder ois Kini hobn wollten.
In am riesigen Festzug is er ois alter und neuer Herrscher in Jerusalem ei'zogn.

2 Samuel 18 - 19

74. As goldne Zeitalter vom Salomo

Wenn heutzutog a Staatsoberhaupt inn Ruhestand geht und langsam ans Abdanken denkt, dann kann des immer no sehr abwechslungsreich sei. Ehemalige Regierungschefs san zum Beispui begehrte Festredner, kriagn die Ehrendoktorwürde von irgendwelchen weltberühmten Universitäten, oder sie schreibn ganz oafach eahnare Memoiren auf, die dann as Schmuckstück in jeder gutbürgerlichen Wohnzimmer-Bibliothek darstellen.

Und wos hot der David ghobt, wia er oid wordn is? An Pfeifndeckel, in Schafwolldecken hot er sich eigwickelt, weils eahm oiwei so gfroren hot, und in seim Schlafzimmer Kreuzworträtsel glöst.
Am Marktplatz hobn sich d' Leut scho Gedanken drüber gmacht, wer der neue Kini werdn könnt. Jetzt, wo der Absalom tot war, wär der Adonija (a Vorfahr' vom Adonis) an d' Reih kemma. Er hot guat ausgschaut und war recht ehrgeizig. Der Priester Abjatar und der Joab, am David sei General, san hinter eahm gstanden. Oiso wollt der Adonija sofort Kini werdn.
»Mir macha a groß Volksfest, und bei der Gelegenheit ruafts mi zum Kini aus«, hot er zu seine Anhänger gsagt. »An Salomo, dein Bruada derfst aber net eiladn. Und an Propheten Nathan und an Priester Zadok aa net, weil die am Salomo sein Anspruch aufn Thron unterstützen«, hobn seine Spezln gmoant.
Aber der Nathan hot vom Adonija seim heimlichen Plan erfahren (war ja koa Wunder net, für was war er Prophet?), und is zur Batseba, am Salomo seiner Muatter, ganga: »Schau daß'd weiterkimmst und bericht' am David, was passiert is. Er hot dir versprocha, daß der Salomo sei Nachfolger werdn soll, am End' hot er des vielleicht scho wieder vergessn, der oide Dackel.«
D' Batseba is sofort zum David grumpelt und hot eahm brüahwarm erzählt, daß der Adonija Kini werdn sollt. Und glei drauf is der Nathan kemma, und hot eahm no amoi dieselbe Story verzapft.
»Da kannst Gift drauf nehma, daß der Salomo Kini werd«, hot der David zur Batseba gsagt, »setzts eahm auf mei königlichs Maultier und führts eahm durch'd Stadt. Dann laßts der Kapelln an Tusch spuin und bringts an Salomo im Triumphzug zruck!«
Der Nathan hot die königlichen Befehle sofort ausgführt. Der Adonija war mit seine Spezln grad mittendrin im Feiern, wias auf oamoi as »Trompetenecho« ghört hobn. »Sacklzement«, hot oana plärrt, »der Salomo reit' durch d' Stadt und werd zum Kini ausgruafa!«
Wia der Adonija des ghört hot, hot er sein halbert vollen Maßkruag packt und untern Tisch neigfeuert. Nix war wordn aus seim Plan: Der Salomo war Kini aufn David sein eignen Befehl.

1 Könige 1–2

75. Am Salomo sei Traam

Bevor der David gstorbn is, hot er am Salomo no an Haufa guate Ratschläg und Tips gebn und eahm vor allem an die Gebote vom liaben Gott erinnert.

Wia der David dann gstorbn war, hot der Salomo die ganzen Regierungsgeschäfte, wia wichtige Briaf schreibn, Staatsempfänge gebn, Wohltätigkeitsveranstaltungen bsuacha und derlei Krämpf' mehr, alloa tragn müassn.

Eines schönen Togs is er nach Gibeon pilgert, weil er beten und am liaben Gott a Opfer darbringa wollt. Da is eahm der Herrgott in der Nacht erschienen und hot zu eahm gsprocha: »Grüaß di, Salomo, weil du so andächtig bet' und gopfert hast, wui i dir an Wunsch erfülln. Du brauchst nur sagn, wos'd möchst.«

»Liaber Gott, i bin no so jung und hob überhaupt koa Erfahrung im Regiern. I woaß net, wia i über alle Stämme von Israel herrschen soll, wenn du mir net huifst dabei. Deswegn taat i di um a gscheite Portion Weisheit bitten«, hot eahm der Salomo drauf zur Antwort gebn.

»Des gfreut mi aber jetzt narrisch, daß'd so bescheiden bist«, hot der liabe Gott gmoant. »Du hättst mi ja aa um vui Geld oder um a langs Lebn bitten könna. Aber du wünschst dir bloß Weisheit, die sollst hobn im Übermaß, daß'd gerecht herrschen und urteilen kannst. Du werst der gscheiteste Mo sei, der jemals glebt hot. Und die andern Sachen, die du dir net gwünscht hast, sollst aa no vo mir kriagn. Du werst stoareich und überoi guat ogsehng sei. Und wennst meine Gebote net übertrittst, werst obndrein no lang lebn.«

Wia der Salomo aufgwacht is, hot er gwußt, daß er traamt ghobt hot. Er hot aber aa gspürt, daß der liabe Gott wirklich zu eahm gsprocha ghobt hot und war ganz glückselig, weil unser Herrgott eahm die Hilfe gebn wollt, die er braucht hot, um a guater Kini zu sein.

1 Könige 3

76. Dem Salomo sei Weisheit beim Regiern

Der liabe Gott hot am Salomo sei Gebet erhört und eahm mit großer Weisheit gesegnet. Der Salomo hot dreitausend Sprichwörter verfaßt und ungefähr tausend Liader gschriebn. Heut wär er der reinste Liedermacher. Er hot sich guat in der Biologie auskennt und ois über d' Viecher und Vögel, d' Fisch, Pflanzen und Bluma gwußt. Er war rundumadum für sei Gscheitheit bekannt. Und der Herrgott hot eahm aa a gschickte Hand beim Regiern gebn.

Von seine Untertanen san oftmals oa vor eahm hintretn und hobn eahm um Rat in Geld- oder Rechtsstreitereien gfragt.

Und so san aa amoi zwoa junge Weiber zu eahm kemma, die im gleichen Haus gwohnt und zur selben Zeit an kloana Buabn auf d' Welt bracht ghobt hobn. Jetzt hot die oane (sie war a bisserl a foaste) im Schlaf ihr Kind derbatzt ghobt, wia sie sich umdraht hot. Wias des gmerkt hot, hots schnell des Kind von der andern Muatter gnomma und ihr dafür des tote Büaberl untergschobn. Die Muatta von dem lebendigen Kind hot die Sauerei natürlich glei gneisst und ihrn Buam zruckverlangt. Die ander' hotn aber partout net rausgruckt und so sans schnurstracks zum Salomo marschiert.

Der hot sich die Gschicht erst amoi in aller Ruah oghört, wenn ma bei dem Geplärr, des die zwoa veranstalt' hobn, überhaupt von Ruah sprecha kann. A jede hot nämlich felsenfest behaupt, daß sie die rechtmäßige Muatter von dem Säugling is. »Ja, wenn des a so is«, hot der Salomo gsprocha, »daß a jede von euch zwoa die Muatter von dem Kind sei wui, dann teil' mas oafach. Geh weiter«, hot er zu am Diener gsagt, »hol amoi a Schwert und schneid den Bankert in der Mittn ausananander, dann kriagt a jede a Hälfte davo.«

Die Muatter von dem toten Buam war sofort mit dem Urteil einverstanden, aber die andere hot voller Schreck gschrien: »Naa, erlauchter Kini, tua dem Büaberl nix oo, liaber solls die ander' hobn!«

An ihrm Mitleid hot der Salomo kennt, daß sie die rechte Muatter war, und hot ihr des Kind zuagsprocha.

Obwohls damois no koa Sensationspresse gebn hot wia heut, hot sich des Urteil in Windeseile in Jerusalem rumgsprocha. Wos muaß des für a gscheiter Kini sei, wenn er solch weise Urteile fällen kann.

Der Salomo hot glücklich und friedlich regiert. Sei Reich hot sich vom Meer bis zum Euphrat und vom Libanon bis nach Ägypten erstreckt. Sei Reichtum war überaus groß, und er war weithin für sei Weisheit bekannt. Von nah und fern san Kinie auf Bsuach zu eahm kemma. Sogar die großmächtige Königin von Saba hot für eahm gschwärmt...

1 Könige 3, 4, 7, 9, 10

77. Wia da Tempel baut wordn is

Im vierten Regierungsjahr hot der Salomo ogfangt, aufm Berg Moria in Jerusalem an Tempel fürn liabn Gott zu baun. Er hot an Vertrag mitm Kini Hiram von Tyrus gschlossen, der hot eahm Zedernholz ausm Libanon gschickt, der Salomo hot eahm dafür Getreide, Öl und an guaten Wein gliefert. 30 000 Arbeiter warn mitm Holzfällen beschäftigt, 80 000 hobn Stoana ghaut und 70 000 hobn Lasten gschleppt. Mehr als 3000 Polier hobn de Arbat überwacht.
Nach siebn Jahr' is der Bau fertig dagstandn. Wia d' Stiftshüttn, so war aa der Tempel ins Heilige und ins Allerheiligste ei'teilt und von zwoa Vorhöf' umgebn. Der innere Vorhof war für d' Priester bestimmt, der äußere fürs Volk. Der ganze Bau war aufs herrlichste ausgstatt. D' Wänd warn mit vergoldetem Zedernholz getäfelt und mit kunstvollen Schnitzereien und Edelstoana gschmückt. Der Räucheraltar, d' Schaubrottisch' und d' Leuchter warn aus reinem Gold gfertigt. Der Fuaßbodn war aus kostbarem Marmor und mit Gold überzogn.
Zur Tempelweih' hot der Salomo die Fürsten und Ältesten ausm Volk zammkemma lassn. As ganze Volk hot sich in Jerusalem versammelt. Dann hobn s' die Bundeslade inn Tempel trogn und im Allerheiligsten abgstellt, wia auf oamoi a Wolkn as Haus des Herrn erfüllt hot.
Der Salomo is auf d' Knia gfalln und hot vorm Volk bet: »Herr,

Gott von Israel, dir is nix gleich, net im Himmi und auf der Erdn. Di kann der Himmi net fassn, um wiavui weniger des Haus! Schau gnädig drauf owi und erhör alle, die an diesem Ort beten!«
Er is aufgstandn und hot sei Volk gsegnet. Im selben Augenblick is Feuer aufn Altar gfalln und hot die Opfer verzehrt. As Volk aber hot sich auf d' Erdn niedergworfn und bet: »Der Herr is gnädig und seine Güte währet auf ewig!«

1 Könige 5, 7, 8; 1 Chronik 22, 29

78. Wia die Königin von Saba an Salomo bsuacht hot

Weit weg von Israel, am andern End' der oiden Handelsstraß', hot a Königin übers Königreich von Saba, dem heutigen Jemen, gherrscht.
Illustrierte Käsblattl, die übers pompöse Lebn an den Herrschaftshäusern großformatig und in Color berichten, hots damois no net gebn, und so war die Königin auf die Gschichten, die ihre Besucher von dem reichen und weisen Kini Salomo erzählt hobn, angwiesen.
Die Königin von Saba is aa net grad auf der Brennsuppn dahergschwomma kemma, und so wollt sies eines Togs selber ganz genau wissen, ob diese Storys von der sagenhaften Weisheit und dem unermeßlichen Reichtum vom Salomo wirklich wahr san.
»Auf gehts«, hots zu ihrer Dienerschaft gsagt, »ladts edle Gwürze auf und packelts schöne Gschenke ei, i bsuach jetzt an Salomo.«
Im Vergleich zu heut war a Reise zur damaligen Zeit scho a beschwerliche Sach, wenn ma alloa bloß an die fürchterliche Hitz' denkt. Heut verreist a Staatsoberhaupt in am vollklimatisierten Fahrzeug mit Minibar, Telefax und Fernseher, wenns ganz schnell geh muaß, dann nimmt ma an Privatjet. Aber die Königin von Saba is an der Spitzn von der Karawane in ana Sänftn dringhockt und war froh, wenn ihr a Lakai mit am Staubwedel a bisserl a frische Luft zuagfächelt hot. Von dem Wüstenstaub ganz zu schweigen.
Aber sie hot des locker weggsteckt, und schließlich is der Zug wohlbehalten in Jerusalem okemma. Wias dann inn Thronsaal gführt wordn is, hots ihr Mäu boid nimmer zuabracht vor lauter Schaugn und »aah« und »ooh« und »mi host ghaut, mei is des schee.«
Der Salomo war ganz angetan von ihrer Schönheit und hot ihr in seiner Kellerbar erst amoi a paar Begrüßungscocktails kredenzt. Er war net nur gscheit und reich, naa, er hot aa gwußt, wia ma sich einer schönen Frau gegenüber benimmt. Sie hobn sich recht guat unterhaltn, und die Königin von Saba hot am Salomo alle möglichen und unmöglichen Fragen gstellt. Es hot nix, aber aa wirklich gar nix gebn, auf des der Salomo koa Antwort gwußt hätt'.

»Oiso, Salomo«, hot die Königin von Saba voller Anerkennung gmoant, »alles, was i über di ghört hob, stimmt haargenau. Aber des, wos mir meine Besucher bisher über di erzählt hobn, is ja net amoi die Hälfte von dem, was i mit meine eignen Augn gsehng hob. Deine Diener müassn doch dankbar sei, wenns dir an ganzen Tog zuhörn könna.«
Nach dera Audienz hots eahm ihre Gschenke überreicht, und aa der Salomo hot einiges für sie hergricht ghobt.
Sie war überglücklich, und es is ihr sehr schwergfalln, wias wieder nach Saba zruckreisen hot müassn.

1 Könige 10

79. Da weise Salomo hot aa gsündigt

Wia scho des öfteren erwähnt, war der Salomo a großer und weiser Kini, und sei Hof war voller Reichtum und Herrlichkeit. Er hot an Haufa schöne Paläst und den großen Tempel in Jerusalem baut. Jeds Jahr san Unmengen von Geld in sei Schatztrucha gflossn. A Teil davo is vom Handel mit andere Länder kemma, und a Teil von de Steuern, die die Völker im ganzen Umkreis zahln hobn müassn. Aber der Salomo hot oiwei mehra Geld ausgebn, ois er eignomma hot. Wenn er koa Pulver mehr ghobt hot, dann hot er von seine Untertanen unverschämt hohe Steuern kassiert (des kimmt uns doch irgendwia bekannt vor, oder?).
Wenn er Arbeiter für seine Palastbauten in der Stadt braucht hot, hot er seine Verwalter ausgschickt, und die hobn d' Männa ausm ganzen Land als Zwangsarbeiter nach Jerusalem triebn.
Da braucht ma sich net weiter wundern, daß vui Menschen in Israel arm und unglücklich unterm Salomo seiner Herrschaft warn. Aa der liabe Gott war nimmer z'frieden mitm Salomo, weil er die Menschen wegn seiner Gier schlecht behandelt hot, und aa no andere Sachen gmacht hot, die eahm der Herrgott verboten ghobt hot.

Des is scho amoi oganga mit seim Harem. Guat, daß a Kini zur damaligen Zeit sich net nur mit oaner Frau z'frieden gebn hot, war ja net weiter schlimm. Aber beim Salomo is des regelrecht in an Kult ausgart. Aus alle Herren Länder hot er seine Weiberleut kemma lassn: Schwedinnen, Engländerinnen, rassige Spanierinnen, Jamaikanerinnen, Hula-Tänzerinnen aus Hawaii, und wos no überall her warn. Aa des wär no zu vertreten gwesen, wenn er sie im rechten Glauben an unsern Herrgott unterricht hätt. Statt dessen hot er Tempel für eahnare Götzen baun lassn, und mit zunehmendem Alter hot ers aa no selber obet. An liaben Gott, dem er sei ganze Weisheit und sein' Reichtum zu verdanken ghobt hot, hot er fast vergessen.
»Salomo«, hot der Herrgott ganz ernst zu eahm gsagt, »is des jetzt der Dank für ois, was i dir gebn hob? I hob dir und deine Nachkommen as Königreich von Israel versprocha, und du wolltst mir ghorchen. Aber du hast dei Versprechen brocha. Eigentlich sollt i dir des Königreich wegnehma, aber weil is deim Vota David versprocha hob, werd i an kloana Teil vom Reich deiner Familie lassn.
Aber zehn von dene zwölf Stämm werd i von dir nehma und am andern Mo gebn, der nach deim Tod Kini sei werd.«

1 Könige 11

80. Do hot a gschaugt, da Jerobeam

Da Kini Salomo is grad durch Jerusalem spaziert und hot seine Arbeiter zuagschaut, wias d' Stadtmauern ausbessert hobn. Da is eahm a junger Bursch aufgfalln, der bsonders hart und fleißig garbeit hot.
»Wia hoaßtn du?« hotn der Salomo gfragt. »I? I bin der Jerobeam«, hot der zur Antwort gebn.
Der Salomo is zu am Vorarbeiter higanga und hot zu eahm gsagt: »Der Jerobeam arbeit' guat. Den machst zum Aufseher über alle Ar-

beiter.« Der Jerobeam hot sich gfreut über die Beförderung, weil er ehrgeizig war und in seim Beruf weiterkemma wollt.
Wia er amoi nach Feieromd hoamganga is, is eahm der Prophet Ahija entgegnkemma. Er hot an ganz neuen Mantel oghobt, und ohne oa Wort zu sagn, is er stehbliebn und hot ogfangt, den Mantel in lauter kloane Stückl z'reissen. Der Jerobeam war ganz baff, wia er des gsehng hot, weil neue Gwänder damois ziemlich teuer und Propheten net unbedingt gut betucht warn.
Der Ahija hot am Jerobeam oa Stückl Stoff nachm andern higlangt, bis er eahm zehn Stückl gebn ghobt hot. Nur zwoa Fetzen von dem z'rissenen Mantel hot er selber b'halten.
»Siehgst, Jerobeam«, hot der Prophet gsagt, »genau des werd der liabe Gott aa toa. Er werd' as Königreich vom Salomo seiner Familie nehma und dir gebn.«
Der Jerobeam hot wia deppert auf die zwoa Stoffreste, die der Ahija no in seine Händ' ghalten hot, gstarrt. »Ja, schau net so damisch«, hot der gmoant, »zwoa Stämm vo Israel werdn no fürn Salomo seine Buam übrigbleibn. Die andern zehn Stämm' werdn dir ghörn. Oiso, Jerobeam, sei gscheit und lern ausm Salomo seine Fehler. Der liabe Gott nimmt eahm as Königreich weg, weil er eahm net gehorcht und eahm nimma obet. Schau zua, daß d' es anders machst und am Herrgott in Demut dienst. Dann werd' s dir guat geh, und deine Buam werdn nach dir herrschen.«
»Des derf doch net wahr sei, i soll Kini werdn«, hot der Jerobeam insgeheim bei sich denkt. »Ja, wenn des so is, warum soll i dann überhaupt so lang warten, bis der Salomo an Löffel abgibt?«
Er hot sich scho Gedanken über sei mögliche Thronfolge gmacht, aber der Salomo hot davo erfahren. So hot der Jerobeam nach Ägypten fliehn müassn.

1 Könige 11

81. ’s traurige Erbe vom Salomo

Vierzg Jahr hot er über Israel regiert ghobt, der Salomo. Wia er gstorbn is, is sei Bua, der Rehabeam, Kini wordn.

Die Vorbereitungen für die Krönung san grad auf vollen Touren glaffa, wia der Jerobeam wieda aus Ägypten zruckkemma is, wo er sich vorm Salomo verstecka hot müassn.

Die Anführer der nördlichen Stämme hobn eahm ganz freundlich empfanga: »Du, Jerobeam«, hobn s’ zu eahm gsagt, »mir wollen a Delegation zum neuen Kini schicka, die eahm sogn soll, daßs nimmer so weitergeh kann. Die hohen Steuern und die Zwangsarbeit, die uns da Salomo auferlegt hot, des machma nimmer länger mit!«

»I hör euch scho geh«, hot der Jerobeam gmoant, »i marschier mit und mach euern Wortführer.«

A Mo, a Wort, der Jerobeam hot sich mit a paar Hansln aufn Weg gmacht und is vorn Rehabeam hintretn: »Majestät«, hot er würdevoll mit seiner Red ogfangt, »dei Vota, der Salomo, is fei net grad zimperlich mit uns umganga. Oder möchst ebba du bloß oiwei hohe Steuern zahln und Zwangsarbeit leisten für nix und wieder nix, ha? Wenns d’ uns versprichst, daß’d freundlich zu uns bist, und uns as Lebn net gar so schwermachst, nacha wollma aa treu hinter dir steh und dir folgn. Wenns d’ aber moanst, daß’d uns weiterhin drangsaliern muaßt, dann kannst was erlebn! Host mi?« »Tua di net gar so aufblasn«, hot der Rehabeam dagegn ghalten und zwoa Obstler eigschenkt, »da trink’ amoi a gscheits Stamperl zur Beruhigung, und in drei Tog kimmst wieder, dann werd’ i dir die Antwort gebn.«

Wia der Jerobeam und seine Begleiter weg warn, hot er z’allererst die Weisen, die Berater von seim Vota, um an Rat ersuacht.

»Sei freundlich zum Volk, und versprich eahna, daß d’as guat behandelst. Werst scho sehgn, dann pariern aa«, hobn s’ eahm verkünd.

Mit der Auskunft war der Rehabeam aber net so recht z’frieden, deswegn hot er die Yuppies, die an seim Hof glebt hobn, nach eahnara Meinung gfragt.

»Paß amoi auf, Spezi, des wos dir die Grufties da erzählt hobn, des is der volle Stuß, ey. Da kriagst die totale Krise, echt. Sag dene Grattler, daß’ jetzt erst richtig rund geht. Bingo!«

Der Rat hot am Rehabeam vui besser zuagsagt, und so hot ers am Jerobeam und seine Kameraden mitteilt: »Die strenge Hand von meim Vota war as reinste Zuckerschlecka gegn des, wos euch in Zukunft erwart. D' Augndeckel werdn euch tropfa vor lauter Steuern und Zwangsarbeit. Und jetzt schleichts euch, Saubande elendige!«
Aber as Volk war überhaupt net beeindruckt von solchane Unverschämtheiten, sondern hot plärrt: »Nieder mitm Rehabeam, jetzt ramma eahm sei Bude zamm!«
Der wiederum hot an Adoniram losgschickt, der den Aufstand niederschlagn sollt. Den hobn d' Leut aber erst recht net derschmecka könna, weil er der oberste Steuereintreiber war und die Bürger zur Zwangsarbeit zwunga hot. Wia er mit seine Schergen ogruckt is, hobnsn oafach packt und gstoanigt. Dann hobn s' an Jerobeam gruafa und gebeten, daß er eahna Kini werd.
Nur Juda und Benjamin, die zwoa Stämme im Süden, san am Rehabeam treu bliebn. Und so is des ei'troffa, was der Ahija prophezeit ghobt hot. As Land war in zwoa Teile gspalten, mit zwoa verschiedene Kini. Der Jerobeam hot über zehn Stämm regiert, sei Königreich hot Israel ghoaßn, wia sellmals as ganze Land. Am Rehabeam sei Reich im Süden hot den Namen Juda ghobt.

1 Könige 12

82. Da Jerobeam kriagt sei Straf

Holladiria, holladio, i bin Kini, was sagst jetzt do?« hot er vor lauter Glück gjuchzt, der Jerobeam. Fast übers ganze Königreich vom Salomo hot er gherrscht, die Sach hot nur oan Haken ghobt: Jerusalem, die Hauptstadt mitm Tempel, war in Juda, wo am Salomo sei Bua, der Rehabeam, regiert hot.
Jeder Israelit hot mindestens oamoi im Jahr a Wallfahrt nach Jerusalem zum Tempel gmacht, so wia die oiden Bayern früher regelmäßig nach Oideding (Altötting) zur Gnadenkapelln pilgert san.

»I muaß meine Leut oafach davo abhalten, daßs Jerusalem bsuacha«, hot der Jerobeam vor sich hin sinniert, »am End' ziahgts der Rehabeam wieder auf sei Seitn.« Mit lauter Hin- und Herüberlegn hot er schließlich a Lösung gfunden.

»Geh weiter, streng dei' Hirnkastl a bisserl o«, hot er zu seim königlichen Hofdesigner gsagt, »du entwirfst mir sofort zwoa goldne Kalberln, und dazua no so a Art Überdachung zum Unterstelln (Kapelln hot ma damois no net kennt). Da werd' an jedem Grenzübergang oane mit so am Kalberl drunter aufgstellt.«

Wia der Bildhauer mit seim Auftrag fertig war, hot der Jerobeam die neuen Heiligtümer mit großem Larifari eröffnen lassen. Es san sogar extra für diesen Zweck Priester eigstellt wordn, die am Volk verkünd't hobn: »Des san eure Götter, die euch aus Ägypten gführt hobn.«

Jed's Jahr san an den zwoa neuen »Wallfahrtsorten« Kapellnfeste abghalten wordn, die sich von heutigen Volksfesten net groß unterschieden hobn, außer daß d' Musik net so laut, und as Bier no net so teuer war. Ja, und elektrische Fahrgschäfte hots aa no koa gebn. Aber sonst warn diese Spektakel jedsmoi a grüabige Sach, und es hot wieder net lang dauert, bis as Volk Israel aufn wahrn Herrgott vergessn hot. Sie hobn die Unsitten der Menschen ognomma, die vor eahna as Land bewohnt und an Baal obet ghobt hobn.

Eines Togs is am Jerobeam sei Bua krank wordn, und er hot zu seiner Frau gsagt: »Geh doch bittschön zum Ahija, des is der Prophet, der mir ois erster gsagt hot, daß i Kini werd'. Ziahg di aber net so schee o, daß er di net glei kennt.«

Am Jerobeam sei Frau hot sich ozogn wia a Standlfrau vom Viktualienmarkt und sich aufn Weg zum Ahija gmacht. Der war zwar scho recht oid und gebrechlich, blind war er aa, aber der liabe Gott hotn scho auf den Bsuach vorbereitet ghobt.

»Geh nur rei, i woaß scho, daß'd am Jerobeam sei Oide bist, hätts't di net extra so zammrichtn braucha«, hot er ihr entgegnplärrt.

»Fürchterlich zornig is er, der Herrgott. Er hot extra am David as Königreich gnomma und deim Oidn gebn. Zum Dank dafür hot der sich widersetzt und d' Israeliten zum Götzendienst verführt. Die gerechte Straf' is euch gwiß und werd' über euer' ganze Familie kemma!«

1 Könige 12, 14

83. Da Ahab und sei gottlose Königin

Es hot net lang dauert, bis ois so ei'troffen is, wias der Ahija vorhergsagt ghobt hot. Wia der Jerobeam gstorbn is, is oaner von seine' Buam Kini wordn, hot aber net lang regiern könna, weil eahm a Rivale auf d' Seitn graamt und dann die ganze Familie vom Jerobeam abgmurkst hot. Wia der neue Kini gstorbn is, is sei Bua wiederum von am eignen Offizier umbracht wordn, der selber nach den Königswürden getrachtet hat. Überoi im Palast hots nur so gwimmelt von lauter Spion', Mörder und sonstigem Gschwerl. Zuaganga is wia in am Hitchcock-Krimi, Morddrohungen, Intrigen, Verschwörungen...

Eines Togs hot der Omri, a hoher Offizier, sei ganze Macht ausgspuit, weil er Kini werdn wollt. Er war a ziemlich gwiefter Bursch, und er is a mächtiger Regent wordn, der weit und broat für sei starke Herrschaft bekannt war.

Er hot viele Neuerungen eigführt, unter anderm hot er Samaria zur neuen Hauptstadt von Israel ernannt. Aber des ärgste war, daß er unsern Herrgott net derkennt, und die Verehrung von irgendwelchen Götzenbuidln weiterbetriebn hot, die der Jerobeam eigführt hot.

Wia der Omri gstorbn is, is der Ahab, sei Bua, da neue Kini wordn. Des war vielleicht a Haubntaucher, denn der hot dahoam nix zum Melden ghobt, geschweige denn beim Regiern. Weil die wirkliche Regierung von Israel, des war sei Oide, d' Isebel. Sie war a eigheirate Prinzessin ausm Nachbarland Sidon. Und wia sie nach Israel kemma is, hots die ganzen falschen Propheten vom Götzen Baal mitbracht. Des war wia a Seuche; zu allem Unglück hot der Ahab in Samaria fürn Baal, den Protz, den nixigen, aa no an prunkvollen Tempel baun lassen.

D' Isebel war a eigfleischte Fanatikerin und wollt die israelitische Religion ausrotten bis aufs Bluat; indem, daß sie alle Propheten von unserm Herrgott ei'fanga und umbringa hot lassen, is ihr des aa fast gelungen.

D' Israeliten warn leider von jeher leicht zu beeinflussen, faul und bequemlich warns aa, und so is eahna der neue Gott Baal grad recht

kemma, weil da hobn s' koane Gebote ei'halten und net extrig nach Jerusalem wallfahrten müassn.
Aber mit der Zeit is unserm Herrgott des Gspui z'dumm wordn, und er hot an neuen Propheten, an Elia, ausgschickt, der d' Leut wieder zur Räson bringa und aufn richtigen Weg zruckführn sollt.
Der Elia war a ganz a bsonders Exemplar, heutztog taat ma a solche Lebensweis ois Überlebenstraining für Ferngsteuerte, oder ois »alternative way of living« bezeichnen. Jedenfalls wars fürn Elia nix bsonders, daß er im Freien übernacht' (damois hots no net amoi Parkbänk gebn) und auf sei Kleidung koan großen Wert glegt hot (in bezug auf letzteren Standpunkt hätt er gwiß koane Probleme, sich in der heutigen Gsellschaft z'rechtzufinden).
Er war net aufs Mäu gfoin, und hot sei Meinung gradraus gsagt, er war a furchtloser Prophet, der, wenns um d' Botschaft vom liaben Gott ganga is, aa vorm Kini koan Respekt ghobt hot.

1 Könige 14, 15

84. A greisliche Trockenheit

Wia bereits gsagt, war der Elia a bisserl a eignwilliger Kauz, der grad so gredt hot, wia er sichs denkt hot. Und so is er vorn Kini Ahab hi'tretn und hot losglegt: »Oans kann i dir sogn, im Nama vo unserm Herrgott, dem Gott Israels: In diesem Land werd' s zwoa Jahr' lang nimmer renga, es werd' koa Tropfa mehr owifalln, bevor is net sog. Vielleicht kapierst dann endlich amoi, daß mei' Herrgott der oanzig wahre Gott is. Der schafft o in Israel, und sonst koaner, daß'd di auskennst.«
Des war scho a harter Tobak, wos der Elia am Ahab da serviert hot, weil für so a hoaß und trockens Land war Wasser sehr kostbar. Wenns da nimma rengt, was soll nacha ausm Troad und ausm Gmüas werdn? Soll ma vielleicht Hutzelkohlrabi oder Hutzelradi essen?
Auf jeden Fall is kurz nachm Elia seim Bsuach beim Ahab as Essen sa-

krisch knapp wordn. Ois Kuriosum an der ganzen Gschicht is dazuakemma, daß der Baal ois Regngott verehrt und obet wordn is. Aber seine Priester hobn plärrn und flehn könna, wias mögn hobn, er hot sich oafach net grührt - und grengt hots scho glei zwoamoi net.
Der Ahab und d' Isebel warn net guat aufn Elia zsprecha und hättn eahm am liabsten ausm Weg graamt.
»Geh weiter, Elia, versteck' di vorm Ahab und seiner Oiden am Fluß Kerit, woaßt scho, auf der andern Seitn vom Jordan«, hot der liabe Gott zu eahm gsagt, »brauchst koa Angst hobn, du kriagst ›Essen auf Flügeln‹. I hob a paar speziell ausgebildete Raben an der Hand, die werdn dir pünktlich deine Mahlzeiten bringa.«
Der Elia is, so wias ausgmacht war, in seim Versteck bliebn, hot Wasser ausm Bach trunka und hot in da Früah, Mittog, und am Abend brav auf seine »Brotzeitvögel« gwart. Die warn besser und zuverlässiger ois mancher Partyservice heutztog.
D' Sonn hot weiterhin owibrennt wia narrisch, und langsam is der Kerit austrocknet, bis am End' die blanken Kieselstoana vom Flußbett hervorgschaut hobn.
»Elia«, hot der liabe Gott zu eahm gsagt, »jetzt werd' s Zeit, daß'd weiterkimmst. Steh auf und geh nach Sarepta, dort lebt a Witwe, bei der kannst unterkemma.«
Der Elia is nach Norden gwandert nach Sidon, von wo d' Isebel, des gottlose Weibsbuid, hergstammt hat.
Vorm Stadttor von Sarepta hot der Elia auf oamoi a Frau gsehng, die grad a Holz für ihrn Ofa zammklaubt hot, und er hot sofort gwußt, daß des selbige Witwe is, von der ihr unser Herrgott erzählt ghobt hot.

1 Könige 17

85. Fuadern ohne End

Nachdem der Elia der fremden Frau a Zeitlang beim Holzzammklaubn zuagschaut ghobt hot, is er zu ihr hi und hots ganz freundlich ogredt: »Grüaß di Gott, liabe Frau, sauhoaß is wieder heut, könnst mir net an Schluck Wasser gebn, i hob gar so an Durst.«
Obwohl die Trockenheit mittlerweile aa Sidon erreicht ghobt hot, und Nahrung und Wasser knapp warn, hot die Frau ihr Körberl abgstellt, und wollt a Wasser fürn Elia holn. »Geh, wenns'd scho dabei bist, könnst mir glei no a Stückl Brot mitbringa, mi hungert gar so vui«, hot er ihr nachgruafa.
Die Frau is stehbliebn, hot sich langsam umdraht, und ganz traurig zum Elia gsagt: »Guater Mo, woher nehma und net stehln? Mit dem Holz, des i grad zammklaubt hob, möcht' i a Feuer macha und die letzte Suppn für mein Buam und mi kocha. Ois, was i no dahoam hob, is a kloans bisserl Mehl in der Schüssel und a winziger Tropfa Öl im Kruag - grad so vui, daßs no a kloana Loab Brot werdn könnt. Wenn mir des gessen hobn, nacha müaßma sterbn.«
An Elia hot net leicht was erschüttern könna, aber wia er des Weiberl so redn ghört hot, hobn sich eahm sämtliche Gnackhaar aufgstellt, und er hot zu ihr gsagt: »Hab koa Angst, guate Frau, brauchst bloß toa, was i dir sog. Z'erst backst an kloan' Loab für mi, und vom Rest machst oan für di und dein Buam. Der liabe Gott hot versprocha, daß des Mehl in deiner Schüssel und as Öl in deim Kruag nia ausgeh werd', solangs so trocken bleibt.«
Die Frau hot am Elia glaubt und ois genauso gmacht, wia er ihr auftragn ghabt hot.
Der Elia is bei der Witwe und ihrm Buam bliebn, und as Versprechen vom liaben Gott hot sich erfüllt. Es war oiwei genau sovui Mehl und Öl da, daßs für jeweils oa Tagesration ausgreicht hot. So is des ganga, Tog für Tog, solang wia die Trockenheit oghalten hot.

1 Könige 17

86. Wia der Elia an Baal auf d' Prob gstellt hot

Drei Jahr' san verganga, ohne daß oa oanziger Tropfa Wasser vom Himmi owigfalln is. Der Ahab war scho ganz verzweifelt und hot eines Togs in aller Herrgottsfruah' zu seim Verwalter Obadja gsagt: »Heut müassma über Land reiten, und jeden Bach, jeden Wasserlauf untersuacha, weil i wissn wui, ob ma no gnua Wasser für unsere Viecher hobn. Falls net, müassma an großen Teil notschlachten.«
Der Obadja is in die entgegngsetzte Richtung wia der Kini ganga und hot as Suacha ogfangt. A paar Stund' warn scho verganga, wia auf oamoi der Elia vor eahm gstandn is. Der Obadja hot gschaut wia a Mondkalberl, wia er an Elia gsehng hot. »Schau net so traamhappert, sondern hol an Ahab her«, hot der zu eahm gsagt.
»Der suacht di scho die ganze Zeit wia a Stecknadel im Heuhaufa«, hot der Obadja gantwort. »Der werd mir was erzähln, wenn i'n hol, und du bist am End scho wieder weg.«
»Tua di net ab«, hot der Elia versprocha, »i bleib scho da.«
»Hab i di endlich dawischt, du gscherter Rammel«, hot der Ahab an Elia ogfahrn, »du bist für des ganze Elend verantwortlich, des über unser Land kemma is!«
»Dir gib i nacha scho an gscherten Rammel«, hot der Elia am Ahab kontra gebn, »paß fei auf, was'd sagst, gell. Mir brauchst net d' Schuld für dei' Unglück gebn. Du host schließlich auf unsern Herrgott vergessn und bist am Baal nachgrennt, wia a kloana Bua der Blechmusi. Und jetzt ruafst alle Israeliten aufm Gipfel vom Berg Karmel zamm, am Baal seine Propheten bringst aa mit. I bin der oanzige Prophet vom liaben Gott, der deiner Isebel, der Giftspritzn, der gräuslichen, auskemma is. I werd' ganz alloa gegn sie alle otretn im Wettstreit für unsern wahren, alloanigen Gott von Israel.«
Der Ahab hot alle zammtrommelt, wias der Elia ogschafft ghobt hot. D' Leut san rundumadum gstandn wia in ana Zirkusmanege, wia der Elia vor sie hi'tretn is und losdonnert hot: »Ihr werds ma so a Volk sei, so a wankelmuatigs. Ihr drahts euch grad so, wias Fahnd' l im Wind. Wann glaubts endlich amoi, daß der Gott vo Israel der oanzig wahre Herrgott is, ha? Aber i werd' euch d' Entscheidung erleichtern, damits wißts, wems folgn sollts.«

Dann hot er die Propheten vom Baal aufgfordert: »Bauts an Altar für euern Baal, schlichts a Holz auf, und legts z'oberst a Opfer für eahm drauf. Ozünden derfts es aber net, sondern bets zu euerm Baal, daß er selber a Feuer schickt und des Opfer verbrennt. Schließlich is er doch euer Regngott, vielleicht hot er no an Blitz für sei Opfer übrig?« So hot er gspöttelt, der Elia, derweil die Propheten vom Baal um den Altar rumtanzt san wia d' Affen und brüllt hobn wia am Spieß. Aber der Baal hot bloß recht saudumm vor sich hin gschaut und koan Muckser gmacht. »Is er ebba aufm Kanapee eigschlaffa, hot er von seim letzten Festessen no gnua? Gehts weiter, weckts eahm hoid auf«, hot der Elia weitergfrozzelt. »Oder laßt er sich gar von seiner Muatter an Bauch waschn?« Es hot sich nix grührt, und so hobn s' schließlich ganz erschöpft und hoffnungslos aufgebn.

»Herrrrrreinspaziert, meine Damen und Herren«, hot der Elia wia a Zirkusdirektor die Menschenmenge aufgfordert. »Tretens näher, bitte sehr, in der ersten Reih', da sehens mehr.« Er hot den Altar vom liaben Gott wieder aufbaut, Holz und Fleisch draufglegt und an Grabn ringsrum zogn. »So, und jetzt holts a Wasser, schütts es übers Opfer und füllts den Grabn damit auf.«

Dann hot der Elia mitm Beten ogfangt: »Liaber Herr, du Gott vom Abraham, Isaak und Jakob, hilf mir und beweis', daß du der oanzige Gott von Israel bist. Schick' a Feuer und zünd' dei' Opfer o!«

Im selben Augnblick is a Stichflamme vom Himmi owigschossn und hot des Opfer, as Holz und sogar die Stoana vom Altar verbrennt. Des Wasser in dem Grabn is verdampft wia bei am Saunaaufguß, und as Gras rundumadum war schwarz.

Aber d' Leut warn erschüttert, san auf'd Knia gfalln und hobn gruafa: »Der Gott vom Elia is der wahre, er is der oanzige Gott!«

»Fangts ois ersts die Propheten vom Baal ei, und machts es um an Kopf kürzer«, hot der Elia eahna ogschafft. »Des is der oanzig sichere Weg, wia ma des gottlose und liaderliche Gschwerl mitsamt dem Götzendienst aus Israel verbannen kann.«

1 Könige 18

87. Regn is ogsagt

Der Ahab hot gmoant, er hört net richtig, wia der Elia zu eahm gsagt hot: »Hock di hi und mach gscheit Brotzeit, und nacha schaugst, daß'd hoam kimmst, weil Regn ogsagt is.«
Die Zuschauer, die bei dem Wettstreit anwesend warn, san schee stad wieder hoamganga, aber der Elia und sei Diener san aufn Karmel naufgstiegn, bis zum Gipfelkreuz. Dort hot der Elia erst an gsunden Schluck Enzian gnomma, den er oiwei in am kloana

Flaschl dabeighabt hot. Drauf hot er sich hi'kniat und bet'. »Geh amoi a Stückl dort umi, von dort host an saubern Ausblick aufs Meer. Wenns'd ebbs siehgst, nachad sagst mirs«, hot der Elia zu seim Hausl gsagt.
»Wos soll i nacha do sehgn, ha?« hot der saudumm gfragt.
»Schaugn sollst, obs'd ebbs siehgst, hob i dir ogschafft, du Loamsiada, du trauriger, schleich di, und mach amoi deine Guckserl auf!« hotn der Elia ogfaucht.
»Wenn i aber nix sich«, is der Diener wieder okemma. Sechsmal is des Gspui auf die Weis hin- und herganga, jedesmoi wollt am Elia sei Knecht nix gsehng hobn.
»Jetzt hob' i wos gsehng«, hot er freudestrahlend bericht', wia er as siebte Moi zruckkemma is. »A winzigs Wolkerl steht ganz hint' am Himmi, grad so groß wia mei' Pratzn«, und hot auf sei Hand deut.
»Schick di und sag am Ahab, er soll schleunigst aufbrecha, wenn er no vorm Regnwetter hoamkemma wui«, hot der Elia seim Diener auftragn. Der Ahab hot den Befehl zum Aufbruch gebn, denn mittlerweile hots sogar er kapiert ghobt, daß der Elia koan Schmarrn (so wia die falschen Propheten) verzapft. Ganz schwarz is wordn überm Berg, a gscheiter Wind is aufkemma und hot oiwei mehr Regnwolken dahergschoben.
Auf oamoi hot der Elia a unheimliche Kraft und a Glücksgefühl gspürt, er hot sich unbändig gfreut, daß eahm der liabe Gott an selbigem Tog so gholfen ghobt hot. Er hot sei langs Gwand zammgrafft, hots in sein Ledergürtel neigsteckt und is glaffa, was seine Füaß hergebn hobn.
Mit de Pferd' l und mitm Wagn hot ma ungefähr drei Stund bis zum Ahab seim Palast in Jesreel braucht, aber der Elia is so grennt, daß er no vorm Ahab in der Stadt war.

1 Könige 18

88. Saubere Aussichten fürn Elia

Wia der Ahab in sein'n Palast zruckkemma is, hot er seiner Isebel ois allerersts brüahwarm erzählt, wia der Elia mit de Propheten vom Baal umgsprunga is: »Z'erst hot ers recht derbleckt, dann hot er an Feuerzauber auf seim Opferaltar aufgführt, und zum Schluß hot er alle Propheten vom Baal umbringa lassn.«

»Ja, was buid si denn der ei, der Schafbeutelwascher, der windige?« hots tobt und a paar Lampenschirm zammghaut. »Dem werd i helfa. Richt' eahm aus, morgn um die gleiche Zeit laß' i eahm zu am roten Preßsack verarbeitn. Soll mi auf der Stell' der Schlag treffa, wenn i mei Versprechen net eihalten taat«, hots oam von ihre Diener auftragn.

»Na servus, des san ja saubere Aussichten«, hot sich der Elia denkt, wia er die Botschaft kriagt hot. »Da is am besten, wenn i mi verziahg.« Er hot sein Rucksack zammpackelt und is in Richtung Süden, nach Juda zogn.

Oan ganzen Tog is er alloa mit sich und seine trüaben Gedanken durch des wüaste, stoanige Land gwandert. Müad war er, gschwitzt hot er und an saumäßigen Durst hot er ghobt. »Ja wenn i doch wenigstens a Weißbier hätt', nacha taat d' Welt scho wieder ganz anders herschaugn«, hot er vor sich hin sinniert und sich unter an Baam in'n Schatten gsetzt. »Aber es hot ja sowieso ois koan Wert mehr, geh liaber Gott, laß mi doch sterbn.« Und bis er gschaugt hot, is er vor lauter Erschöpfung eigschlaffa.

Auf oamoi war eahm, ois hätt' eahm oana oglangt. Er is aufgwacht und hot a Stimm' ghört: »Elia, steh auf und mach Brotzeit.« Er war no ganz dasig und hot sich schier d' Augn ausgriebn, aber vor eahm is leibhaftig a Maß Russ und a deftige Brotzeitplattn mit Gräuchertem, Radi und Käs' gstandn. Da hot er neighaut wia a Narrischer und is sofort wieder tiaf und fest eigschlaffa.

»Elia, du muaßt gscheit essen, daß'd herhoits't für die lange Roas«, hot selbige Stimm' wieder laut und deutlich gsprocha, und wieder hot jemand auf wundersame Weis für Verpflegung gsorgt. Jetzt war eahm scho wohler, weil er gwußt hot, daßn der liabe Gott net im Stich laßt.

Des Essen hot lang herghalten und eahm a bsondre Kraft gebn. Er is weitergwandert bis zum heiligen Berg Sinai, dem Berg, auf dem der liabe Gott scho zum Moses gredt und an Bund mitm Volk Israel gschlossen ghobt hot.

1 Könige 19

89. Wos dem Elia am Berg Sinai gschehng is

Es is grad dunkel wordn, wia der Elia am Berg Sinai okemma is. »Mei, bin i stockmüad, jetzt wär' hoid a ruhigs Platzl zum Schlaffa recht«, hot er vor sich hin gmurmelt, und tatsächlich hot er a Höhle ausfindig gmacht. Sofort is er einikrackelt und wollt sichs grad bequem macha, wia er auf oamoi a Stimm' aus der Dunkelheit vernommen hat: »Elia, was tuastn du da?«
Im ersten Augnblick hotsn scho a bisserl grissen, aber er hot sich glei wieder derfangt, weil er gspürt hot, daß da koa geringerer ois sei Herrgott zu eahm redt.
»I bin der oanzige, liaber Gott, der no auf deiner Seitn steht«, hot der Elia as Erzähln ogfangt. »D' Isebel, die Mistpritschn, die greisliche, hot alle deine Propheten umbringa lassn, und dei' Volk is dir untreu wordn und zum Baal überglaffa.«
Kaum hot er ausgredt ghobt, wia auf oamoi a ganz a gacher Sturmwind durch die Höhle pfiffn hot, daßs am Elia um a Haar d' Haxn wegzogn hätt'. Der Wind war so stark, daß' faustgroße Stoabrocka durch d' Luft gwirbelt hot. Aber der Elia hot gspürt, daß der liabe Gott net in dem Wind war.
Der Sturmwind hot sich glegt, und der Elia hot gfühlt, wia auf oamoi d' Erdn unter seine Füaß zittert hot. Der Bodn hot sich ghoben und der ganze Berg bebt. Aber der liabe Gott war net in dem Erdbebn.
Aber es sollt no schauriger kemma: Der Elia hot a rots Glüahn gsehng, die ausdörrten Büsch' hobn liachterloh as Brenna ogfangt, a

Wüstenfeuer hot sich über den Berg ausbroat', und den Nachthimmi toghell erleucht' wia a Feuerwerk. Und der liabe Gott war aa net in dem Feuer.
Nach der Feuersbrunst hot der Elia a sanfts, stads Säuseln ghört, jetzt hot der Herrgott zu eahm gsprocha. Er war ganz benommen, hot sei Gsicht mit seim Mantel bedeckt und is aus der Höhle hervortretn.
Wia er im Freien gstandn is, hot er an liaben Gott ganz deutlich ghört: »Elia, was tuastn da?« Und wieder hot der Elia am Herrgott sei Herz ausgschütt.
»Tua di net ab, Elia«, hotn der liabe Gott beruhigt, »du bist net der oanzige Mensch in ganz Israel, der an mi glaubt und mir dient. Siebntausend andere gibts no, die mir treu san und nix vom Baal wissn wolln.«
Der Elia hot sich langsam wieder beruhigt, und der liabe Gott hot gmoant: »I hob no a bisserl was vor mit dir, Elia. Trotzdem glaub i, is besser, wenns d' langsam amoi an an Nachfolger denkst. Geh und salb an Elischa, damit er nach dir Prophet werdn kann.«

1 Könige 19

90. Wia der Elia auf sei letzte Roas ganga is

»Mei, bin i froh, daß i an Elischa hob«, hot der Elia oft denkt, »er is mir tüchtiger Handlanger und bester Freund in oaner Person.« »Wenn i hoid aa a bisserl a Schneid hätt', und bloß halbert so guat werdn könnt' wia mei' Moaster, wär mir scho gholfen«, hot der Elischa seinerseits sinniert. »Alloa wia er mit de' Leut umgeht; der red't mitm Kini genauso, wia mitm oafachn Gmüastandler aufm Viktualienmarkt. Und er riskiert sogar sei eigns Lebn, wenns um an liaben Gott, Recht und Gerechtigkeit geht, da kennt der überhaupt nix.« Ja, so hot jeder von dene zwoa im stillen gwußt, wos er am andern hat.

Aber jetzt is er hoid oid wordn, der Elia, und er hot gwußt, daß er nimmer lang lebt. Wia de zwoa amoi schee stad nebnanand hermarschiert san, is am Elischa mit oam Schlag bewußt wordn, daß er sich heut vom Elia trenna muaß. Aber er hot sich nix omerka lassn. Bei Gilgal (des war a Heiligtum im alten Israel, nordöstlich von Jericho) hot der Elia auf oamoi z'reden ogfangt: »Du bleibst jetzt da, der liabe Gott wünscht, daß i nach Bethel geh.«
»Naa, da geh i mit, i laß di net alloa«, hot der Elischa gantwort. »Meinetwegn, nacha gehst hoid mit«, hot der Elia halblaut in sein' Bart nei'brummt. Kurz vor Bethel san eahna a paar Propheten zur Begrüßung entgegenglaffa. »Woaßt du, daß der liabe Gott dein Moaster heut zu sich nimmt?« hobn s' am Elischa zuagflüstert, während der Elia weiterganga is. »Ja, i woaßs scho, aber i möcht' net drüber redn«, hot der Elischa zischelt und gschaut, daß er an Elia wieder ei'holt.
Wias in Bethel okemma san, hot der Elia zum Elischa gsagt: »Du muaßt jetzt da bleibn, der liabe Gott verlangt, daß i nach Jericho geh.« »Naa, i wui mit«, hot der Elischa sich zum zwoatenmoi widersetzt. Und er war sogar no a drittsmoi störrisch wia a Esel, wia der Elia eahm mitteilt hot: »I muaß zum Jordan geh, so wuis mei' Herrgott, und du bleibst da, hast mi?« Aber der Elischa hot sich net abwimmeln lassn, und so sans zu zwoat weiterganga. Wias am Fluß okemma san, hot der Elia sein Mantel auszogn, zammgfalt und damit a paarmoi aufs Wasser gschlagn. Sofort hot sich as Wasser teilt, und sie hobn durch den Fluß zum andern Ufer marschiern könna.
Wias drübn okemma san, hot der Elia zum Elischa gsagt: »Du hast an Wunsch frei, du brauchst nur sagn, wos'd möchst, der Herrgott werds dir erfülln.« »Da muaß i net lang überlegn«, hot der Elischa gantwort, »i möcht' so groß und bedeutend werdn wia du.« »Die Bitt' is net leicht zu erfülln«, hat der Elia nachdenklich gsagt, »aber wenns'd siehgst, wia i von dir geh, soll dei' Wunsch in Erfüllung geh.«
Sie wollten grad wieder weitergeh, wia a feuriger Wagn mit feurige' Pferdl dahergschossen kemma is und an Elia ois Passagier aufgnomma hot. Wia a Raketn is des Gspann zum Himmi naufgaloppiert, der Elischa hot no gar net richtig gschnallt, wos überhaupt vorganga is. »Elia, verlaß mi net«, hot er eahm no nachplärrt, aber der Elia

war längst in de' Wolken auf Nimmerwiedersehen verschwunden. Wia der Elischa wieder halbwegs zu sich kemma is, hot er am Boden den Mantel vom Elia liegn sehgn, der eahm von de' Schultern owigrutscht war. Er hotn aufghobn und is zum Jordan zruckganga. »Jetzt mog is genau wissen«, hot er sich denkt und mit dem Mantel aufs Wasser draufghaut, des sich drauf genauso teilt hot wia beim Elia, seim Lehrmoaster.

2 Könige 2

91. A »ölige Sach«

Jetzt, wo der Elia nimmer war, hot der Elischa im Norden, im Königreich Israel, den göttlichen Auftrag weitergführt. Jeder hotn guat leiden können, weil er für jedermann, natürlich aa für jede Frau, den Sorgen und Probleme druckt hobn, a offens Ohr ghabt hot.
Und so is amoi in der Fruah a aufgregts Weiberl zu eahm kemma und hot ogfangt: »Stell' dir nur vor, mei Mo is gstorbn.«
»Mei Beileid«, hot der Elischa gantwort, »is des ois, wos di druckt?«
»Naa«, hots weiter erzählt, »er war aa a Prophet von unserm Herrgott, aber a bisserl a Striezi war er aa. Er is hoid gern in der Wirtschaft beim Kartenspuin ghockt und hot an Haufa Geld verlorn. Und jetzt hot derjenige, dem er des Geld schuldig bliebn is, odroht, daß er meine zwoa Buam ois Sklaven nimmt, wenn i eahm die Bolzen net bald zruckzahl. Woaßt mir denn koan Rat?«
»Hast no irgendebbs dahoam, des ma' verscherbeln könnt?« hot ers gfragt. »Grad oa Krüagl mit Olivenöl, sonst nix«, war ihr Antwort.
»Des langt uns scho«, hot der Elischa gsagt. »Frag amoi alle Leut in deim Bekanntenkreis, wer dir vielleicht an Kruag oder a Flaschn leihn kann. Schau, daß'd sovui wia möglich derwischn kannst. Dann gehst hoam, sperrst dei' Haustür' zua und füllst mit deine' Buam des Öl von deim Krüagl in die ganzen Behälter ab.«
Die Frau is ganga und hot gmacht, was ihr der Elischa auftragn hot.

Sie hot sovui Behälter zammbracht', daß sies sogar im Vorhäusl unterstelln hot müassn, weils im Haus koan Platz mehr ghabt hot. Ihre Buam hobn ihr beim Abfülln gholfen, und auf wundersame Weis is des Öl in ihrm eignen kloana Krüagl nia ausganga. Erst wias gsagt hot: »gebts mir no an Kruag«, und ihre Buam gantwort hobn: »mir hobn koan mehr«, is des Öl z'End' gwesen.
Sie is zum Elischa grennt und hot eahm von dem Wunder bericht'. »Geh aufn Wochenmarkt und verkauf des Öl. Wirst sehgn, wenns'd deine Schulden zahlt hast, bleibt dir oiwei no sovui Geld übrig, daß'd guat davo lebn kannst«, hot er gmoant.

2 Könige 4

92. Am Elischa sei Kammer

Da Elischa war, wia eigentlich alle Propheten, net seßhaft, sondern is vui umanandergroast, hot Vorträg ghalten und de Leut gholfen.
Aa damois wars scheinbar scho üblich, daß ma nach Vorträgen mitm Referenten ins Gspräch kemma is, und so war der Elischa aa amoi nach am Vortrag in Schunem bei am reichen Bauern zum Essen eigladen. Über ois mögliche is gredt und dischkriert wordn, und schließlich hot die Gastgeberin zum Elischa gsagt: »Genier di fei net, du bist jederzeit a gerngesehner Gast in unserm Haus, wenns'd in Schunem bist.« So a großzügigs Angebot war am Elischa net z'wider, und so is er jedsmoi, wenn er sich in Schunem aufghalten hot, bei seine' neuen Freund' ei'kehrt.
Wia er sich grad amoi wieder verabschiedet ghobt hot, hot die Bäuerin zu ihrm Mo gsagt: »Du, der Elischa kummt so oft nach Schunem, was taatst'n davo halten, wenn ma eahm amoi a eigns Zimmer ei'richten? Nacha hätt er net oiwei die leidige Suacherei mit ana Herberg. »Wennst moanst«, hot der Bauer gmurmelt, weil er glaubt hot, daß des bloß a momentane Idee von seim Wei wär'.

Aber die hot sofort d' Maurer bstellt, damits fürn Elischa a Zimmer mit 26 Quadratmeter und Gartenanteil ans Haus obaun. In am großen Möbelabholmarkt hots dann no a kompletts Jugendzimmer mit Bett, Couchgarnitur und Schreibtisch bstellt, damit ers ja guat hot, der Elischa. Sogar d'Nachttischlampn hots net vergessn.
Der Elischa war sprachlos vor lauter Freud , wia eahm die Bäuerin bei seim nächsten Bsuach sei neue Unterkunft zoagt hot.
»Herrschaft«, hot der Elischa an Gehasi, sein Knecht gfragt, »host du vielleicht a Idee, wia i mi der Frau erkenntlich zoagn könnt?«
»Hhmm«, hot der Gehasi vielsagend gmoant, »mit Geld gwiß net, und mit irgendwelche Gschenke scho glei zwoamoi net. Aber aus Unterhaltungen mit ihrm Personal woaß i, daßs gern an Buam hätt'. Vielleicht legst amoi a guats Wort beim Herrgott für sie ei?«
»Des is a Pfundsidee«, hot der Elischa an Gehasi globt, »jetzt gehst zu ihr und sagst ihr, sie soll mi bsuacha, weil i a Neuigkeit für sie hob.«
Der Gehasi hot sich aufn Weg gmacht, und der Elischa hot in der Zwischenzeit ganz andächtig zu unserm Herrgott bet, daß er der Bäuerin doch den Wunsch erfülln möcht.
Es hot gar net lang dauert, bis der Gehasi mit der Frau in der Tür gstandn is. »Übers Jahr, wenn d' Kornbluama blüahn«, hot der Elischa ganz feierlich zu seiner Gönnerin gsagt, »nacha wirst stolze Muatter von am gsunden Büaberl sei.«
A größere Freud hätt' ihr der Elischa gar net macha könna.

2 Könige 4

93. Da Elischa ois Notarzt

Der Elischa waar ja koa gscheiter Prophet gwesen, wenn sei Vorhersag net aufs i-Tüpferl genau ei'troffen war'. Neun Monat' später war die freundliche Bäuerin aus Schunem die glücklichste Frau im ganzen Landkreis, weils an gsunden Buam auf d' Welt bracht ghabt hot.

Von Stund' an hot der Elischa, wenn er seine Gastgeber bsuacht hot, die Entwicklung von dem Kloan' hautnah miterlebn derfa:
»Mei, schaun nur oo, wia er scho zahnt«, »gestern is er fei scho freihändig in seim Betterl dringstandn«, »Mama kann er aa scho sagn; geh, sag amoi schön Grüß Gott zum Onkel Elischa, dann kriegst an süaßen Ditzi ...«
Des Büaberl is schnell hergwachsen, und eines Togs im August, der Kloa hot Ferien vom Kindergarten ghobt, hot sei Vota zu eahm gsagt: »Magst mitm Papa heut aufs Feld naus, derfst aa aufm Oskar (des war der Zugochs) reiten.«
»Ja freili will i mitdehn, Papi (as **G** und as **K** hot er no net aussprecha könna)!« Wias am Feld draußen warn, is der Kloane umanandgfetzt wia a Wiesel. »Tua fei langsam, Buali, heut is recht hoaß, daß'd koan Stich kriagst«, hot sei Vota besorgt gmoant, aber des Bürscherl is scho wieder abzischt. Den ganzen Vormittog is er de' Erntehelfer zwischen de' Haxn durchgflitzt, bis er auf oamoi matt wordn is und sich mit seine Patschhanderln sei Köpferl ghalten hot: »Papi, Papi, i hab so Topfweh.«
»Schnell, bring eahm hoam zu meiner Frau«, hot der Bauer zu am Knecht gsagt. »Werd' er mir doch koan Hitzschlag kriagt hobn«, hot die gjammert, wias des Kind gsehng hot. »Der braucht sofort kalte Umschläg, tragn bittschön ins Zimmer vom Elischa, da is schee kühl, weil d' Rollo oiwei herunt' san.« Dann hots dem Buam Umschläg gmacht, s'hot nix gnutzt, nachmittog um zwoa is er gstorbn. Sie hot aber neamad a Sterbenswörterl davo gsagt, am Bauern hots bloß an Zettel aufn Küchentisch higlegt: »BIN MIT KNECHT ZU ELISCHA, ESSEN STEHT AUF HERD.«
»Da stimmt doch was net«, hot der Elischa mit seim prophetenhaften Weitblick zum Gehasi gsagt, wia er die zwoa scho von der Weitn kemma gsehng hot. »Lauf eahna entgegn und frag, was los is.« Der Gehasi is losgwetzt. »Is ois in Ordnung?« hot er keucht, aber die Bäuerin hot eahm koa Antwort gebn, sondern is schnurstracks weiter aufn Elischa zuaglaffa. Der Gehasi wollts scho aufhalten, weil sie hot koan Termin bei seim Moaster ghobt, aber der hot nur gsagt: »Laß nur, i kümmer' mi scho um sie.«
»Mei Bua is gstorbn, i woaß nimmer, wos i toa soll«, hots gschluchzt, und sich aufn Elischa sei Kanapee hingworfn.

»Nimm mein Stecka und geh nach Schunem. Dort legst mein Stab auf des Kind«, hot der Elischa am Gehasi ogschafft. »I komm' mit der Frau glei' nach.«
Kurz vor dem Haus is eahna der Gehasi scho wieder entgegnkemma und hot gruafa: »Moaster, es is zwecklos, aa dei' Stock hot nix gholfen.«
Der Elischa is in des Zimmer, in dem des tote Kind glegn is, und hot d' Tür zuagmacht. Dann hot er sich erst amoi hi'kniat und inbrünstig zum liaben Gott bet'. Drauf hot er Herzmassage und Mund-zu-Mund-Beatmung gmacht. Nach zehn Minuten hat der Bua an gscheiten Nieserer toa und d' Augn aufgschlagn.
»Hol d' Muatter und sag ihr, daß ihr Bua lebt«, hot der Elischa überglücklich zum Gehasi gsagt.

2 Könige 4

94. Wia der syrische General Naaman in Israel am Jordan a Badekur gmacht hat

D' Syrer hobn gegn d' Israeliten wieder amoi Kriag gführt. Sie hobn die Dörfer an der Grenz' überfallen und sich alles, wos eahna unter d' Finger kemma is, unter'd Nägel grissen. Bei oam ihrer Raubzüg hobn s' aa a kloans israelitischs Mädl gfangen gnomma und am Naaman, eahnam General übergebn. Der Naaman war bei seine' Männer' beliebt, und der Kini von Syrien hot große Stück'l auf eahm ghalten, weil er a ausgezeichneter Soldat war.
»Du bist aber netts Deandl«, hot der Naaman ganz freundlich zu der Kloan' gsagt, »in welche Klass' gehst denn scho? Woaßt was, di nimm i ois Gschenk mit hoam zu meiner Frau, die kann a Unterhaltung recht guat vertragn.«
Des Madl hot sich opaßt und schnell an den neuen »Lifestyle« gwöhnt. »Eigentlich hab is ja no guat derwischt«, hots sich manchmal denkt, »wenn i schau, wias andere Sklaven geht ... I hab a net-

te Chefin und a guate Unterkunft, was wui i mehr?« Freilich hots aa oft an dahoam denkt und bitterlich gwoant vor lauter Zeitlang, wenns in seim Betterl glegn is, aber gegnüber seiner Herrschaft hots sich nia ebbs okenna lassen.

Umkehrt wars genau so, die Frau vom Naaman hot des Mädl liabgwonna und wia a Vertraute behandelt: »Stell dir nur grad vor«, hots zu dem Deandl gsagt, »dei' Moaster hot an furchtbarn Hautausschlag, der werd' mir no narrisch mit lauter Kratzen. Jetzt war er scho bei vier verschiedne Dermatologen, und koaner kann eahm sogn, was des is.«

»I wissert scho, wer deim Mo helfen könnt'«, hot die Kloa' zur Antwort gebn, »in Israel, da wo i herkomm', lebt der Prophet Elischa, der hot scho die unmöglichsten Krankheiten gheilt.«

»Du, stell' dir vor«, hot am Naaman sei Frau beim Abendessen zu eahm gsagt, »unser junge Sklavin hot mir heut von am Propheten in ihrer Hoamat erzählt, der aa medizinisch sehr beschlagn sei soll. Moanst, solltest net amoi hifahrn zu eahm?«

Der Naaman war überglücklich und hot die Neuigkeit sofort seim Kini vortragn. »Ja wenn des so is«, hot der begeistert gmoant, »nacha schau nur glei', daß'd nach Israel zum Elischa kimmst. Um d' Krankenkass' brauchst di net kümmern, die Kosten übernimm i in voller Höh'.«

Wia der Naaman vorm Elischa seim Haus gstanden is, war er ziemlich enttäuscht, wia nur der Knecht Gehasi aussikemma is und zu eahm gsagt hot: »Mei Chef laßt dir sogn, wennst wieder gsund werdn wuist, brauchst di nur siebnmoi im Jordan waschen.«

»Bin i nach Israel kemma, daß i mi in so am Froschloach bad'?« hot der Naaman grantig gschimpft und is auf sein Wagn aufgsprunga, »hobn mir dahoam bei uns in Syrien net gnuag saubers Wasser?«

»Tua di net ab, Moaster«, hotn sei Diener beruhigt, »dir stinkt er doch bloß, weil dir die Behandlungsmethode so oafach vorkimmt.«

»Hast ja recht ghabt«, hot der Naaman zu seim Butler gsagt, wia er sei Badhosn ozogn hot. Er is schee brav ins Wasser gstiegn und hot sich siebenmal gwaschen, so wias eahm der Elischa verschriebn ghobt hot. »Du schau dir des oo«, hot er gstaunt, wia er sich abtrocknet hot, »die gräuslichen roten Fleckn, die so gnässelt hobn,

san verschwunden, und kratzen brauch i mi aa nimmer.« Er hot sein Knecht am Arm packt und is mit eahm im Kreis rumghupft wia beim Squaredance.
»Schau her, Elischa, des ois soll dir ghörn, weil du mi gheilt hast«, hot der Naaman voller Dankbarkeit zum Propheten gsagt und eahm seine ganzen Gschenke zoagt. »Dei' Herrgott is der oanzig wahre Gott, dei' Religion soll aa die meinige werdn. Laß uns glei a Beitrittserklärung ausfülln.«
»Naa dankschön«, hot der Elischa gantwort, »des is net mei' Verdienst, der liabe Gott hot di gsund gmacht. I brauch deine Gschenke net.«
»Mei, is der blöd«, hot sich der Gehasi, am Elischa sei Knecht denkt und a paarmoi mit der Hand vors Hirn highaut. »Des is ja bald so,

ois obs'd an Sechser im Lotto zum Abgebn vergißt. Aber von dem Kuacha schneid' i mir a kloans Stückl ab.«
Wia der Naaman und sei Gefolge aufbrochn san, is der Gehasi eahna nachglaffa: »Halt, hoher Herr«, hot er gruafa, »mei Chef hot sichs anders überlegt, »grad san a paar Kollegen von eahm, lauter arme Propheten, ei'troffen, die a bisserl an warmen Geldregn guat vertragn könnten.«
»Tua dir koan Zwang oo«, hot der Naaman zum Gehasi gsagt und eahm a paar Bündel Tausender zuagsteckt, die der gierig in seine Manteltaschn gstopft hot.
»Wo warstn du so lang?« hot der Elischa ganz ernst gfragt, wia der Gehasi wieder hoamkemma is. »I? Spazierngangа bin i a bisserl«, hot der ganz scheinheilig glogen. »Du machst mir nix vor, i woaß ois«, hot der Elischa mit zorniger Miene verkünd't. »Zur Straf', weils'd so habgierig und verlogn bist, sollst den Ausschlag vom Naaman kriagn!«

2 Könige 5

95. A neia Kini und a Drachen, der net fliagt

Der Ahab war scho gstorbn, aber d' Isebel, des durchtriebne Luader, hot no immer glebt. Der Kini Joram, ihr Bua, war net recht vui besser ois seine Eltern.
»Es werd' allerhöchste Zeit für an Regierungswechsel«, hot der liabe Gott zum Elischa gsagt, worauf der an jungen Propheten zu sich kemma hot lassen.
»Nimm des Krüagl Olivenöl, geh ins Armeelager und frag nachm Offizier Jehu«, hot der Elischa den Prophetenlehrbuam unterwiesen. »Schau, daß'd eahm alloa derwischen kannst, und salbn zum Kini. Aber dann muaßt laufa, was deine Haxn hergebn.«
Wia der junge Prophet ins Lager kemma is, warn die Offizier' grad beim Brotzeitmacha ghockt. »I hob a Nachricht für di«, hot der

Bursch zum Jehu gsagt, »könnt i di amoi kurz unter vier Augn sprecha?«
»Knia di hi«, hot der Jung-Prophet feierlich gsprochen, wias alloa in seim Büro warn, »im Auftrag von unserm Herrgott soll i di zum neuen Kini von Israel salbn.« Nachdem er die Zeremonie beendet ghabt hot, hot er des Ölkrüagl ins Eck gfeuert und is davoglaffa wia der Teife.
»Was hotn der Jungfuchs von dir wolln?« wollten die andern Offizier' vom Jehu wissen, wia er wieder ins Offizierscasino zruckkemma is.
»Auf göttlichen Rat hat er mi' zum Kini gsalbt«, hat er eahna stolz verkünd't. »Des kost' di aber a paar Runden«, hot oana von de andern gmoant und recht spitzbüabisch dabei glacht, »hoch lebe der neue Kini, mit dir trinkma doch am liabsten. Prost!«
Nachdem der Jehu a paar Lokalrunden spendiert ghabt hot, san er und seine Anhänger auf ihre Wägn gsprunga und wia d' Feuerwehr nach Jesreel gfahren. Dort hot sich der Kini Joram in seiner Sommerresidenz grad auf Rehabilitationskur befunden, und a Kriagsverletzung aus der letzten Schlacht auskuriert.
»Achtung, in der Ferne nähert sich a Reiterzug«, hot a Wächter von der Zinne plärrt, »und vornweg rast oaner in am Streitwagen rekordverdächtig voraus, des kann eigentlich bloß der Jehu sei, so wia der fahrt koaner.«
»Machts mein Wagn fertig«, hot der Joram angordnet und is losgfahren. »Kommst du im Frieden, oder wuist streiten?« hot er zum Jehu nüberplärrt, wia er eahm erreicht ghobt hot. »Solang du und dei' Muatter Isebel, die alte Gurgel, über Israel herrschen, kanns koan Frieden gebn«, hot der Jehu energisch erwidert. »Des is ja Verrat«, hot der Joram gruafa und hot mit seim Wagn umdraht, um nach Jesreel zruckzufahren. Er is aber net weit kemma, »sssssttttt« hots gmacht und a Pfeil vom Jehu hot eahm von hinten mitten ins Herz 'troffen, so daß er maustot von seim Wagn owikugelt is.
Wia d' Isebel die Todesnachricht kriagt hot, hot sie sich aufdonnert wia a Primadonna und is in'n vierten Stock naufgrennt, da war der sogenannte Königsbalkon, von wo der Kini am Sonntagmittag um zwölfe d' Leut oiwei grüaßt hot. »Du Mörder«, hots owigschrien,

wias an Jehu kemma gsehng hot, »was wuistn du da, schau daß'd weiterkimmst.« »Werfts sies owi, den Drachen, wollma sehgn, obs am End' fliagn aa no kann«, hot der Jehu zu a paar Palastangestellte naufgruafa, die hinter ihr gstanden san. Ohne a Miene zu verziahgn, hobn sie d' Isebel packt und owigstürzt, sie war auf der Stell' tot.
Der Jehu hot gnadenlos aufgraamt und alle Mitglieder ausm Ahab seiner Familie umbracht. Aa an Ahasja, den Kini von Juda, der amoi beim Kini Joram zu Bsuach gwesen war, hat er abmurksen lassen.
Er hot gmoant, Wunder was er tuat, wenn er mit de' Anhänger vom Baal so fürchterlich abrechnet, aber unserm Herrgott hat er damit überhaupt koa Freud' gmacht.

2 Könige 9

96. Da Prophet Amos sogt gradnaus sei Meinung

Wia der Jehu gstorben is, hobn sei Bua und dann sei Enkel as Zepter über Israel gschwunga. Aber erst sei Urenkel, der Jerobeam II., hot Israel wieder richtig auf d' Füaß bracht. Vierz'g Jahr' lang hot er erfolgreich regiert, und hot sozusagn die Konjunktur okurbelt; aber aa er wollt vom oanzig wahren Herrgott nix wissen, und die Kriminalität im Land war erschreckend hoch.
Der liabe Gott hots deshalb für richtig erachtet, des Volk Israel wieder amoi an seine Gesetze zu erinnern, und hot den Propheten Amos ins Land gschickt. Der Amos war a oafacher Schafzüchter und hot im südlichen Königreich Juda glebt. Oiwei, wenn er nach Israel kemma is, hot er säckweis Schafwoll' dabeighabt, die er aufm Viktualienmarkt in Bethel verkaufen wollt. Bei der Gelegenheit hot er aber net nur sei Ware lautstark opriesen, sondern de' Leut im Auftrag vom liaben Gott unverblümt unter d' Nasen griebn, was er von eahna denkt hot, ob sies hören wollten oder net.
»Ös Fieranten seid' s doch, Schlawacken elendige, ihr schmierts eu-

re Kunden aus nach Strich und Faden. Falsche Gwichter nehmts her zum Abwiegen, so daß d' Kundschaft für weniger Ware mehr Geld hi'blatteln ko. Des bisserl, wos sich die armen Leut no bei euch leisten könna, is sowieso nix wert, weils nur a verdorbne Ware von euch kriagn. Vom Bierausschank mog i gar net redn, euch Marktwirt' sollt ma' alle für mindestens fünf Jahr' d' Konzession entziahgn, so schlecht werd' ausgschenkt. Wenn oana seine Schulden net zahln kann, dann muaß er Angst hobn, daß er versklavt werd', oder ihr ziahgts eahm aus bis aufs letzte Hemad.«

Des war manchmoi scho direkt z'wider, wia der Kerl umanandpulvert hot, da hots dir ja angst werdn könna, wennst vorbeigeh host müassn. Aa d' Weiberleut' hobn koa Ruah vor eahm ghobt: »Schauts euch nur amoi gscheit im Spiagel o, ihr Larven, ihr ogschmierten. Eure Oiden schickts in d' Arbeit, daß ihr a schöns Lebn führn könnts. Modeschaun, Brunch und Kaffeekranzl, des tät' euch taugn den ganzen Tog. Ihr führts a angenehms Lebn, und eure Angestellten solln für an Hungerlohn euer Drecksarbeit verrichten, von eure Sklaven ganz zu schweign!«

Aa vor der Justiz hot er koan' Respekt zoagt: »Auf an fairen Prozeß kann bloß derjenige hoffn, der dem zuaständigen Richter an gscheiten Batzn Geld zuaschanzt, ansonsten is er verratzt.«

Er hot sich richtig in Fahrt gredt, der Amos, vor nix und niemand mehr hot er Respekt ghobt. Staatsanwaltschaft, Innenministerium, Polizei, über alle hot er irgendebbs gwußt.

Aber wia er am End' aa no über die Baal-Verehrung herzogn is, is oam von dene Götzenpriester z'dumm wordn: »Freunderl, jetzt wennst net auf der Stell' mit deiner Plärrerei aufhörst, nacha ziahg i dir d' Haut eigenhändig ab und mach' Roßwürscht aus dir. Schleich di und laß di nimmer sehgn, sonst kannst glei' an Termin mitm Totengräber ausmacha ...!«

Amos

97. Da Prophet Hosea und sei treulos's Wei

Der Amos is wieder aus Israel abzogn, aber nach kurzer Zeit hot a anderer Prophet, der Hosea, sei Nachfolge otreten, und die Botschaft vom liaben Gott verkünd't.

Der Hosea war mit der Gomer verheirat', a junge, bildhübsche Frau. Er hot sie sehr geliebt, sie war oafach sei Herzibopperl. Aber sie war a bisserl wepsert und is gern ausganga, heut zum Tanzen, morgn auf a Party, bald jeden Tog war sie woanders unterwegs.

Daran hat sich aa nix gändert, wia as erste Kind, a Bua, kemma is. Flasch'l gebn und Windeln wechseln, des war scheinbar nix für sie, sie hot sich liaber in der Stadt rumtriebn. Der Hosea war geduldig und hot ghofft, daßs beim zwoaten Kind besser werdn tät', aber nix dergleichen; im Gegenteil, sie is oft nächtelang nimmer hoamkemma. Und wia as dritte Kind da war, is am End' ganz wegbliebn.

Der Hosea hot vor lauter Zeitlang nach seiner Frau scho Depressionen kriagt, is schlaflos in seim Bett glegen und hot gwoant. Da hot der liabe Gott sich seiner erbarmt und zu eahm gsagt: »Hosea, i kann guat versteh', wia du di fühlst. Schau, mir gehts mitm Volk Israel genauso wia dir mit deiner Frau. Obwohl ich dieses Volk über alles liebe, hobn sie auf mi' vergessen, so wia dei' Frau auf di' vergessen hot.«

»Ja, liaber Gott«, hot der Hosea erwidert, »des glaub' i scho, daß dir die Untreue von deim Volk narrisch weh tuat.«

»Du derfst oafach net aufhörn, dei' Frau zu lieben«, hot der Herrgott weiter gmoant, »Gib deim Herz an Ruck, suachs und schau, ob dus net wieder zruckgwinna kannst.«

Für damalige Verhältnisse war so a Rat schwer verständlich, wenn a Frau weg war, nacha wars weg, und is net lang gsuacht wordn. Da hot ma' sich halt dann wieder a neue gsuacht, wenn ma' Glück ghobt hot, hot ma' oane derwischt, die a bisserl mehr von der ehelichen Treue ghalten hot.

Naa, unser Hosea hot sich aufn Weg gmacht und sei Gomer gsuacht. Privatdetektiv' hots no koa gebn, oiso hot er selber Nacht für Nacht sämtliche Bars und Etablissements abklappert, bis ers end-

lich gfunden hot. Ihr Glück hot net lang dauert, bei am Wirt, der sie ois Sklavin gnomma hot, hots Teller und Krüagl waschen müassn. Wia bereits erwähnt, hobn Propheten net grad zu de' Großverdiener zählt, und so hot der Hosea erst an Kredit bei am Geldverleiher aufnehma müassn, damit er sei Gomer zruckkaufen hot könna.
Durch die schmerzliche und zugleich lehrreiche Erfahrung, die er mit seim Wei' macha hot müassn, hot er auf oamoi die Botschaft vo unserm Herrgott vui verständlicher rüberbringa könna: »Der liabe Gott liebt euch alle«, hot er voller Leidenschaft predigt, »es macht eahm sehr traurig, wenn ihr vor eahm weglaufts, und fremde Götzn obeten tuats. Der Herrgott wui euch net strafa, oder sich von euch trenna, aber wenn ihr euch weigerts, zuzuhören und umzukehren, nacha werd' er Elend und Unheil übers ganze Volk bringa. Kehrts um und sagts, daß euch leid tuat, er werd' euer Entschuldigung gern onehma.«

Hosea

98. Wia der Jesaja a Vision ghabt hot

Zur gleichen Zeit, wia der Jerobeam II. in Israel regiert hot, war der Usija Kini von Juda. Aa er war sehr lang an der Macht und hot dafur gsorgt, daß seim Volk guat ganga is. Nur mit dem kloaner Unterschied: Der Usija war sei Lebn lang gottesfürchtig und fromm, und is net irgendwelchen fremden Götzen verfalln. »...Wia solls jetzt bloß weitergeh?« »... was werd' no aus uns werdn?« »... nix bessers kimmt gwiß net nach«, so und anders hobn d' Leut in Juda gjammert, wia der Usija gstorben war.
Aa der Jesaja, a junger Adliger hot sich Gedanken über sei persönliche und die Zukunft von Juda gmacht. Wia er amoi wieder im Tempel bet' hot, hot er a wunderbare Vision ghabt, die er später in seine' Memoiren folgendermaßen beschriebn hot:
I hob an liaben Gott hoch obn auf seim Thron sitzen gsehng, groß

und mächtig, prachtvoll und in solch' am überirdischen Glanz, daß mir d' Augendeckl 'tropft hobn. Sei königlichs Gwand hot den ganzen Raum ausgfüllt und war mit lauter weiß-blaue Wolkerl eigsaamt. Feurige Wesen san um eahm rumgstanden, i glaub, daß des die göttlichen Bodyguards warn, und hobn in oaner Tour frohlockt: »Sanktus Herr, Gott Zebaoth, der die Welt erschaffen hot!« Wia a ewiger Kanon hot des klunga, der ganze unendliche Raum hot vibriert von dem Echo, des die Engelsstimmen hinterlassen hobn. Mir wars, ois tät' der Bodn unter meine Füaß' beben, d' Luft war durchzogn von Weihrauchschwaden und Bratäpfelduft, nach Glüahwein hots grochen und Lebkuachagwürz. Gschämt hob i mi und nimmer gwußt, ob i Mannderl oder Weiberl bin.
»I hob unsern Herrn, den allmächtigen Gott schaun derfa, obwohl i von am sündigen Volk abstamm', was soll nur aus mir werdn?« hob i vor lauter Scham ausgruafa. Da hot oaner von dene feurigen Engel mit ana Zanga a glühende Kohln vom Altarfeuer gnomma, is auf mi zuagflogn und hot damit meine Lippn berührt: »Brauchst koa Angst hobn, i brenn di net, du bist von deine' Sünden greinigt«, hot der Engel in dem Augnblick zu mir gsagt, wia i scho »Au« schrein wollt vor lauter Schreck.
Auf oamoi hot d' Orgel an Tusch gspuit, und wia d' Musik verklunga is, hot unser Herrgott mit seiner durchdringenden, alles übertönenden Stimm' gfragt: »Wen kann i schicka, wer wui mei' Botschafter sei?«
»I geh freiwillig, liaber Gott«, hob' i ohne Zögern zur Antwort gebn.
»Stell dirs aber net z'leicht vor«, hot der Herrgott an Jesaja gwarnt, »d' Menschen san hartherzig und werdn dir net zuahörn, oder gar eahna Schuld vor mir zuagebn.«
»Trotzdem, s'kann sei, wias mog, i geh«, hot der Jesaja unbeirrt behaupt'.

Jesaja 6

99. Wias mit Juda z'End ganga is

Zu der Zeit, wia der Kini Joschija grad zwanzg Jahr alt war, hot sich a junger Bursch, der Jeremia, auf sei Priesterweihe vorbereitet. Er wollt scho d' Einladungskarten für sei Primiz verschicka, wia der liabe Gott zu eahm gredt hot:

»Jeremia, lang bevor du auf d' Welt kemma bist, hob i di scho ois mein Prophet auserwählt, der dem Volk Juda und de Nachbarvölker' mei' Botschaft verkünden soll.«

»Mei ..., ja ..., mmhh ..., i woaß net recht«, hot sich der Jeremia dreht und gwunden. »I bin doch no vui z'jung für so an wichtigen Auftrag, i kann ja net amoi richtig reden.«

»I bin scho bei dir und werd dir helfen«, hot der Herrgott erwidert und mit seiner Hand d' Lippen vom Jeremia berührt, »hiermit hab i dir meine heiligen Worte ins Mäu glegt, und um a Ausred brauchst du gar nia net verlegn sei.«

»Jetzt schaug amoi gradaus vor dir, was siehgstn da?« hotn der liabe Gott weiter gfragt.

»I sich an großen, kochenden Weißwurschtkessel überm Feuer hänga, von Norden her neigt sich sei Rand, so daß as Wasser überlauft«, hot der Jeremia zur Antwort gebn.

»Siehgst, so wia der Sud überschwappt, werd von Norden her as Unheil übers Land kemma, Juda und Jerusalem werdn zerstört werdn«, hot eahm unser Herrgott erklärt.

»Jetzt bist du dro ois Vermittler, du muaßt die Menschen warnen. Wenns aufhören mit eahnam Baal-Kult, nacha bleibens vom Unglück verschont.«

»Ja, aber as assyrische Reich is doch schwach und machtlos wordn«, hot der Jeremia no zweifelt, »wer soll denn unser Volk bedrohn könna?«

»Tua di net ab und glaub', was i dir sog«, hotn der liabe Gott beschwichtigt.

Der Jeremia hots glaubt und is loszogn, um die Menschen zur Umkehr zu unserm oanzig wahren Herrgott zu bewegen. Er hot gwußt, daß der Kini Joschija gottesfürchtig und fromm, sei Volk aber unzuverlässig und gottlos war.

Grad dreißg Jahr' war er alt, der Joschija, wia er in am Kriag gegn d' Ägypter gfallen is. D' Ägypter hobn sein Buam nach Ägypten entführt und an Kini ihrer Wahl aufn Thron von Juda gsetzt. Es war a anderer Sohn vom Joschija, Jojakim hot er ghoaßen. Der hot aber nix zum Schnabeln ghabt, sondern hot des toa müassn, was eahm d' Ägypter ogschafft hobn.

Jeremia 1

100. Wia der Jeremia eigsperrt wordn is

Jeremia, steh auf und geh in d' Stadt zum Krüagl-Sepp«, hot der liabe Gott zum Jeremia gsagt, »dort sollst a wichtige Botschaft von mir kriagn.« Der Jeremia hot sich ozogn und is ins Töpferviertel marschiert (So wias bei uns heutztog Kneipen- oder Studentenviertel gibt, hobn halt damois die Loambatzer eahna eignes Viertel ghobt. Und der Krüagl-Sepp hot sich ebn auf Vasen, Krüagl, Kaffeetassen und sonstige Trinkgefässe spezialisiert ghobt. Zum andern war er a guater Spezl vom Jeremia).

»Herrschaftseitn, Glump varreckts!« hot der Sepp grad gfluacht, wia der Jeremia um halb Elfe zu eahm in d' Werkstatt kemma is. »Jetzt probier' is scho zum drittenmoi, glei' pack' i den ganzen Dreck und wirfn hintre ins Eck«, hot sich der Sepp bald gar nimmer beruhigen könna. »Grüaß di, Sepp, tua di net ab«, hot der Jeremia besänftigend gmoant, »nimm zerscht a gscheite Pris Schmalzler, nacha gehts dir wieder besser.«

Der Sepp hot gschnupft, sich gmüatlich an neuen Loambatzn auf sei Scheibn naufghaut, und bis'd gschaut hast, war des a wunderschöns Hoibekrüagl.

»Siehgst«, hot der liabe Gott zum Jeremia gmoant, »so gehts mir mitm Volk Israel. Wenn die bereit wärn, sich zu ändern, könnt' is macha wia der Sepp und nomoi von vorn mit eahna ofanga; vielleicht könnt' ma' was Guats und Nützlichs draus macha.«

Der liabe Gott hot aber no a Lektion fürn Jeremia parat ghabt: »Kauf' dir beim Sepp an großen Wasserkruag, und geh damit zur Mülldeponie vor der Stadt. A paar Priester und Schriftgelehrte nimmst aa mit!«
Es is a regelrechte Prozession gwesen, die aus Jerusalem nauszogn is, weil a Haufa Gaffer aa mitglaufen is. Aber des Höchste an der Sach war der Jeremia selber, der mitm Wasserkruag auf seim Kopf vorausmarschiert is. Weil Krüagltragn war zur damaligen Zeit a reine Frauenarbeit.
»Was der Hansdampf wohl wieder vorhot...«, »der mit seim Krampf allerweil...«, »der soll amoi was Gscheites arbeitn, nacha vergengan eahm seine Gspassettln...«, hobn d' Leut scho unteranander gschimpft.
Wias am Schuttplatz okemma san, hot der Jeremia den Kruag packt und aufn Bodn higschmissen, daß er in tausend Scherbn zerbrocha is. »Schauts nur her«, hot er gwettert, »der liabe Gott hat lang und geduldig drauf gwart, daß ihr wieder zu eahm zruckkehrts. Aber nix da, ihr seid' s net woach wia der Loam, sondern ihr seid' s hart und ungehorsam. Wenn ihr euch net unserm Herrgott unterwerfts, dann werd' s zerbrecha wia der Kruag. A Feind werd kemma und uns alle vernichten.«
Nach dem »Anschauungsunterricht« is der Jeremia in d' Stadt zruckganga und hot im Tempel no amoi des gleiche predigt.
»Ja was buid't sich denn der ei', ja spinnt denn der?« die Priester und City-Manager warn stocksauer. »Sperrts eahm ei' und hautsn gscheit, dann werdn eahm seine Unverschämtheiten scho vergeh...!« Der Jeremia is verhaft' und bis zum nächsten Tog in der Fruah' eigsperrt wordn.

Jeremia 18-19

101. Was da Jeremia ois aufgschriebn hot

Jeremia, über zwanz'g Jahr' gehst jetzt scho zu de' Leut von Juda hi' und predigst eahna, daßs wieder zu mir zruckkemma solln, bevor a Feind Jerusalem zerstört«, hot der liabe Gott zum Jeremia gsagt. »Mir wärs ganz recht, wennst amoi alle Botschaften, die i dir jemals gebn hob', aufschreibn taatst, und zwar von der Zeit o, wo der Joschija Kini war bis zum heutigen Tog. Vielleicht werdn d' Menschen dann amoi auf di hörn und bereun, daß sie sich in oaner Tour meim Willen widersetzt hobn.«

Der Jeremia is in a Schreibwarengschäft ganga und hot a große Papyrusrolln und a paar Kugelschreiber kauft. »Baruch (des war am Jeremia sei Hausl), zum Diktat«, hot er gruafa, »hock' di her und schreib auf, was i dir sag.«

»Und jetzt gehst in'n Tempel und liest de' Leut vor, was'd aufgschrieben hast«, hot der Jeremia zu seim Diener gsagt, wias fertig warn, »i hab Hausverbot, deswegn muaßt du de' Leut die göttliche Botschaft verkünden.« Der Baruch hot an ganzen Tog gwart, bis gnua Leut da warn, dann hot er mit seim »Vortrag« ogfangt.

Die Zuhörerschaft war bunt gmischt, aus alle Bevölkerungsschichten sans kemma, sogar königliche Beamte warn dabei. Sie san zum Baruch hi', weils mit eigne Augn in der Schriftrolln lesen wolltn. Da hots eahna d' Schusser raustriebn, wias des ois glesen hobn.

»Da moan' i oiwei, kriagn ma Schwierigkeiten, wenn des unser Kini erfahrt«, hobn s' zum Baruch gsagt, »du und der Jeremia müaßts euch verstecka, mir bringa derweil die Rolln zum Kini.«

Winter wars, der Kini Jojakim is grad vor am Kaminfeuer ghockt, hot an Glühwein trunka und sich von seim Sekretär aus der Schriftrolln vorlesen lassn. Während der Sekretär mitm Vorlesen beschäftigt war, is der Kini oiwei staader und nachdenklicher wordn, und sei Gsicht hot sich mehr und mehr verfinstert. »Lies amoi langsamer, daß i mitkumm«, hot er sein Sekretär ogschnauzt und sei Taschenmesser aufgmacht.

Oiwei, wenn sei Lektor wieder zwoa, drei Zeilen vorglesen ghabt hot, hot der Kini den fertigen Absatz mit seim Taschenmesser von der Rolln abgschnitten und ins Feuer gworfen.

»Nehmts den Propheten fest, aber schnell«, hot der Kini befohln, aber der Jeremia und der Baruch hobn sich scho in Sicherheit bracht' ghabt.
»Jeremia, jetzt bleibt dir nix anders übrig, ois daß'd des Ganze nomoi auf a neue Rolln schreibst«, hot der liabe Gott gmoant.
Da kann oaner über die neumoderne Technik und d' Computer schimpfa, wia er mog, aber da gibts des net, daß ma' ebbs zwoamoi aufschreibt. Des speicherst oamoi ab, und der Käs is bissn.
Auf jedn Fall hot der Jeremia aufs neue diktiert, und der Baruch hot gschrieben, daß sich seine Fingernägel aufbogn hobn, auf daß die göttliche Botschaft in Wort und Schrift für alle gegenwärtig war.

Jeremia 36

102. Des babylonische Ochsnjoch

Indem daß der Kini Jojakim die Schriftrolln vom Jeremia verbrennt hot, hot er eindeutig demonstriert, daß eahm unser Herrgott »wurscht« war. Aber der liabe Gott wollt nur as beste für sei Volk und eahm verzeihn. Deswegn hot er aa lang, lang zuagschaut, bis der odrohte Feind endgültig kemma is.
Der Jeremia hot sichs scho denka könna, wer der Feind war. Des neue Reich von Babylon hot Ägypten überwältigt und Assyrien besiegt ghobt. Der Kini Nebukadnezzar (des is vielleicht wieder a Nama) von Babylon hat aa an Kini Jojakim zum Gehorsam zwunga und »Schutzgelder« von eahm kassiert; ja, des hots damois aa scho gebn.
Drei Jahr' lang hot der Jojakim des mitgmacht, dann wollt er sich gegn Babylon verschwören. Wia der Nebukadnezzar des gneisst hot, is er sofort nach Jerusalem zogn, und wollt am Jojakim a Gscheite aufstreicha. Aber der hot vorzeitig an Löffel abgebn, und wia die babylonische Armee in Jerusalem eimarschiert is, war bereits sei Bua da Kini.

Der Nebukadnezzar hot den neuen Kini mitsamt seim ganzen Hofstaat und de' besten Bürger vo Jerusalem verhaften und nach Babylon deportiern lassn. Die stärksten und gscheitesten jungen Männer und die gschicktesten Handwerker san verschleppt wordn. Der Nebukadnezzar hot net amoi vorm heiligen Tempel Respekt ghobt und die wertvollen Schätze graubt.
Der Jeremia is in Jerusalem bliebn, wo jetzt der Zidkija neuer Kini war. Er war vom Nebukadnezzar eigsetzt wordn und hot überhaupt nix zmelden ghobt, sondern hot des toa müassn, was der eahm ogschafft hot.
Die meisten Bürger, die in Jerusalem zruckblieben san, hot des aber scheinbar gar net sonderlich gjuckt, sondern sie hobn unbeschwert in'n Tog neiglebt.
»Die Gfangenen werdn eh bald wieder aus Babylon zruckkemma, und die Tempelschätze werdens aa mitbringa«, solchs und anders dumms Gschwätz is in der Stadt umganga. Aber der Jeremia hot gwußt, das des net gstimmt hot.
Er hot a hölzerns Joch, so wias d' Ochsen beim Pflüagn trogn, gschnitzt und sich um sein eignen Hals glegt. »Da schauts her«, hot er am Marktplatz zu de' Leut gredt, »seid' s gehorsam und dients unterm Joch vom Nebukadnezzar. Wenns des teats, hot der liabe Gott gsagt, könnts dem fürchterlichen Unheil, des über unser' Stadt rei'brecha werd, entrinna.«
»Du dappiger Teife', du«, hot oaner von de Zuhörer plärrt, »da hast dei' Unterwürfigkeit«, und hot am Jeremia des Joch von de' Schultern grissen, überm Knia brocha und vor d' Füaß' higschmissen.
»Genau des gleiche werd mit der Herrschaft vo Babylon passiern«, hot dersell weitergschimpft. Bald könnma ausbrecha aus der Unterdrückung, und die Gfangenen werdn in kürzester Zeit zruckkehren.«
»Schö' waars, wenns wahr waar«, hot der Jeremia leise mit tränenerstickter Stimm' gsagt, »leider müassn erst siebz'g Jahr' vergeh, bis oaner von unsere Leut jemois zruckkimmt.«

2 Könige 24; Jeremia 27–28

103. Des Gleichnis vo de zwoa Feignkörberl

Die Leut', die no in Jerusalem zruckblieben san, nachdem der Kini Nebukadnezzar mit seine' Gfangenen ab'zogen war, warn richtig lätschert und bequem.
»Uns gehts doch guat«, »uns fehlts an nix«, »mir hobn des schönste Lebn«, »die, die in d' Gfangenschaft kemma san, werdens wohl net besser verdient hobn«, »uns hot der Herrgott verschont, werd' er scho recht z'frieden mit uns sei.« So selbstzufrieden hobn s' denkt und gredt, die »Übrigbliebnen«.
Aber diejenigen, die verschleppt wordn san und jetzt weit weg von Jerusalem warn, hobn bereut, daßs am liaben Gott net pariert und net auf sei Wort ghört hobn.
»Jeremia, was fallt dir ei' oder auf«, hotn der liabe Gott eines Togs gfragt, »wennst die zwoa Feignkörberl vorm Tempeleingang steh' siehgst?«
»Jaaa«, hot der Jeremia überlegt und sein Bart zupft, »des oane Körberl is voll mit guate', reife' Feign, da taat i am liabsten neiglanga und mir a paar rausangeln, aber die im andern san scho derfault, da hebts mi' glei'.«
»Siehgst, Jeremia«, hot der liabe Gott gantwort', »die Leut vo Jerusalem san genau wia die Feign in dene zwoa Körberl drin. Diejenigen, die nach Babylon entführt wordn san, san die guatn Feign. I werd' mi' um sie kümmern und auf sie aufpassen, und am End' werd' i sie wieder in eahna eigns Land zruckbringa, sie lerna nach und nach, mir zu vertraun.
Aber der Kini Zidkija, sei Hofstaat und all die Leut', die no in Jerusalem wohna', san wia die schlechten Feign. Sie san durch und durch verdorbn und werdn eahna Lebn net ändern. Sie verschwören sich oiwei no gegn an Kini vo Babylon.
I sog dirs, wias is: Dene werd' s alle geh wia de' schlechten Feign, sie werdn weggworfen.«

Jeremia 24

104. Wia s'n Jeremia in an Brunna owiglassn hobn

Unermüdlich hot der Jeremia die göttlichen Botschaften an Kini Zidkija weitergebn. »Verschwör' di' net mit Ägypten gegn Babylon. Halt' dei' Versprechen gegnüber am Nebukadnezzar«, egal, was der Jeremia aa gsagt hot, der Zidkija hot oafach net hörn wolln. Schließlich hot der Nebukadnezzar von seine' Pläne' erfahrn und nomoi sei Armee nach Jerusalem gschickt. Überraschenderweis hobn d' Babylonier vo Jerusalem ablassen, weils gegn a ägyptischs Heer kämpfa hobn müassn. Alle hobn erleichtert aufgschnauft.

»Glaub ja net, daß scho ois vorbei is«, hot der Jeremia an Zidkija gwarnt. »Die babylonische Armee werd' bald zruck sei, der liabe Gott kann dir aber oiwei no helfen, wennst tuast, was er sagt und di' am Nebukadnezzar unterwirfst.«

»Red' nur zua«, hot sich der Zidkija denkt, und sonst hot aa neamd aufn Jeremia sein' Rat ghört; Im Gegnteil, er hot sich äußerst unbeliebt in der Stadt gmacht.

»Jetzt wolltst abhaun und zu de' Babylonier überlaufa, stimmts?« hobn s'n gfragt, wia er an am Samstagnachmittog aus der Stadt ganga is. »Naa, nix wollt i, im Biergarten im Park wollt i mir a Halbe kaufn«, hot der Jeremia widersprocha, aber koana hot eahm glaubt. Sie hobn eahm gscheit hergwatscht und eigsperrt.

Trotzdem san oiwei no Leut kemma und hobn eahm zuaghört, wenn er vom Gfängnis aus predigt hot.

»Der is a Gefahr für uns«, hobn seine Feinde an Kini Zidkija bedrängt, »mir wissn an leern Brunna, da werfn man eini, nacha hobn ma unser' Ruah.« Sie hobn eahm packt und an am Seil in des enge, tiafe Loch owilassen, in dem koa Wasser war.

»Mir steigst am Huat, a so a Baatz, und stinka tuats da herunt'«, hot der Jeremia gschaudert, wia er bis zu de' Knia im Schlamm eigsunka is, »da müaßt i fliagn könna, daß i aus dem feuchten, glitschigen Drecksloch alloa wieder aussikimm, wenn i wenigstens was sehgn taat. Aber da hilft wohl nur no Betn«, hot er gseufzt und sich in sei Schicksal ergebn.

Und scheinbar is sei Gebet erhört wordn, denn der Ebed-Melech, a guater Spezl vom Jeremia und einflußreicher Diener am Königshof,

hot von der Sach erfahrn und is zum Kini ganga. »Majestät«, hot er gsagt, »des was deine Leut da ogstellt hobn, is fürn Jeremia sein Rheumatismus net grad des Allerbeste. Außerdem muaß er da unt' in dem Kanalschacht elendiglich verhungern, wenn er net vorher scho derstunka is.«
»Oiso guat, nimm dir a paar Leut und ziahgn aussi aus dem Loch«, hot der Zidkija am Ebed-Melech erlaubt.
»Liaber Gott, so a guate Luft hob i no nia eigschnauft, und so schee hab i d' Sonn' no nia scheina gsehng«, hot der Jeremia glückselig und andächtig bet', wias eahm aus dem Brunnen befreit ghabt hobn.

Jeremia 38

105. De Babylonier brenna Jerusalem nieda

Ois, was der Jeremia am Kini Zidkija prophezeit ghabt hot, is aufn Punkt genau ei'troffa. Die babylonische Armee is zruckkemma und hot Jerusalem belagert. In seiner Not hot der Kini nachm Jeremia gruafa.
»Bittschön sag mir, was der Herrgott von mir verlangt«, hat er zum Jeremia gsagt. »Spinn i?« hot der gantwort, »wenn i dir d' Wahrheit sag, laßt mi' umbringa, und wenn i dir an Rat gib, hörst sowieso net drauf.«
»I versprich dirs, daß dir nix passiert«, hot der Kini beteuert. »Meinetwegn«, hot der Jeremia ganz ruhig gmoant, »s' is eh net schlimm, brauchst di nur dem Kini von Babylon unterwerfa.« »Wenn i halt Angst vor eahm hab«, hot der Zidkija ganz kloalaut gwuiselt.
»Der liabe Gott verspricht, daß dir nix passiert, wennst di ergibst, aber es geht dir an'n Kragn, wennst Widerstand leisten oder gar fliehn wuist.«
Aber der Zidkija hot sich wieder dem göttlichen Willn widersetzt und an Nebukadnezzar erneut rausgfordert.
Zwoa Jahr' lang hobn die Babylonier Jerusalem belagert, schließlich

hobn die Feinde d' Stadtmauer durchbrocha und d' Stadt gstürmt. Der Zidkija is mit seine' Soldaten durchn Palastgarten und an Geheimgang aus der Stadt abghaut.
Aber die Babylonier hobn eahm schnell derwischt und gnadenlos mit eahm abgrechnet. Sie hobn eahm gfoltert und blend't, und er hot sei Lebn schmachvoll im Kerker von Babylon beenden müassn. Die Babylonier hobn d' Stadtmauern eigrissen und an Tempel und an Palast niederbrennt. Sie hobn vergewaltigt, plündert und Leut nach Babylon verschleppt, nur die Armen und Kranken hobn s' zrucklassen. Der Jeremia is bei eahna bliebn, hot sich um sie kümmert und eahna an geistigen Beistand gebn.
Ja, so kanns ausgeh, wenn Könige und Bürger net an die göttliche Botschaft glaubn, die durch die Propheten verkünd't werd'.

2 Könige 25

106. Da Daniel und seine Freind

Wia der Nebukadnezzar as erstemoi in Jerusalem eimarschiert is, hot er an Kini und sein' Hofstaat festnehma und nach Babylon bringa lassen. »Aschpenas«, hot er zu seim höchsten Beamten gsagt, »schau di um nach junge', intelligente' Burschen, die ma' zu Berater' am Königshof ausbilden ko.«
»Junge Männer für Beraterausbildung am Babylonischen Königshof gesucht. Notendurchschnitt nicht über 1,5. Bewerbungen bitte an Herrn Aschpenas, Kgl. Babylonischer Innenstaatssekretär«, war auf dem Aushang z'lesen, den der Aschpenas im Städtischen Gymnasium obringa hot lassen. Oaner von de' Aspiranten war der Daniel und drei von seine' besten Spezln.
Wia die vier Burschen in Babylon okemma san, hobn s' erst amoi a Unterweisung vom Aschpenas kriagt. »Z'allererst müaßts Lesen und Schreiben auf Babylonisch lerna, logisch oder? Wennts des beherrschts, nacha derfts für drei Jahr' an d' Universität, da erfahrts

dann was über Philosophie, Literatur, Astrologie und natürlich unser' babylonische Religion. Wenns euch da a bisserl ostrengts und guate Noten schreibts, nacha steht am guat dotierten Beratervertrag am Königshof nix mehr im Weg, habts mi? Fragts fei, wenn euch was net klar is«, hot der Aschpenas zwischennei' bemerkt. »Übrigens, daß is net vergiß, Verpflegung kriagts ihr nur vom Feinsten, sozusagn Royal Class, des hoaßt auf guat babylonisch: des gleiche Essen und den gleichen Wein wia der Kini.«

»Des is guat gmoant von dir«, hot der Daniel ganz verlegn rausdruckst, »aber aa wenn mir weit weg vo dahoam san, unserer Religion wolln mir trotzdem treu bleibn. Mir wolln koa Lebn in Luxus führn, zum andern san mir Vegetarier, mir mögn Wirsing, Kopfsalat und Kohlrabigmüas, und zwischendrin langt uns a Müsliriegel, der bringt unser' verbrauchte Energie sofort wieder zruck.« Jetzt war der Aschpenas seinerseits verlegn und hot gmoant: »I taat eich euern Wunsch gern erfülln, aber wenn der Kini mitkriagt, daß ihr unterernährt daherkemmts, nacha macht er mi' um an Kopf kürzer.«

»I bitt' di' gar schee«, hot der Daniel an Internatsbetreuer ogfleht, wia der Aschpenas ganga war, »probiers, und gib uns bloß Wasser und Gmüas, zehn Tog lang. Dann kannst prüfen, wia mir im Vergleich zu de' andern Studenten ausschaun.«

Der Aufseher war einverstanden, und nach zehn Tog hot er die vier jungen Männer gründlich untersuacht. »Sakra, sakra«, hot er kopfschüttelnd gmoant, »wenn is net selber wüßt', könnt' is net glaubn, aber ihr stehts mit eurer Reduktionskost besser im Saft, ois wia die andern alle mitanand.«

Daniel 1

107. Wos da Nebukadnezzar traamt hot

Daniel und seine Freund habn ihr Ausbildung exzellent absolviert, und erhalten deshalb heute von mir persönlich das ›Königlich Babylonische Berater-Diplom‹ und an Beratervertrag auf unbefristete Zeit am königlichen Hofe zu Babylon«, hot der Nebukadnezzar bei der Freisprechungsfeier der Studenten im ›Universitätskellersaal‹ feierlich verkünd't.

Eines Togs, der Daniel und seine Freund' warn grad net da, hot der Kini sein' ganzen Beraterstab zammtrommelt: »Heut nacht hob i an saublöden Traam ghabt«, hot der Nebukadnezzar ogfangt, »und jetzt möcht' i von euch hören, was er zu bedeuten hot, aber dalli.« »Aber zerscht müaßma doch wissen, was'd traamt hast«, hobn seine Ratgeber bibbert. »Ja, für was zahl' i euch denn überhaupt, ihr Gschwerl, ihr nixnutzigs«, hot der Kini brüllt, »ihr sagts mir, was i träumt hob, und was zu bedeuten hot, oder eure Köpf' werdn rolln!« Die Berater san Hals über Kopf davogstürmt und hobn sich vorm Kini in Sicherheit bracht. Aber so sehr sie aa überlegt hobn, koaner hot sich aa nur annähernd denken könna, was der Kini träumt ghobt hot – und des hot ihr Todesurteil bedeut'.

Wia der Daniel von der Gschicht erfahrn hot, is er zum Arjoch, dem zuaständigen Hinrichtungsbeamten: »Tua mir an Gfallen und verschiab die Hinrichtungen um oan Tog (er und seine Spezln warn aa betroffen), vielleicht kimm i no aufn Kini sein Traam.« Er is zu seine' Spezln und hots motiviert: »Freunde, helfts mir beten, vielleicht offenbart mir der liabe Gott, was der Nebukadnezzar traamt hot, und i kann unser' Haut rettn. Servus, Pfiat euch, i geh jetzt hoam und leg mi' nieder.«

In der Nacht hot der liabe Gott am Daniel alles, was er wissen hot müassn, kundtoa, und der hot sich sofort highockt und mit seiner Klampfn a Dankliad komponiert:

»Liaber Gott, was bin i froh, was der traamt hot, woaß i scho.
mir braucha jetzt koa Angst mehr hobn, drum wui i di' allzeit lobn.«

Am nächsten Tog is der Daniel wieder zum Arjoch ganga und hot zu eahm gsagt: »Verschon die Königlichen Berater, i woaß jetzt, was der Kini traamt hot, bitte führ' mi hi', damit is eahm deutn ko.«

Der Arjoch is mit eahm zum Nebukadnezzar und hotn ogmeldt: »Majestät«, hot er gsagt, »oaner von dene junga, jüdischen Burschn, der Daniel, woaß über dein Traam Bescheid.« »Du«, hot der Kini an Daniel ganz ungläubig gfragt, »du wuist wissen, was i traamt hob, und mir dann aa no sagn könna, was des Ganze bedeut'?«
»Edler König«, hot der Daniel furchtlos gsprocha, »des kann niemand auf der ganzen Welt, koa Hellseher, koa Astrologe, und in am Horoskop stehts aa net drin. Aber der liabe Gott woaßs, und er hot mir heut nacht dei' Geheimnis enthüllt.«

Daniel 2

108. Und wos da Traam bedeit

Bring uns amoi zwoa Weißbier«, hot der Nebukadnezzar seim Diener ogschafft und is mitm Daniel in sei Konferenzzimmer ganga. »Setz' di' her zu mir«, hot er freundlich zum Daniel gsagt, »und erklär' mir, was mei' Traam bedeut'.«
»Ja, Durchlaucht«, hot der Daniel betont sachlich ogfangt, »dei' Traam handelt von der Zukunft.
In deim Traam hast du a gewaltigs Standbuidl gsehng, groß und von außergewöhnlichem Glanz. Sei Kopf war aus reinem Gold, d' Brust und d' Arm' warn aus Silber, der Körper und d' Hüften aus Bronze. D' Haxn warn aus Eisen, d' Füaß aber warn aus am Gmisch von Eisen und Loam.«
»Prost, daß d' Gurgel net verrost'«, hot der Nebukadnezzar unterbrocha und hot dann wieder ganz gebannt zuaglust.
»Ja, und dann«, hot der Daniel weitererzählt, »host gsehng, wia sich a großer Stoa ohne erkennbaren äußeren Einfluß von am Berg glöst, gegn die Haxn von dem Standbuidl ghaut und sie derloabelt hot. Der ganze Koloß is in Staub zerfalln, den der Wind verwaht hot. Net oa Franserl is davo übrigbliebn. Der Stoabrocka aber is zu am riesigen Berg ogwachsen und hot die ganze Erdn erfüllt.«

Der Nebukadnezzar hot sich mit seim seidern Taschentüachl an Schweiß von der Stirn gwischt, so sehr hotn am Daniel sei Erzählung bewegt. »Erzähl' weiter«, hot er ungeduldig zum Daniel gsagt.
»Des war dei' Traam, jetzt erklär' i dir, was er bedeut'«, hot der Daniel ruhig erwidert und an Schluck vo seim Weißbier gnomma.
»Des Standbuidl stellt die verschiedenen Weltreiche dar. Du, Kini, bist der goldne Kopf, und dei' Reich is as größte und schönste von alle'. Andere, weniger vornehme werdn entsteh', so wia die andern Teile von der Statue. So groß und mächtig sie aber aa ausschaun, koans werd für immer besteh'. Der Stoa, der so unbedeutend ausgschaut hot, und dann oiwei größer wordn is und die Weltreiche zu Fall bracht hot, steht sinngemäß für des Reich, des der Herrgott selber errichten werd. Irgendwann, in ferner Zukunft, werd der liabe Gott sein auserwählten Kini eisetzen, sei Königreich werd nia enden, sondern solang wachsen, bis 's die ganze Welt erfüllt.«
Wia der Daniel fertig war, is der Nebukadnezzar mucksmäuserlstaad gwesen, dann hot er nachdenklich gsagt:
»Dei' Herrgott is groß und wunderbar, er verdient Lobpreis und Anerkennung, des kann i gwiß behaupten, weil nur du fähig warst, mein Traam und sei Bedeutung zu wissen. Ab sofort sollst du mei' oberster Ratgeber am Hof sei.«
Die Spezln vom Daniel aber hot er zu Reichsgouverneuren ernannt.

Daniel 2

109. De vier Manner im Ofn

Der Nebukadnezzar hot die Vorstellung von dem Standbuidl nicht mehr aus seim Hirn 'bracht. »A riesige Statue müaßts entwerfa, außen muaßs mit Gold überzogn und von innen begehbar sei, daß im Sommer a Attraktion für d' Ausflügler werd«, hot der Kini seine besten Bildhauer und Architekten beauftragt.

Nach am halben Jahr war die Skulptur fertig und is in am großen öffentlichen Staatsakt eigweiht wordn. »Bürgerinnen und Bürger«, hot der Conférencier verkündt, »beim nächsten Tusch müaßts alle auf eure Knia falln und des neue Standbuidl vo unserm Kini obeten. Wer sich diesem Befehl widersetzt, werd in an gluathoaßn Ofen gworfen.«
»... drei, vier«, hot der Trommler vorzählt, as Babylonische Staatsorchester hot an Tusch gspuit, und auf oan Schlag san alle niederkniat und hobn den goldnen Götzenprotz obet.
Halt, drei san steh'blieben, ois wenn nix gwesen wär, es warn die Spezln vom Daniel. Sie hobn am Königshof etliche Neider ghobt, die auf die Gelegenheit gwart hobn, die Freund vom Daniel abzusägn.
Der Kini hot tobt und die drei Spezln zu sich ruafa lassn. »Ja spinnts denn ihr vom Boa weg«, hot er brüllt, »wia könnts ihr euch erlaubn, euch meiner Anordnung zu widersetzen und net vor meiner Statue niederz'knian? Aba, weil ihrs seids, gib i euch noamoi a Chance. Verbeugts euch, und ihr werd' s net im Ofa bratn.«
»Mir braucha koa zwoate Chance«, hobn die drei unisono gantwort, »mir verbeugn uns vor nix und neamd ois wia vor unserm Herrgott. Er könnt uns sogar vorm Feuer retten, aber gleich, ob er wui oder net, mir bleibn eahm treu.«
Der Kini hot d' Augn vor lauter Wuat verdraht und des Kommando gebn: »Feuer siebnfache Kraft voraus, fesselts die Bagage und werfts es nei, die Satansbruat.«
Die Hoazer hobn gschaufelt auf Teife kimm raus, zwoa san sogar selber von de Flamma erfaßt wordn und im Feuer umkemma.
»Des gschiahgt eahna recht«, hot der Nebukadnezzar grantig vor sich hi'brummt, »so gehts am jeden, der mir net pariert.«
Auf oamoi hot er ganz entsetzt auf die Ofentür deut' und die Hoazer gfragt: »Wiavui Männer habts ihr ins Feuer gschmissen?«
»Drei warns«, hobn die gantwort.
»Aber ..., aber i sich viere«, der Kini hot vor lauter Aufregung glei as Stottern ogfangt, »sie san net amoi gfesselt und gengan im Ofa drin spaziern. Der vierte schaut glei gar wia a Engel aus.«
Der Nebukadnezzar is zum Ofa hi'ganga und hot ganz ehrfürchtig neigruafa: »Kemmts aussi, ihr Diener des großen Gottes von Israel.«

Die drei san ausm Ofa raus, ois wenn überhaupt nix gwesen war. Koa Brandblodern, koa Ruaß, koa gar nix. Net amoi nach Rauch hobn s' gstunka.
Der Nebukadnezzar hot nomoi in'n Ofa neigschaut, aber der vierte war verschwunden. »Euer Gott is wirklich der Größte«, hot er voller Bewunderung gmoant, und seine' Beamten hot er zammgstaucht: »Der Gott dieser drei Ehrenmänner hot sein Engel gschickt, damit er eahna beisteht, weils eahna Lebn für eahm riskiert und sich zu eahm bekannt hobn. Soll sich ja koaner mehr untersteh', irgendwas gegn sie zu sagn, sonst kriagt ers mit mir z'toa.«

Daniel 3

110. Belschazzar und de Geistahand

Die Könige san kumma und ganga in Babylon, aber der Daniel is am Hof bliebn, aa wenn eahm der neue junge König, der Belschazzar, gar net kennt hot. Des war a lebenlustiger Kerl, der gern mit de' Reichen und Schönen gfeiert hot.
Eines Abends hot er wieder an Empfang für die VIPs vo Babylon gebn, der Alkohol is gflossen in Strömen, Amusement pur, Räucherlachs, Kaviar, Austern, Champagner, Tänzerinnen ... - mehr brauch i wohl nimmer sagn. Auf jeden Fall, so gegn halb elfe abends, der Beschazzar hot scho a paar Aperitifs eigspritzt ghabt, hot er in d' Händ' 'klatscht und ganz großkotzig befohln: »Auf gehts, fahrts amoi des goldne Trinkgschirr auf, des ausm Tempel vo Jerusalem stammt, damit müass' ma doch glei' nomoi so guat auf unsere eignen Göttinnen und Götter ostoßen könna.«
»Jetzt draht er durch«, sogar die Dienerschaft war entsetzt, »der werd si' doch net versündigen, naa Leut', naa ...« (den Stoßseufzer »Maria und Joseph« hots damois no net gebn).
Aber es is eahna nix anders übrigbliebn, sie hobn die heiligen Tassen holn und bis zum Rand vollschenka müassn. Die Gäste warn

übermuatig, habn gscherzt und trunka, und der Kini wollt no an Toast ausbringa: »Prost, Jerusalem, mit dir trink' i am liab…«, wia eahm as Wort auf de' Lippn erstorbn is. »Was hostn, Belschazzar, is dir schlecht?« hobn a paar Gäste, die unmittelbar nebn eahm gstanden san, gfragt. »Naa, da …, da vorn an der wei … ßen Wand, da schreibt a ganz a feurige Hand«, der Belschazzar hot zittert auf und auf, und zu der großen Wand hinter der Showbühne deut'. »Des kann gwiß nix guats bedeuten, ruafts meine Berater, i muaß wissen, was des hoaßt«, hot er 'keucht und sich in a Kissen sinken lassen.
»Wer von euch den Spruch an der Wand deutn ko, soll reich belohnt werdn«, hot der Belschazzar seine' Berater versprocha, »Amt und Würden und a lebenslange Pension soll er kriagn.« »Naa, des woaß i beim besten Willn net«, hot oaner nachm andern kopfschüttelnd zuagebn müassn.
Die Nachricht von dem seltsamen Vorfall hot sich in Windeseile am Palast rumgsprocha, und aa am Belschazzar sei Muatter hots erfahrn. »Du, i kenn' oan, der dir helfa kann«, hots mit am aufmunternden Blick zu ihrm Buam gsagt, »der Daniel, a Verbannter aus Juda, und ehemals erster Berater vom Nebukadnezzar, is von göttlichem Geist und Rat erfüllt, der hot gwiß a Erklärung.«
»B'halt dei' Belohnung, die kannst andre' gebn«, hot der Daniel verächtlich zum Kini gsagt, wia er in'n Palast kemma is, »aber die Schrift an der Wand werd i dir gern vorlesen und erklären. Der Herrgott hot dir heut nacht a Botschaft gschickt. Du host di schwer gegn eahm versündigt und die heiligen Becher aus seim Tempel für dei' Saufgelage hergnomma. Ja, schaug nur gscheit hi', drei Worte sans, die an der Wand stengan: Zahl, Gwicht und Teilung.
Und des bedeutens: ›Zahl‹ hoaßt, daß die Tog deiner Herrschaft 'zählt san, dei' Reich geht seim End' zua. Mit ›Gwicht‹ is gmoant, daß du auf der Waag vo unserm Herrgott gwogen und für seine Ansprüch' für z'leicht befunden wordn bist. Und ›Teilung‹ bedeut', daß dei' Reich zwischen Meder- und Perserkönig aufteilt werd.«
Die Party war no in vollem Gang, da hobn feindliche Truppen Babylon gstürmt, an Belschazzar umbracht und eahnan König, an Darius, aufn Thron gsetzt.

Daniel 5

111. Da Daniel in da Löwngruabn

Die Armeen von de' Meder und de' Perser hobn aa Babylon erobert, und der Kini Darius is Herrscher über a riesigs Reich wordn. Er hot sei Reich guat organisiert, indem er hundertzwanz'g Verwalter ausgwählt hot, die übers ganze Reich verteilt eigsetzt wordn san. Dene hot er zusätzlich an Verwaltungs- oder Aufsichtsrat, bestehend aus drei obersten Beamten, dem aa der Daniel anghört hot, überstellt. Zwoamoi im Monat hobn sie sich im Hotel »Oriental« in Babylon zur Aufsichtsratssitzung troffn, und die Reichsverwalter hobn Rechenschaft ablegn müassn.

Der Darius hot selbstverständlich erkannt, daß der Daniel a fähiger Mann war und wolltn zum obersten Reichsbeamten befördern.

Des hot aber de' Verwalter und de' andern Aufseher gar net in'n Kragn neipaßt, weils eifersüchtig aufn Daniel warn, und sie hobn mit alle' Mittel versuacht, an Daniel beim Kini schlecht zmacha. Aber so sehr sie sich aa ogstrengt hobn, am Daniel hobn s' nix ans Zeug flicka könna, weil er absolut zuverlässig war.

»Herrschaftseitn«, hobn s' gschimpft, »nacha müass' ma halt schaugn, daß man bei seiner jüdischen Religion packa.« Der Daniel is nämlich, obwohl er scho sovui Jahr' in Babylon glebt ghabt hot und a oider Mo wordn war, am liaben Gott treu bliebn. Jeden Tog hot er dreimoi von seim Bürofenster aus in Richtung Jerusalem gschaut, wo der Tempel gstanden war, is niederkniat und hot andächtig zu seim Herrgott bet'.

Schließlich hobn s' an Plan austüftelt, wias an Daniel loswerdn hobn könna, und zum Kini gsagt: »Mir hobn a neus Gsetz entworfa, des du bestätigen müaßast. Es besagt, daß jeder, der ebbs braucht, es nur von dir alloa erbitten kann. Bittschön unterschreibs und besiegels mitm Siegel der Meder und der Perser. A jeder woaß, daß so a Gsetz niamois gändert oder brocha werdn derf. Wer dei' Gsetz bricht, soll in d' Löwengruabn gworfa werdn.«

Der Darius hot net gwußt, daß sie damit am Daniel a Falln gstellt hobn, und des Gsetz unterzeichnet und besiegelt.

Wia der Daniel von der Sach erfahrn hot, hot er glei gneisst, das des a Verschwörung gegn eahm war. Aber er wollt net aufhörn, zu seim

Herrgott zu betn, geschweige denn aa bloß a so z'toa. Er hot weiterhin jeden Tog seine Gebetsstunden eighalten, aa wenns eahm as Lebn kosten hätt' könna.

»Endlich hobn ma'n«, hobn seine Feinde, die Hammeln, die hinterfotzigen, triumphiert, »jetzt sitzt er in der Falln, und der Kini dazua.« Sie san gschlossen vorn Darius hi'treten und hobn gsagt: »Kini, erinnerst di no an des Gsetz, des'd unterschriebn hast? Der Daniel brichts dreimoi am Tog, indem er zu seim Herrgott bet'.« Sie hobn sich sakrisch zammreißen müassn, daß eahna as Lacha net auskemma is vor lauter Schadenfreud'.

Wia der Darius gspannt hot, daßn ausgschmiert ghabt hobn, wars scho zspät. Den ganzen Tog hot er überlegt, wia er an Daniel rettn könnt, aber am Abend san seine Beamten wieder kemma und hobn eahm erinnert: »Du woaßt, daß die Gesetze von de' Meder und Perser net brocha werdn derfa.« Am Kini war des sauz'wider, aber er hot nachgebn müassn, weil er gwußt hot, daß er und der Daniel in der Falln sitzen. »Oiso guat, nehmts an Daniel fest und werftsn in d' Löwengruabn, zu de' ausghungerten Mistviecher«, hot er schweren Herzens befohln.

Zum Daniel hot er no gmoant: »Du bist deim Herrgott oiwei treu gwesen, i hoff', daß er di jetzt beschützt.«

Sie hobn an Daniel packt, in die Gruabn einigstoßen, wo die hungrigen Bestien rastlos hin und her glaffa san, und an großen Stoa über d' Öffnung gwälzt.

Der Darius is ganz derschlagn in sein Palast zruck, hot sich vor lauter Verdruß a paar doppelte Obstler hintregschütt und is in sei Bett ganga. Aber er hot oafach net schlaffa könna, weil er gwußt hot, daß er an guaten und ehrlichen Mo zum Tod verurteilt ghabt hot.

Am nächsten Tog is er glei bei Sonnenaufgang zur Gruabn und hot den Stoa auf d' Seitn schiabn lassn. »Daniel, Diener des lebendigen Gottes, wia gehts dir denn, hot dir dei Herrgott gholfen?« hot er in des Loch neigruafa. »Ja, Darius, der liabe Gott hot sein Engel gschickt und mi vor de' Löwen beschützt. In seine Augn bin i schuldlos, und aa vor dir hob i a reins Gwissen«, hot der Daniel wohlbehalten und unversehrt gantwort.

»Ziahgtsn aussi«, hot der Kini befohln, »und werfts die nei, die an Daniel ausm Weg ramma wolltn!«

D' Palastwachen hobn die hinterkünftigen Beamten allesamt packt und in die Löwengruabn einigworfen. Die Löwen hobn sich sofort draufgstürzt und sie bis aufn letzten Knocha abgfieselt.

Daniel 6

112. Wia d' Juden in d' Hoamat zruckkehrt san

Fast siebz'g Jahr' warn verganga, seit der Kini Nebukadnezzar den ersten Schwung Gfangene von Jerusalem nach Babylon bracht ghabt hot. Nur no wenige von eahna hobn sich an eahna Hoamatland erinnern könna, aber sie hobn die Gschichten ghört ghobt, die ihre Eltern von der Stadt und dem wunderbaren Tempel erzählt hobn.
Dann is der Kyrus Kini wordn, und sei Reich hot sich weit in alle Richtungen erstreckt. Er wollt, daß die Menschen, über die er gherrscht hot, glücklich san, deswegn hot er beschlossen, alle Verbannten in eahna Hoamat zruckkehren z'lassen.
Auf oamoi is de' Gfangenen von Juda a Liacht aufganga: »Jetzt geht des Versprechen von unserm Herrgott, des er uns durchn Jeremia und an Ezechiel gebn hot in Erfüllung, endlich derf ma ins Gelobte Land zruckkehren.«
»Packelts zamm, gehts zruck nach Jerusalem und bauts den Tempel von euerm Herrgott wieder auf«, hot der Kyrus sie aufgfordert. »Die Armen solln Packesel und Vorräte mitkriagn, damit aa sie hoamkehrn könna.«
Es hot verständlicherweis große Aufregung unter de' jüdischen Vertriebnen gherrscht, wia sie sich für den langen Weg nach Juda vorbereit' hobn.
»Da schauts her«, hot der Kyrus zu eahna gsagt, bevors aufbrocha san, »da san die Tempelschätze, die euch der Nebukadnezzar klaut hot. Nehmts as mit und bringts as dahi', wos highören.«
Etliche Juden san in Babylonien zruckblieben, nur a kloane Gruppn hot sich aufn Weg gmacht, verglichen mit dem großen Haufa Gfan-

gener, die eahna Hoamatland vor langer Zeit verlassen hobn müassn.
Sie warn voller freudiger Erwartung und guat drauf, und hobn unterwegs Gstanzl und Jodler gsunga. Oana, der Klampfntoni, hot sei Gitarr' rauszogn und gjuchezt: »Hollari und Holdrio, siebazg Jahr' warn mir jetzt do. Laßts uns unsern Herrgott lobn, der uns lenkt im Himmi drobn.«
Wias in Jerusalem okemma san, hot sich eahna Freud' in Verzweiflung verwandelt. Ausgschaut hots, ois wenn Bomben und Granaten eigschlagen ghobt hätten. Ois is in Trümmer' glegen, ois war voller Schutt und Aschn. Aber am allerschlimmsten war, daß eahna die Menschen, die hier glebt hobn, feindlich gesinnt warn.
Wia as nördliche Königreich Israel von de' Assyrer erobert wordn war, hobn die Assyrer d' Israeliten vertriebn und Fremde im Land ogsiedelt. Es warn Samariter, und die wollten net, daß d' Juden in eahna Land zruckkehren und d' Stadt wieder aufbaun.

Esra 1-3

113. Wia s'n Tempel wieda aufbaut hobn

Wia die Anführer, die d' Juden aus Babylon zruckgführt ghabt hobn, gsehng hobn, wia grausam und fürchterlich Jerusalem zuagricht war, hobn s' sofort damit ogfangt, Geld fürn Wiederaufbau zu sammeln. Spendenkonten bei allen Banken und Sparkassen hots damois no net gebn, und so hot jeder sovui Gold und Silber hergebn, wia er entbehren hot könna, damit Material fürn Bau 'kauft und mit der Arbeit ogfangt werdn hot könna. Damit aber in der Zwischenzeit der liabe Gott net z'kurz kemma is und Opfer für eahm bracht werdn hobn könna, hot ma da, wo der oide Tempel gstanden is, an Behelfsaltar erricht'.
D' Leut warn sehr freigebig, und so san die Spenden für den neuen Tempel oiwei mehrer wordn. Diejenigen, die koa Gold ghabt hobn,

hobn dafür Troad, Wein und Olivenöl ois Zahlungsmittel gspendt. Ausm Libanon is aufm Seeweg Zedernholz hertransportiert wordn, so wia damois, wia der Salomo den ersten Tempel baut hot.
D' Leviten san mit der Bauleitung beauftragt wordn, aber mitgarbeit hobn alle, sogar d' Priester warn sich ois Handlanger net zschad zum Schubkarrenschiabn, hobn Mörtel gmischt und de' Maurer Ziagelstoana higlangt. Wia d' Grundstoana glegt warn, hobn sich alle zu am großen Dankgottesdienst versammelt.
Die Priester hobn d' Trompeten blasen, d' Leviten hobn as Hackbrettl gschlagen und dazua gsunga: »Der Herr is gnädig, Schuwi-Duu, gehts Israel schlecht, hilft er im Nu.« Alle hobn s' mit'klatscht, gschunkelt und tanzt, es war a richtige Jazz-Mess'.
A jeder hot ghofft, daß der neue Tempel boid fertig werd, aber koana hot mit der Hinterfotzigkeit von de' Samariter grechnet. »Mir helfa euch beim Wiederaufbau, weil schließlich beten doch mir den gleichen Herrgott o wia ihr«, hobn sie sich bereitwillig otrogn, wia die ersten Bautrupps aufmarschiert san. Aber der Serubbabel, den die Wiederheimkehrer zu eahnam Anführer gwählt ghabt hobn, hot dankend abglehnt, weil er gwußt hot, daß des Angebot net ehrlich gmoant war.
Des hot natürlich de' Samariter sauber gstunka, und sie hobn beschlossen, die Arbeiten mit alle' Tricks und Gemeinheiten zu behindern, indem daß sie die persischen Beamten bestochen und sogar Briaf mit falsche' Anschuldigungen gegn d' Juden an'n persischen Kaiser gschrieben hobn.
Insgesamt sechzehn Jahr' hot dadurch die Arbeit am Tempel net fortgsetzt werdn könna.
Aber der liabe Gott hot zwoa Propheten gschickt, an Sacharja und an Haggai, die as Volk ermutigen sollten, weiterzmacha.
»Der Herrgott liebt euch und steht euch bei gegn eure Feind', wenns sein Willen teats, und euch net gegnseitig ausschmierts und as Lebn schwermachts«, hot der Sacharja predigt. Und der Haggai hot eahna graten: »Stellts an liaben Gott an d' erste Stell', wichtig is jetzt, daß sei Tempel fertig werd, und net daßs in eure Häuser Swimmingpools und Wintergärten habts.«
Der Serubbabel, der Anführer von de' Juden, hot sich des zu Herzen gnomma und dafür gsorgt, daß d' Arbeit wieder weiterganga is.

Siebz'g Jahr', nachdem am Salomo sei herrlicher Tempel zerstört wordn war, is der neue Tempel vollendet wordn. Er war zwar net so reich und großartig wia der erste, aber am Passafest san alle zammkemma und hobn a riesigs Einweihungsfest gfeiert.

Esra 2–3, 5–6

114. Wia d' Ester Königin wordn is

Der Xerxes war Herrscher übers ganze groß-persische Reich. Er hot an Haufa Frauen in seim Harem ghobt, aber koane hot eahm sei erste Königin, d' Waschti, ersetzen könna. Die hot er mit Schimpf und Schand' davoghaut, bloß weils auf ana Party koan Striptease für seine Gäste macha wollt.
Der Kini war zutiefst in seim Stolz verletzt, und in der darauffolgenden Zeit war er seine Minister alles andere ois a freundlicher und umgänglicher Arbeitgeber.
Nach drei Wochen is 's eahna z'dumm wordn, und sie hobn zu eahm gsagt: »Menschenskinder, Xerxes, laß di doch net a so hänga, s'laffa sovui saubere Hasn in deim Königreich umanander, veranstalt' amoi an Modelwettbewerb, und bei dera Gelegenheit suachst dir a Gscheite aus.«
Der Mordechai war a Jud', der trotz der Rückreisegenehmigung für die Vertriebnen in Babylon bliebn is. Er hot sei Cousine Ester adoptiert ghabt, weils a Waisenkind war. Wia sie aa an Einladungsschrieb für des Casting kriagt hot, hot er ihr graten: »Sag fei neamad, daß'd jüdischer Abstammung bist.«
Wia die Veranstaltung oganga is, hot sich der Mordechai an Aperitif von am Tablett gnomma und sich an Stehplatz in der Näh' von der Gard'rob gsuacht, in der sich die Madln umzogn hobn. Er hätts halt zu gern gfragt, wias ihr geht und obs Lampenfieber hot. In der Zwischenzeit san die Girls frisch und munter aufm Laufsteg vorm Kini auf und ab 'trippelt, aber koane hot eahm so richtig 'taugt. Wia

er aber d' Ester gsehng hot, hots eahm seine Batzelaugn raustriebn. Vor lauter Begeisterung hot er in d' Händ' klatscht und ausgruafa: »Die is, und sonst koane, die soll mei' neue First Lady werdn; dene andern gebts no was zum Essen und a Aufwandsentschädigung, und nacha könnas hoamgeh.«
D' Ester war stolz auf ihrn Erfolg und verängstigt z'gleich, weil der Kini war a eignwilliger und unberechenbarer Charakter. Sie hot gwußt, daßs ihr jederzeit genauso geh kann, wia ihrer Vorgängerin, der frühern Königin.
Der Mordechai aber hot inzwischen an Job im königlichen Haushalt ognomma, so daß er mit der Ester weiter in Kontakt bleibn hot könna.
Eines Togs hot er von ana Verschwörung gegn an Xerxes erfahren und hots glei' der Ester erzählt. Die wiederum hots sofort ihrm Gemahl mitteilt, worauf der net lang gfackelt hot, und die Verbrecher überführen und verurteilen hot lassen.

Ester 1-2

115. Da Haman wui d' Juden ausrottn

Der Haman war der Erste Minister vom Kini Xerxes. Er war der wichtigste Mo glei' nachm Kini, und des hot er sich aa ganz schee raushänga lassen. Alle Leut und alle Minister hobn sich bis zur Kniascheibn owi verbeugt, wenn er, der aufblasne Gimpel, vorbeiganga is. Nur oana hot den Kult net mitgmacht, der Mordechai.
»Warum machstn du koa Manndl vorm Haman?« hobn eahm die andern gfragt. »I bin a Jud'«, hot der Mordechai gantwort', »und i verbeug mi vor neamad, außer meim Herrgott.«
Der Haman hot a Mordswuat kriagt und war entschlossen, net bloß an Mordechai, sondern as ganze jüdische Volk ausz'rotten.
»Rechnets mir an günstigen Tog für mei' Vorhaben aus«, hot er seine' Astrologen befohln, dann is er zum Kini ganga. »Durchlaucht«,

hot er zu eahm gsagt, »in deim Reich is a Volk, des deine Gsetze net befolgt. Gib an Befehl raus, damit i an am von mir persönlich festglegten Tog des ganze Gsindel ausrotten kann. Wenns'd des machst, versprich i dir an unermeßlichen Schatz.« Insgeheim hot er nämlich plant, as Silber und as Gold von de' Juden z'rauben.
»Ja, meinetwegn, wenns'd moanst, nacha unterschreib i halt«, hot der Kini gsagt und sei Siegel unter den Schrieb, den eahm der Haman vorglegt hot, gsetzt. Im ganzen Reich san Abschriften von dem Befehl verteilt wordn; daß der Mordechai und die andern Juden z'Tod erschreckt warn, versteht sich wohl von selber.
Der Mordechai hot sich aber bald wieder derfangt und a Botschaft an d' Königin Ester gschickt, in der er ihr von dem schrecklichen Befehl vom Xerxes bericht' hot. »Liabe Ester«, hot er gschrieben, »geh sofort zu deim Gemahl und setz' di für uns ei'.«
»Moanst ebba, daß des so oafach is, wia du dir des vorstellst?« hot d' Ester zruckgschrieben. »A jeder, der ohne Erlaubnis vorm Kini erscheint, kann auf der Stell' umbracht werdn. I trau' mi des net, no dazua, wos scho oan Monat her is, daß er mi as letztemoi ruafa hot lassn. S'könnt ja sei, daß er gar nimmer z'frieden is mit mir.«
»Mensch, Ester«, hot der Mordechai erneut gschrieben, »du bist unser oanzige Hoffnung. Du bist dir hoffentlich scho im klaren drüber, daß'd so oder so stirbst, weils'd a Jüdin bist. Dem Massaker kimmst net aus. Geh hi' und red' mit eahm, wer woaßs, vielleicht bist in göttlicher Vorsehung Königin wordn, um unser Volk z'retten.«

Ester 3–4

116. Wia d' Ester am Kini ihr Bitt vortragn hot

Aa d' Ester hot gscheit Muffensausen kriagt und hot Zuflucht beim liaben Gott gsuacht. Sie hot inbrünstig bet' und is dann zum Kini ganga. Es hot nur zwoa Möglichkeiten gebn, die sie in Erwä-

gung zogn hot: »Entweder er is guat aufglegt und streckt mir sei Zepter entgegn, dann is mei' Lebn grett. Falls net, na dann servus, dann kann mir an Strick nehma und am nächsten Ast aufhänga.«
Aber d' Ester wär' ja koa richtige Frau gwesen, wenns net gwußt hätt, wia ma a Mannsbuid um an Finger wickelt. Sie hot sich erst amoi ausgiebig bad't und mit verführerischen Düften gsalbt. Dann hots des kloane Schwarze mit dem gewagten Rückendécolleté ozogen und is mit aufreizendem Blick vorn Kini tretn, obwohl ihr Herz bis zum Hals rauf pumpert hot.
Im ersten Augnblick wollt er scho glei' as Plärren ofanga, der Xerxes; aber wia sich sei Ester da so neckisch auf der kloan' Ledercouch nebn seim Thron niederlassen hot, is eahm vor lauter Liab gar nix anders übrigbliebn, ois ihr sei Zepter wohlwollend entgegn z'halten.
»Schau mir in die Augen, Kleines«, hot er mit verliebtem Blick zu ihr gsagt, »was kann i denn für di toa, mei' Herzibopperl, mei' kloans?«
»Ach, mein Süsser«, hots hervorgehaucht, »i taat di und an Haman heut abend gern zu am guaten Essen in meine Gemächer ei'laden. Und hinterher, wenn der Haman ganga is, woaßt as scho...«
»Aber..., aber freili' kimm i«, hot der Xerxes vor lauter Verzückung gstottert, »i kanns ja scho gar nimmer derwarten, mei' Zuckerschneckerl.«
Wias nachm Mahl beim Wein beinand' gsessen warn, hot der Kini d' Ester gfragt: »Was wünschst du dir denn, mei' Schnuckiputzi? Alles kannst von mir hobn, und wenns d' Hälfte von meim Reich wär'.«
»I taat euch zwoa morgn abend gern no amoi zum Essen ei'laden, dann verrat' i dir mein' Wunsch.«
Wia der Haman hoamganga is, war er super drauf und hot sich Wunder was ei'buidt, daß er beim Königspaar zum Essen eigladen wordn is. Aber wenn er an'n Mordechai denkt hot, der partout net vor eahm niederknian wollt, hots eahm glei' wieder an Vogel nausghaut.
»Woaßt was«, hot sei Frau dahoam zu eahm gsagt, »laß doch an Galgn aufstellen, und bitt' an König, daß'd an Mordechai dro aufhänga derfst.« Des hot eahm taugt, und er hot den Galgn errichten lassen.

In der selbigen Nacht hot der Kini net schlaffa könna, und so hot er sich aus de' königlichen Aufzeichnungen vorlesen lassen. Dabei hot er aa den Bericht über die Verschwörung gegn eahm ghört, und daß der Mordechai sie verhindert ghabt hot.
Er hot sofort an Haman ruafa lassen und hotn gfragt: »Wia kann i an Mo für herausragende Verdienste gebührend ehren und feiern lassen?«
Der Haman hot glaubt, daß der Xerxes eahm moant und hot erwidert: »Den taat i in a königlichs Gwand stecka, auf a königlichs Pferdl setzen und vom höchsten Staatsbeamten durch d' Stadt führn lassen.«
»Siehgst«, hot der Kini ganz zufrieden zur Antwort gebn, »genau des machst jetzt mit dem Juden Mordechai.«
Der Haman hot gmoant, eahm trifft der Schlag, wia er des ghört hot. Aber er hot den Auftrag ausführn müassn, und danach is er hoamganga wia a Gstinkerter.

Ester 4-6

117. Wia d' Ester d' Juden gerettet hot

Beim zwoaten Festessen, des d' Ester gebn hot, war der Haman duckmausert und staad, aber der Kini war recht guat drauf. Er hot d' Ester ganz verliabt ogläche1t und zu ihr gsagt: »Ach Ester, mein Goldstück, jetzt verrat' mir halt endlich, was du von mir wuist, aa wenns d' Hälfte vo meim Reich is.«
»Nix dergleichen, mein geliebter König«, hot d' Ester ruhig und gelassen zur Antwort gebn, »i möcht' nur für mi und mei' Volk bitten. Durch den Haß von oam oanzigen Mo is mei' Volk zum Tod verurteilt wordn.«
»Wer is des, wer traut sich so was zmacha?« hot der Xerxes zornig gfragt. »Der da«, hot d' Ester leise gantwort und aufn Haman deut', dem d' Lätschen mit oam Schlag bis zum Boden owigfallen is. Der

Kini is vor lauter Wuat aufgsprunga und in sei Arbeitszimmer grennt, wo der Feignschnaps für besondere Anlässe gstanden is und hot a paar Stamperl zwitschert.
Derweil is der Haman vor der Königin auf d' Knia gfallen und hot um Gnade gwinselt, aber der Kini is zruckkemma und hot an Haman oplärrt: »Du Sauhammel, du mistiger, jetzt unterstehst di aa no, mei' Frau anz'reden!«
»Der Haman hot an Galgn, der no höher wia d' Stadtmauer is, baun lassen, an dem der Mordechai aufghängt werdn soll«, hot daraufhin a Diener am Kini verraten. »So, nacha hängtsn nur glei' selber dro auf«, hot der Xerxes tobt, »und an seiner Stell' soll der Mordechai erster Minister werdn.«
Der Haman is leichenblaß wordn und hätt' vor lauter Angst bald in d' Hosen gmacht, wian d' Wächter ausm Raum zerrt hobn.
»Bitte, bitte, Xerxes«, hot d' Ester gfleht, »kannst den Befehl, alle Juden umzubringa, net nomoi ändern?« »Naa, Schatzl, wenn a Gsetz oamoi beschlossen is, kanns nia mehr gändert werdn«, hot der Kini gantwort, »aber du kannst hinzufügen, was'd wuist, und i werd' s mit meim Siegel unterzeichnen.«
Der Mordechai hot an zusätzlichen Befehl rausgebn, der alle' Juden des Recht gebn hot, sich an dem Tog zu bewaffnen, der für ihr' Ermordung festgsetzt war.
Wias soweit war und der Tog kemma is, hobn d' Leut Angst ghabt, die Juden anzugreifen, weils gwußt hobn, daß sie unterm Schutz vom Kini stehn.
Die Juden warn glücklich und hobn gjuchezt vor lauter Freud' , weil eahna d' Ester as Lebn grett ghabt hot.

Ester 7-8

118. De Gschicht vom Hiob - oder was a Mensch ois aushaltn ko

Der Hiob war a sehr reicher Mo, aber sei Reichtum hot net aus Gold und Silber bestanden, sondern er hot a große Ranch mit am Haufa Schaf', Ochsen, Kamele' und Esel' ghabt.
A jeder hotn bewundert, weil er net selbstsüchtig und knickert war. Zudem war er sehr gottesfürchtig und hot jedem gholfa, der in Schwierigkeiten oder in Not war. Was er aa grad toa hot, ob bei der Arbeit oder in seiner Freizeit, in oaner Tour war er am Betn für sei große Familie, seine Buam und Deandln. Der liabe Gott hot des mit Wohlwollen betracht' und sich sehr übern Hiob gfreut.
Aber wias halt so sei muaß, hots oan gebn, dem des gar net recht in'n Kragn neipasst hot, nämlich der Teife. Des war doch oiwei scho derjenige, der Haß und Unruah gstift, und Unheil unter de' Menschen verbroat hot.
»Der Hiob verehrt und liebt di' doch bloß a so, weils eahm guat geht und er was von dir kriagt«, hot der Satan eines Togs zum Herrgott gsagt. »Wenn net alles so guat laffa taat für eahm, nachad moan i oiwei, taat er sei Meinung bald ändern.«
»Du kannstn gern auf d' Prob' stelln«, hot der liabe Gott am Satan gantwort, »du kannst eahm alles nehma, was er besitzt, bloß eahm selber derfst nix otoa, sonst ruck' ma zamm.«
Bald drauf is oaner vom Hiob seine' Diener mit ana schlechten Nachricht daherkemma: »Mein Gott, Chef, stell' dir nur grad vor, was passiert is. Räuber san eigfallen und hobn alle deine Ochsen und Esel gstohlen.«
Kaum daß er ausgredt ghabt hot, is a zwoater ogrennt kemma und hot ganz aufgregt gmeldt: »I trau' mirs gar net sagn, aber a Blitz hot eigschlagen, und alle deine Schaf' und d' Schäfer mit dazua zammghaut.«
Und wias der Teife hobn wollt, hot a dritter bericht', daß eahm Banditen aa no alle seine Kamele klaut hobn.
Des war aber alles no gar nix im Vergleich zu der Botschaft, die eahm a vierter Knecht überbracht hot: »Alle deine Buam und Deandln san tot. Sie hobn draußen im Landhaus a Party gfeiert und

san bei dem Wüstensturm, der gestern nachmittog drübergfegt is, umkemma. Mei' herzlichs Beileid, Hiob.«
Des war natürlich scho a harter Brocka, den er da verdaun hot müassn, aber der Hiob hot gsagt: »I bin ohne jeglichen Besitz auf d' Welt kemma, alles, was i ghabt hob, hob i vom Herrgott kriagt. Wenn ers mir wieder weggnomma hot, werds scho sein Sinn und sei Richtigkeit hobn. I glaub' trotzdem an eahm und werdn weiter verehrn.«
»Siehgst as«, hot der liabe Gott zum Teife gsagt, »i hobs doch glei gwußt, daß mir der Hiob treu bleibt.«
»Ah geh«, hot der Sparifankerl abgwinkt, »des tuat er doch aa bloß, weil eahm selber nix passiert is.«
»Oiso guat«, hot der Herrgott erwidert, »wenns d' moanst, nacha derfstn aa no krank macha. Aber oans sag i dir, am Lebn laßtn fei scho.«
Tatsächlich hots net lang dauert, und der Hiob hot am ganzen Körper solchene Oaterbinkel kriagt, daß er vor lauter Juckreiz am liabsten d' Wänd hochganga wär'.
»Du mit deiner Beterei und deim Glaubn«, hot am Hiob sei Oide jetzt zum Schimpfa ogfangt, »siehgst as doch, daßs nix hilft.«
»Bist net glei staad, du Goaß, du damische«, hot der Hiob zruckgebn, »uns is 's allerweil no guat ganga. Wenn der Herrgott uns Not und Unglück schickt, dann sollten mirs aa geduldig ertragn, hast mi!«

Hiob 1–2

119. Wia der liabe Gott mitm Hiob gredt hot

Zu alle Zeiten is gern tratscht wordn, über des sell und über des ander'. Und wenns oam so dreckig ganga is, wia jetzt am Hiob, dann hobn d' Leut erst recht an Grund ghabt, sich as Mäu zu z'reissen.

Drei vo seine besten Freund' wollten eahm bsuacha und aufmuntern, aber wias n draußen am Müllplatz hocka gsehng hobn, in Lumpen eigwickelt und auf und auf mit oatrige Gschwür' bedeckt, hots eahna erst amoi d' Sprach' verschlagn. Vor lauter Schreck' sans a Zeitlang stumm dagsessen, koaner hot sich was sagn traut. Bis schö' langsam, oaner nachm andern, ogfangt hobn, am Hiob recht gscheite Ratschläg zu erteilen.

»Du muaßt ja ganz was Schlechts toa hobn, anders gibts des net«, hot der erste an Hiob ganz siebengscheit ogredt, »weil der Herrgott koan solchan Verdruß über an Mo kemma laßt, der guat und gerecht is.«

»Naa, bei meiner Seel', i hob' nix Unrechts toa«, hot der Hiob beteuert, »i hob meim Herrgott oiwei aufrichtig und ehrlich 'dient, und war zu alle Leut freundlich und hilfsbereit.«

Aber die drei hobn koa Ruah gebn: »Geh, erzähl' uns doch net die Story vom Pferd, gibs zua und sag am Herrgott, daß dir deine Sünden leid tean. Werst sehgn, dann werd er dir vergebn, und alles werd wieder guat für di werdn.«

»Sacklzement«, is der Hiob narrisch wordn, »i hob koan Dreck am Stecka. In meiner Not brauch i treue Freund' , aber ihr seid' s gwiß koa Trost für mi'.«

Der Hiob hot gwußt, daß seine Spezln Unrecht hobn, aber insgeheim hot er doch langsam an der Gerechtigkeit vo unserm Herrgott zweifelt.

»Liaber Gott, warum hörst mi net o und gibst mir koa Antwort auf meine Fragen?« hot er plötzlich laut zum Himmi naufgschrien.

Da hot sich a junger Mo eigmischt: »Bis jetzt war i staad, weil i no so jung bin. Aber euch drei hätt' i scho mehrer Grips zuatraut. Hiob«, hot er gsagt, »schau dir amoi den Haufa Stern' am Himmi drobn o. Glaubst du denn oiwei no, daß dei' Lebn so wichtig is? Moanst du im Ernst, daß sich der Herrgott persönlich drum kümmert, obs dir guat oder schlecht geht, ha?«

Aber die Vorstellung, daß der Herrgott weit entfernt is und net an seine Geschöpfe denkt, hot am Hiob erst recht net weitergholfen.

Wia die fünf Männer as Redn aufghört hobn, hot auf oamoi a fürchterlicher Sturm tobt, blitzt und donnert hots und gregnet, was owifallen hot könna.

Plötzlich hobn s' aus dem Sturm a Stimm' vernomma, es war der liabe Gott persönlich, und er hot zum Hiob gsprocha: »Hiob, du hast mir sovui Fragen gstellt, aber jetzt gibst du mir a Antwort auf alles, was i di frag. Wo bist du gwesen, wia i d' Welt erschaffen hob? Warst du dabei, wia i d' Stern oanzeln ins Firmament gsetzt und as Liacht ogmacht hob, ha? Oder woaßt überhaupt, woher as Liacht kimmt? Hast du a Ahnung, wia i des gschafft hob, daß as Meer net überlafft und alles überschwemmt? Woher kemman Schnee und Eis? Sag halt, i möchts wissen! Kannst as du regnen lassen, kannst du de' Pflanzen und Tiere' a Lebn gebn? Wer lehrt denn d' Vögel as Fliagn, und wer sorgt dafür, daß die Viecher in der Wildnis draußen gnua zum Fressen hobn, du vielleicht? Geh weiter, gib mir a Antwort!«

Der Hiob hot nix drauf gwußt, am liabsten waar er im Erdbodn versunka, so hot er sich gschaamt. Schließlich hot er ganz kloalaut rausdruckst: »Liaber Gott, i hob a guats Lebn gführt und dein Willen nach Ehr' und Glaubn erfüllt. Aber i hob aa gmoant, i könnt' mit dir streiten und dir Vorwürf' für mei' Elend macha. I hob aa gmoant, i müaßat alles versteh', was du tuast.«

Der liabe Gott hot am Hiob natürlich net verraten, daß er in die Notlage nur durch sei Wett' mitm Teife kemma is, aber er hot eahm klargmacht, daß er sich auf eahm in jeder Situation verlassen kann.

Der Hiob war aber no net fertig mit seim Schuldbekenntnis: »I hob di nia richtig kennt«, hot er zuagebn, »i hob bloß gwußt, was andere über di gsagt hobn. Aber jetzt, wost zu mir gsprocha hast, siehg i, wia groß und wunderbar du bist. I schaam mi sovui, daß i mi selber so wichtig gnomma hob.«

»Und jetzt hob i mit euch no a Wörtl zum Reden«, hot der Herrgott zu de' drei Spezln vom Hiob gsagt. »Ihr warts ganz schee ausgschaamt und hobts net d' Wahrheit über mi' gsagt, so wia der Hiob. Aber der Hiob werd für euch beten, eahm hobts es zu verdanken, daß i euch vergib.«

Der liabe Gott hot an Hiob wieder gsund gmacht, und eahm wieder zu Reichtum kemma lassen. Er hot noamoi siebn Buam und drei Deandln kriagt, und war stoaalt, wia er gstorben is.

Hiob 2–37, 38–42

120. Wia da Jona vorm liabn Gott davolaffa wollt

Der Jona war oana von de' vielen Propheten, die der liabe Gott ausgsandt hot. Eines Togs hot er zu eahm gsagt: »Jona, i hab a Botschaft, die du am Volk von Ninive bringa sollst. Du woaßt, wia grausam und gottlos die Leut dort san. Sag am Kini und am Volk, daß's eahna an Kragn geht, wenns ihre schlechten Taten net bereun und ihr Lebn net ändern.«

»Spinn i«, hot sich der Jona denkt, »bin i vielleicht a Außendienstler, daß i im Ausland predigen tua? Es glangt scho, wenn i meine Vortragsreisen durch Israel mach'. Aber in a fremd' s Land geh i net, und nach Ninive scho glei' zwoamoi net.«

Ninive war d' Hauptstadt des großen assyrischen Reichs, jeder hot die Grausamkeit von de' Assyrer kennt.

»Da waar i doch schee dumm, wenn i nach Ninive gangert«, hot der Jona weitersinniert, »i predig dene von Vergebung und Heil, und danach bleibns aa no von der gerechten Straf' verschont, dies mehr als verdient hobn. Naa, i warns net, des Gschwerl, des gottlose.«

Der Jona hot beschlossen, sich so weit von Ninive - und vom liaben Gott - abzuseiln, wias nur grad ganga is. Er is zum Seehafen Jafo und hot sich a Ticket nach Tarschisch, am Land, des soweit weg war, daß's d' Israeliten nur aus Erzählungen kennt hobn, glöst.

Er is an Bord ganga und hot sich in seiner Kajüte niederglegt. Er is sofort so tiaf eigschlaffa, daß er net amoi gmerkt hot, wia des Schiff an Hafen verlassen hot.

Sie warn no net weit gsegelt, wia auf oamoi a gewaltiger Seesturm aufkemma is. Die Matrosen hobn Angst kriagt und a jeder hot den Gott seiner Religion um Hilfe gruafa. Sogar d' Ladung hobn s' ins Meer gschmissen, damit as Schiff leichter wordn is. Wia der Kapitän unter Deck ganga is, hot er ganz erstaunt festgstellt, daß der Jona no gschlaffa hot.

»Ja, sag amoi, spinnst du«, hot der Kapitän plärrt und an Jona an der Schulter packt und gschüttelt. »Wia kann ma denn bei so am Sauwetter schlaffa wia a Ratz? Schau daß d' aufstehst und zu deim Gott betst, vielleicht kann der uns helfa, daß ma net untergenga!«

Die Seeleut' hobn unteranand' auskartelt, wer an dem Unheil schuld

is, der Jona hot aa mitmacha müassn und tatsächlich den Schwarzen Peter zogn.
»Sag uns auf der Stell', wer du bist und was'd ogstellt hast, daß'd uns alle in a solchene Not bringst?« hobn s' an Jona bedrängt.
»I bin a Jud'«, hot er ängstlich gantwort, »i bet' den Gott o, der Himmi und Erdn erschaffn hot. Ihr habts scho recht, i hob mi gegn eahm versündigt, weil i sein' Auftrag net ausgführt hob und davoglaffa bin.«
»Ja, was solln ma na' jetzt mit dir macha, daß sich as Meer wieder beruhigt?« hobn eahm die Matrosen ganz entgeistert gfragt.
»Am besten is, ihr werfts mi ins Meer«, hot der Jona ganz gschamig zur Antwort gebn.
»Des könn' ma ja doch net bringa«, hobn die Matrosen gmoant und mit allerletzer Kraft versuacht, des Schiff ans Ufer z'ruadern. Aber es hot nix gholfa.
Da hobn s' zum Herrgott gruafa: »Sei uns net bös, aber es geht net anders«, und hobn an Jona ins Meer neigworfa. Im selben Augnblick hot sich der Sturm glegt, und as Meer war glatt wia a Spiagel.
Die Seeleut' san auf d' Knia gfallen und hobn ganz erschüttert zum Jona seim Gott bet': »Jetzt glaubn mirs wirklich, daß du der oanzige und wahre Gott bist. Ab sofort wolln ma nur no di' obeten und dir dienen, des versprech' ma dir. Amen.«

Jona 1

121. Wia der Jona im Bauch vom Walfisch glandt und nach Ninive groast is

Oanerseits wars sehr mutig vom Jona, wia er de' Seeleut' ogschafft hot, daßn ins Meer werfa, aber wia er vom Schiff in des stürmische Wasser gfallen is, is eahm doch zwoaraloa wordn. Oiwei tiafer und tiafer is er owigsunka und hot d' Algen um seine Haxn rumwurln gspürt.

Er war scho fast bewußtlos vor lauter Wasserschlucka, da hot er in seiner Not a Stoßgebet zum Herrgott gschickt: »Liaber Gott, i woaßs, daß i a großer Sünder bin, aber laß mi bittschön net dersaufa.« Er hot scho nimmer gwußt, wo links und rechts, und obn und unt' is, da is auf oamoi a riesigs Viech dahergschwomma kemma und hot an Jona mit seim großen Maul aufgschnappt. Wia er wieder halbwegs zu sich kemma is, hot er gspannt, daß er in am Walfischbauch glandt war.
»I bin net dersuffa, i leb' no, liaber Gott, i dank' dir recht schee«, hot er gjubelt.
Braucht aber koana glauben, daßs dem Fisch guat ganga is dabei. Drei Tog is er mit am fürchterlichen Magndrücken umanandataucht, bis 's eahm z'blöd wordn is. Er is ins seichte Wasser gschwomma und hot an Jona in hohem Bogen ans Ufer nausgspiem.
»So, und jetzt gehst aber nach Ninive«, hot der liabe Gott dann zu eahm gsagt.
In Ninive okemma, hots am Jona erst amoi d' Sprach verschlagn, und er is ausm Schaugn bald nimmer rauskemma. Drei Tog hot er alloa scho braucht, bis er die ganzen Vergnügungsviertel durchgmacht ghabt hot. Während seiner Streifzüge hot er zwischendrin immer wieder predigt, und, wer sagts denn, der Kini und die Bevölkerung hobn seine Predigten mit größter Aufmerksamkeit verfolgt.
Nachdem eahna der Jona naheglegt ghabt hot: »Entweder ihr bekehrts euch und bereuts eure Sünden, oder der Herrgott werd euch ins Verderben stürzen«, hobn sich alle, vom Kini ogfangt bis hin zum oafachsten Bürger, bekehrt und an liaben Gott um Vergebung gebeten.
Der liabe Gott hot sich narrisch gfreut und wollt Ninive net strafen. Aber des hot an Jona gwurmt. »I hobs doch glei' gwußt, daß du de' Assyrer, dene Hammeln, dene gscherten, vergibst. Du verzeihst sogar unsere' ärgsten Feind', deswegn wollt i scho gar net erst nach Ninive geh. I wollt, i waar tot«, hot er vor sich hin gschimpft wia a Rohrspatz.
Der Jona hot Ninive verlassen, und sich auf am Hügel vor der Stadt niedergsetzt. »Herrschaftseitn«, hot er vor sich hin pulvert, »vielleicht fallt doch no a Schwefelregn owi und vernicht' die Assyrerbruat, die meineidige.«

Inzwischen wars mittog, und der Jona hätts vor lauter Hitz' in der prallen Sonn' bald nimmer ausghalten.
Da hot der liabe Gott a große Pflanzen über eahm wachsen lassen, damit er an Schatten ghabt hot und sei Grant verflogn is.
Aber am nächsten Tog in der Fruah hot der liabe Gott an kloana Wurm gschickt, der die Wurzeln von dera Pflanzn ogfressen hot, so daßs verdorrt is. Und wia d' Sonn aufganga is, hot der Herrgott no an hoaßen Ostwind blasen lassen. Der hoaße Planet hot am Jonas dermaßen auf d' Platten brennt, daß er fast ohnmächtig wordn wär, und vor lauter Wuat sterben wollt.

»Find' st du des richtig«, hotn der liabe Gott gfragt, »daß'd wegn so am Strauch an solchen Aufstand machst?«
»Ja, des find' i richtig, am liabsten möcht' i sterbn«, hot der Jona beleidigt gantwort und wia a kloans Kind mitm Fuaß aufn Boden gstampft.
»Dann werd i dir jetzt amoi was sagn«, hot der Herrgott ganz ruhig gsagt. »Dir tuats doch gar net leid um den Strauch, für den du nix arbeitn host müassn. Über Nacht war er da, und über Nacht is er wieder ganga. Aber i soll koa Mitleid hobn mit Ninive, um die Stadt, in der sovui Menschen und Viecher lebn?«

Jona 1–4

122. Wos da Maleachi vorhergsagt hot

D' Menschen san mit nix z'frieden, aber scho mit gar nix. Gehts eahna schlecht, jammerns; gehts eahna net schlecht, jammerns aa – weils eahna z'guat geht.
Und so wars halt bei de' Juden aa wieder amoi. So wia heut oft von der guaten, alten Zeit gredt werd, hobn sie sich wehmütig an die Tog erinnert, wo eahnare Eltern voller Freud' aus der babylonischen Gefangenschaft zruckkehrt san.
Es war net oafach damois, sie hobn hart arbeiten müassn, bis der Tempel und d' Stadt wieder aufbaut warn. Aber des hot eahna net sovui ausgmacht wia jetzt, wos im Alltagstrott bald erstickt wärn.
Die ganze Woch' sans stur eahnara Arbeit nachganga, aber so richtig wohlhabend war koana. Am Sabbat sans in'n Tempel und in d' Synagoge ganga, aber net aus Überzeugung, sondern weil sich des halt so ghört hot. Der Gottesdienst selber, der hots eher glangweilt, den hobn s' auf eahnare vier Buachstabn abgsessen – so wia mas ebn heutztog aa macht.
Da hot der Prophet Maleachi zu eahna gsprocha: »Der Herrgott liebt euch no immer und kümmert sich um euch!« »Was«, hobn s' gsagt,

»da spann ma' aber nix davo. Diejenigen, die net an eahm glaubn, san besser dro. Die hobn doch alloa scho vui mehrer Freizeit und könna in'n Frühschoppen geh oder sich in d' Sonn' legn. Naa, rentiern tuat sich der Aufwand net.«
»Reißts euch zamm und halts am liaben Gott an gebührenden Platz in euerm Lebn frei«, hot eahna der Maleachi zur Antwort gebn, »der Herrgott taat liaber an Tempel für oiwei zuamacha, als sich damit ab-z'finden, wia ihr umanandhängts. Ihr gehts doch bloß mehr aus Gwohnheit hi', net aus Frömmigkeit und Gottesfurcht. Andächtig beten könnts ihr gar nimmer, ihr wißts gar net, was ihr da owileierts. Statt daß am liaben Gott as Beste gebn taats, opferts eahm die lahmen und kranken Viecher aus eure Herden. Und nacha erwarts aa no, daß er euch segnet. Kehrts zu eahm zruck, dann werd er euch mit seim Segn überschütten.
Ihr beschwerts euch, daß er koane Wunder mehr für euch tuat. I hob a Neuigkeit für euch - der Herrgott selber werd sein Tempel bsuacha. Brauchts euch ja nix vormacha, der liabe Gott woaß ganz genau, wern aufrichtig liebt oder net, und wenn er kummt, werd er die Guaten von de' Schlechten trenna.
Aber bevor er kummt, schickt er an Boten, der eahm sein Weg bereit'. Der Bote werd wia der Elia sei und euch klar und deutlich sagn, was der Herrgott von euch verlangt. Also richts euch zamm, bald is soweit, der Bote kummt mit Sicherheit!«

Maleachi

123. Da neiche Kini wird scho no kemma

Über vierhundert Jahr' wars scho hergwesen, daß der Prophet Maleachi d' Israeliten ermahnt ghabt hot, sich auf den Tog vorzubereiten, an dem der Herrgott zu seim Volk kemma wollt.
Schwere Zeiten hots inzwischen gebn ghabt. Auf die persischen Kaiser warn griechische Eroberer gfolgt. Oa oanzigs Moi hobn d' Juden unter eahnam Anführer Judas Makkabäus eahna Freiheit wiedergwonna. Aber jetzt hobn s' wieder unter fremder Herrschaft glebt, d' Römer hobn d' Griechen besiegt ghobt. Überall im Land hots von römische' Soldaten grad a so gwimmelt, die fast in jeder Ortschaft stationiert warn.
»Ja, wenn doch amoi a neuer Kini kemma taat, der könnt' die Bluats-Römer vertreibn und wieder a jüdischs Königreich errichten. Wann schickt uns der Herrgott denn endlich amoi sein versprochnen König, daß der uns von dera Römer-Bruat befreit?« war der allgemeine Tenor.
Es hot aber aa oa gebn, die gerecht und gottesfürchtig glebt hobn. Aa sie hobn sich nach dem göttlichen Kini gsehnt, aber sie hobn sich koan großen Feldherrn, sondern an gerechten und guaten Herrscher gwünscht.
Der Zacharias war a Priester und hot mit seiner Frau Elisabeth um an solchen Herrscher bet'. Die zwoa warn scho recht alt und hobn no koane Kinder ghabt, obwohl sie sich owei oa gwünscht hätten. Sie hobn sich oft über die Stellen in der Schrift unterhalten, wo von dem Kini bericht' wordn is, den der Herrgott zur Rettung von Israel schicka wollt. Und sie hobn mitanand drum bet', daß der Tog bald kummt, an dem der liabe Gott sei Versprechen ei'löst.

Lukas 1

124. Wia da Zacharias Tempeldienst ghabt hot

Die Priester, die am liaben Gott im Tempel von Jerusalem dient hobn, warn in vierazwanz'g Gruppen aufteilt. Jede Gruppn hot zwoamoi im Jahr für oa Woch' Dienst im Tempel ghabt.
Eahna wichtigste Aufgab war, die Opfer fürn liaben Gott zu vollziahgn, in der Fruah as Rauchopfer, nachmittog as Brandopfer.
Aber es warn eahna so vui Priester, daß für de' spezielle Aufgab eahnare Nama ausglost werdn hobn müassn. Da hots oiso durchaus passiern könna, daß oana in seim ganzen Lebn net drokemma is. Dazua is no kemma, daß koana den Dienst a zwoats Moi übernehma hot derfa.
'Unter dene Umständ' kann mas scho versteh', daß der Zacharias ziemlich aufgregt war, wia sei Nama endlich amoi zogn wordn is. Er hot die Aufgab ghabt, as Rauchopfer darz'bringa. As ganze Volk is draußen gstanden und hot bet', während er im Tempel am Herrgott gopfert hot.
»Liaber Gott, bittschön schick' den Kini bald, den du uns versprocha hast«, hot er sogar bei dera Glegenheit bet'.
Auf oamoi is a Engel nebn eahm gstanden, der Zacharias is gscheit erschrocka und hot sich gfürcht. »Brauchst koa Angst hobn, Zacharias«, hot der Engel zu eahm gsagt, »der Herrgott hot dei' Bitt' erhört, dei' Frau Elisabeth werd an Buam kriagn. Er werd der Bote sei, der alles für die Ankunft des neuen Königs vorbereiten soll. Johannes soll er hoaßen, und er werd vom Geist unseres Herrn erfüllt sei. Er werd dafür sorgn, daß sich viele ausm Volk Israel bekehrn und zu unserm Herrgott zruckkehrn.«
Der Zacharias hot gmoant, er hört und siehgt net richtig. »Woher soll i oider Mo denn wissen, daß des wahr is, was du sagst?« hot er recht dumm gfragt. »Du paß amoi auf«, is der Engel grantig wordn, »i bin der Erzengel Gabriel und Chefsekretär vom Herrgott persönlich. Er hot mi' extra mit dera Botschaft zu dir gschickt. Zur Straf', weils d' zweifelt hast, sollst stumm sei bis zu dem Tog, an dem des alles ei'trifft!«
»Menschenskinder, der braucht aber heut wieder lang«, hobn sich d' Leut draußen im Tempelhof scho gwundert, weils aufn Segn am

Schluß vom Opferdienst gwart hobn. Wia er dann endlich rauskemma is, hot er net redn könna und eahna nur a Zeichen mit der Hand gebn. »Uuuiih, der hot a Erscheinung ghabt«, hobn d' Leut gflüstert.
Wia sei Dienstwoch' vorbei war, is der Zacharias hoamganga und hot seiner Frau, der Elisabeth, alles aufgschrieben, was gschehng war. Die war natürlich außer sich vor lauter Freud': »Nach dera langen Warterei soll i doch no Muatter werdn. Liaber Gott, i dank' dir schee, i hobs oiwei gwußt, daß du auf mi' schaust und mir hilfst.«

Lukas 1

125. A Engel für d' Maria

D' Elisabeth hot a Verwandte ghobt, d' Maria. Sie hot in Nazareth gwohnt und war, obwohl no recht jung, scho mitm Joseph, dem oanzigen Zimmermo am Ort, verlobt.
Eines Togs hot der liabe Gott an Erzengel Gabriel zur Maria gschickt. Sie hot grad Lebkuacha gmacht, wia der Engel in ihr Stubn tretn is und ihr verkünd't hot: »Grüaß di' Gott Maria, der Herr is mit dir. Unter alle andern Weiberleut' hot er di' zu Großem auserwählt.« D' Maria is erschrocka und hot überlegt, was der Gruaß wohl bedeuten soll.
»Brauchst di' net fürchten, Maria, a guate Nachricht hob i für di'«, hot der Gabriel weitergredt. »An Buam werst kriagn, dem sollst du den Nama ›Jesus‹ gebn. Groß werd er sei und Sohn des Höchsten werdn d' Leut zu eahm sagn. Eahm werd der liabe Gott den Königsthron vom David gebn und sei Reich werd niamois enden.«
»Sei net bös, guater Mo, aber wia soll denn des geh, i bin doch no net verheirat'?« hot d' Maria ganz verwundert gfragt.
»Tua di' net ab, Maria«, hot der Gabriel gantwort, »der Heilige Geist werd über di' kemma, und sei Kraft werd des Wunder bewirken. Deswegn werd ma' zu deim Kind aa Sohn Gottes sagn. Denn bei

unserm Herrgott is nix unmöglich. Schau her Madl, aa d' Elisabeth, dei' Basl, werd a Kind kriagn, obwohls scho so alt is, in drei Monat' is 's soweit und sie werd an Buam auf d' Welt bringa.«
»Versteh' tua i des zwar net«, hot d' Maria gmoant, »aber i bin a Dienerin vom liaben Gott, und i tua alles, was er von mir erwart'.«
Nach a paar Tog hot sich d' Maria aufn Weg zu ihrer Verwandten gmacht. D' Elisabeth hots scho von weitem gsehng, is ihr entgegn glaffa und hots abbusselt, weil sie hot des wunderbare Geheimnis von der Maria ja scho kennt.
»Ach Maria, du woaßt gar net, was für a Glück und an Segn du erfahren hast«, hot d' Elisabeth voller Freud' ausgruafa, »du bist mehr als alle andern Frauen gesegnet, weils d' glaubt hast!«

»Liaber Gott, i dank' dir recht herzlich für dei' Gnad', daß'd auf mi' arme Magd gschaut hast«, hot d' Maria ganz inbrünstig bet', »dei' Güte und dei' Liab' san unermeßlich.«
D' Maria is bei der Elisabeth bliebn, bis die kurz vor der Entbindung war. Dann is 's wieder hoam nach Nazareth.
Aa der Joseph hot kurz drauf a Erscheinung ghabt, im Traam is eahm a Engel erschienen und hot zu eahm gsprocha: »Hab' koa Angst, Joseph, du Sohn ausm Geschlecht' David, nimm d' Maria zur Frau, sie is die Muatter des Gottessohnes. Du sollst ›Jesus‹ zu eahm sagn, denn er werd sei Volk von seine' Sünden erlösen.

Lukas 1

126. Wia da Johannes auf d' Welt kemma is

Es war ganz schee was los, wia d' Elisabeth und der Zacharias an Buam kriagt hobn. Nach acht Tog war d' Beschneidung und alle Verwandten und Bekannten aus nah und fern san dazua eigladen gwesen.
Obwohl a jeder gwußt hot, daß des neugeborene Kind am allerwenigsten zur Unterhaltung beisteuern kann, hobn alle gmoant, sie müassn irgend' an Kommentar abgebn, aa wenns no so a großer Schmarrn war.
»Mei', is des a bravs Butzerl«, »ganz der Vota, gell«, »naa, d' Augn hot er von der Muatter« (obwohl er gschlaffa und seine Augn zuaghabt hot), »ja schaun nur o, wia sche' er schlaft«, »geh sag amoi, wie heißt denn du, bestimmt Zacharias, wia dei' Papa, gell?« So hot oa Frag die ander' an Dummheit übertroffen.
»Naa, Johannes soll er hoaßen«, hot d' Elisabeth sich eigmischt, der des Getue langsam aufn Geist ganga is. »Ja, aber wieso Johannes«, hobn s' alle ganz verwundert gfragt, »so hoaßt doch koa Mensch in der ganzen Verwandtschaft net?«
»Johannes bedeut': Der Herr ist gnädig«, hot d' Elisabeth zur Ant-

wort gebn. »Und überhaupt, fragts an Zacharias, wenns es genau wissen wollts.«
Der Zacharias hot oiwei no net redn könna, und so hot er sein Griffel und sei Schreibtafel zur Hand gnomma und draufgschrieben: »Der Name von diesem Buben soll Johannes sein. Habts mi'?«
Im selben Augnblick hot er gspürt, daß er wieder reden kann und hot sofort an Lobgsang ogstimmt: »Lieber Gott, ich danke dir, einen Buben schenkst du mir. Lang hob' i drauf warten müassn, jetzt werdn mir des Kind begiassn!«
Nachdems ogstossen ghabt hobn, is der Zacharias ganz ernst wordn und hot prophezeit: »Gepriesen seist du Herr, Gott Israels, du hast dei' Volk hoamgsuacht und eahm d' Erlösung 'bracht. Und du, Bua, werst Prophet des Allerhöchsten genannt werdn; denn du werst am Herrn vorausgeh und seine Wege bereiten.
Die lange Nacht des Wartens hot endlich a End', der Morgen bricht an. Herrgott, du bist voller Liab' und Erbarmen, dei' Erlöser werd uns as Liacht bringa und uns auf den Weg des Friedens führn. Amen!«
Der Johannes aber is recht guat hergwachsen und hot sich zu am intelligenten junga Mo entwickelt. Er hot sich ois Einsiedler in d' Wüste zruckzogn und is da draußen bliebn, bis er vorm Volk Israel auftreten sollt.

Lukas 1

127. Wiaras Jesuskindl auf d' Welt kemma is

Der Kaiser Augustus von Rom wollt wissen, über wiavui Menschen er regiert und mit wiavui Steuern er deswegn rechnen hot könna. Deshalb hot er a Volkszählung in seim Reich ogordnet. Jeder Jud hot sich in seiner Heimatstadt melden müassn, damit sei Nama in d' Steuerlistn ei'tragen werdn hot könna.

Die Nachricht vo dera Volkszählung hot Nazareth grad a paar Tog, bevor d' Maria ihr Kind auf d' Welt bringa sollt, erreicht.

»Des aa no, jetzt paßts mir ja überhaupt net«, hot der Joseph vor sich hi gschimpft.

»Was is denn, Sepp, was regst di' denn so auf?« hot d' Maria gfragt.

»Ach geh zua«, hot der Joseph gantwort, »nach Bethlehem soll i geh, weil des der Geburtsort vo meim Stammvater David is. Ins römische Register muaß i mi ei'tragen lassn, woaßt scho, wegn dera bledn Volkszählung. Ausgrechnet jetzt, wo's bei dir jeden Tog losgeh kann.«

»Tua di net ab, des packa mir zwoa scho«, hot d' Maria gmoant, »woaßt was, i geh mit dir.«

»Des kimmt ja gar net in Frag«, is der Joseph aufganga, »du in deim Zuastand, wos jede Stund soweit sei ko!«

»Geh, Bepperl, sei halt net a so«, hot d' Maria bettelt, »alloa lassen kannst mi aa net, weil i mi sonst fürchten muaß.«

»Oiso guat, meinetwegn«, hot der Joseph nachgebn, as Nötigste für d' Roas zammgricht und auf sein Esel packelt.

Fast a Woch warens unterwegs. »Da schau viare, Maria, da vorn auf dem Berg zwischen de Felder liegt Bethlehem«, hot der Joseph erleichtert zu seim Wei gsagt.

Es is schee staad dunkel wordn, kalt wars und zum Schnein hots ogfangt, wia d' Maria an Joseph ganz zaghaft am Ärmel zupft hot: »Joseph, i glaub, es is bald soweit, moanst daß ma no irgendwo a warms Platzl zum Übernachten derwischn?«

»I kann dirs aa net sagn, Maria, laß uns oafach probiern«, hot der Joseph gmoant.

»Mei Frau erwart a Kind, es kann jeden Augnblick soweit sei«, hot der Joseph an jeder Tür, wos oklopft hobn, gsagt. Aber überall hots nur ghoassen:

»Des könnt a jeda sagn, da hätts halt reservieren müassn. Jetzt, mit der Volkszählung san ma sowieso ausgebucht, schauts, daß weiterkemmts!«

Sie warn scho ganz entmutigt, wia sich am End doch no oaner erbarmt hot: »Paß auf«, hot er zum Joseph gsagt, »draußen vor Bethlehem steht a leerer Stall, in dem normalerweis as Viech unter'bracht is. Da kannst mit deiner Frau übernachten.«

Wias okemma san, hot der Joseph an Platz hergricht und saubergmacht, so guats halt ganga is. D' Maria hot sich niederglegt, und der Joseph hot ihr Wasser zum Trinken und zum Waschen gholt.
Sie hot an Buam auf d' Welt bracht, und voller Freud hobn s' alle zwoa eahna Kind betracht.
»Jesus soll er hoaßen«, hot der Joseph stolz gsagt, »so wias mir der Engel auftragn hot. Eahm hot der liabe Gott zu unserer Rettung gschickt.«
D' Maria hot des Kind in Windeln gwickelt, und weils koa Wiegn ghobt hobn, hot der Joseph den Kloan in a Fuatterkrippn glegt, aus der sonst d' Viecher as Heu gfressen hobn.

Lukas 2

128. De Schofhirtn vo Bethlehem

Für die Hirten auf de' Felder' rings um Bethlehem hot selbige Nacht wia jede andere ogfangt. Sie hobn auf eahnare Schaf' aufpassen müassen, die scho bald in der nahen Hauptstadt Jerusalem verkauft werdn sollten. Dort san die Viecher im Tempel am liaben Gott gopfert wordn, deswegn hobn s' in am guaten Zuastand sei müassn, des hoaßt, sie hobn koane zerkratzten Ohrwascheln und koane Schrammen an de' Haxn hobn derfa.
Während sie Wach' ghalten und sich am Feuer gwärmt hobn, hobn sich die Hirten Gschichten erzählt, damits eahna net so langweilig war und sie net eigschlaffa san.
Auf oamoi is der nächtliche Himmi in a flammend's Liacht 'taucht wordn, a Engel des Herrn is auf sie zuatretn, und a überirdischer Glanz hot sie umstrahlt.
»Auweh zwick, is des am End' der Weltuntergang?« hobn die Hirten ausgruafa und san vor lauter Angst ganz eng zammgruckt.
»Brauchts koa Angst hobn, Mannerleut', i verkünd' euch heut a große Freud' «, hot der Engel zua eahna gsagt. »Ganz Israel kann sich

freun, denn heut is in der Stadt Davids Christus der Retter geborn. Gehts weiter, und schauts es euch selber o: Ihr werd' s eahm in Windeln eigwickelt und in ana Fuatterkrippn finden.«
Plötzlich war der ganze Himmi voller Engel, die Musi' gspuit und gsunga hobn: »Ehre sei Gott im Himmelsthron, er schickt euch heute seinen Sohn. Er kommt auf die Erden nieder, und bringt euch den Frieden wieder, hey babalubap badam pam pam!«
»Ja spinnts denn ihr da hinten vom Boa weg«, hot der Dirigentenengel die Chorsänger oplärrt, »mir feiern die Geburt des Gottessohnes und singa net auf irgendam Rock-'n'-Roll-Festival, auf gehts, da capo, nomoi von vorn, aber daß mir koaner mehr dazwischen batzt!«
Nachdem des himmlische Konzert beendet war, san die Engel so schnell verschwunden, wias kemma warn.
Die Hirten hobn sich ganz verwundert ogschaut. »Barthl, zwick mi', i kann gar net glauben, was i gsehng hob'«, hot oaner gsagt, »oder fang i wirklich as Spinna o?« »Auf gehts, Mannder«, hot a anderer gruafa, »laßts uns oschaun, was der Herrgott uns verkünden hot lassen!« Sie hobn ihre Haxn unter d' Arm gnomma und san Richtung Bethlehem grennt.
Wias d' Maria und an Joseph gfunden und des Kindl in der Krippn liegn gsehng hobn, sans auf d' Knia gfallen und hobn as Jesukindl obet', des da so brav und unschuldig vor sich hin gläche lt hot. Auf oamoi hots a bisserl gmampst, sei Gsichtl verzogn und wollt as Woana ofanga. »Was hot er denn der Kloa', is eahm net guat?« hot oaner vo de' Hirten besorgt gfragt. »Naa«, hot d' Maria gsagt und glacht, »geh weiter Joseph, hol' amoi a frische Windel für unsern Buam.«
Die Hirten hobn der Maria und am Joseph von eahnam Erlebnis und der Botschaft, die eahna der Engel überbracht ghabt hot, erzählt. D' Maria aber hot alles, was passiert war, in ihrm Herzen aufbewahrt und drüber nachdenkt.

Lukas 2

129. »Suachts mara moi den neichen Kini!« hot da Herodes gsagt

Net nur d' Juden hobn auf den großen, vom Herrgott verheißnen Kini gwart. Gschichten, daß bald ein vom liaben Gott gesalbter Kini kemma soll, warn weit verbroat'. Weise und gstudierte Männer in weit entfernte' Länder' hobn auf eahm gwart'. Aber allzu vui war net bekannt vo eahm, nur daß er in Judäa geborn werdn und d' Welt in Gerechtigkeit und Frieden regiern sollt.

Wissenschaftler hobn scho zur damaligen Zeit d' Stern' und Planeten erforscht und ganz genaue Zeichnungen über eahnare Bahnen ogfertigt, weils glaubt hobn, daßs daraus was über zukünftige Ereignisse erfahrn könnten.

Zu der Zeit, wia da Jesus in Bethlehem auf d' Welt kemma is, hobn a paar Sterndeuter an bsonders hellen Stern am Himmi entdeckt. »A so a Stern is gwiß a Zeichen für die Geburt von am großen König«, warn sie sich einig. »Wer woaßs«, hobn s' grätselt, »vielleicht hobn sich die oiden Weissagungen jetzt endlich erfüllt? Am End' is in Judäa tatsächlich a Kini geborn wordn? Der Sach müass' ma aufn Grund geh.«

Sie hobn alles hergricht für die lange Roas', an Haufa wertvolle Gschenke ei'packelt und san mit eahnare Diener' und Kamel' in Richtung Judäa aufbrocha. Sie wollten schnurstracks zum Palast in der Hauptstadt Jerusalem, weil sie warn sich sicher, daßs dort am ehesten des Kind finden taatn.

An Pfeifadeckl. Im Palast hot der Kini Herodes regiert, der sei Macht vo de' Römer erhalten ghobt und gierig dro festghalten hot. Er hot auf'paßt wia a Luchs, daß eahm neamad sein Thron streitig gmacht hot.

Wia der Herodes ghört hot, daß da so noblige Fremde okemma san, die nach am neugebornen Kind suacha, is er sofort aufmerksam wordn, denn schließlich hot er die Weissagungen in der Bibel von am künftigen Messias aa kennt. Sofort hot er seine Priester und Gesetzeslehrer zu sich bstellt: »Gibts irgend a Schrift, in der steht, wo der verheißne Kini geborn werd?« hot er aufgregt gfragt.

»Ja freili', Majestät«, hobn die Gstudierten zur Antwort gebn, »der

Prophet Micha schreibt, daß selbiger Kini in Bethlehem, der Stadt David' s auf d' Welt kemma soll.«
Der Herodes hot die Fremden zu sich eigladen und sich mit aufgsetzter Höflichkeit oghört, was sie zu erzähln ghabt hobn. Sei Angst hot er sich aber net okenna lassen.
»Wißts was, gehts nach Bethlehem«, hot er eahna graten, »dort soll der Messias geborn werdn. Und wenns eahm gfunden hobts, dann kemmts zu mir zruck und sagts mirs genau, wo er is«, hot er no scheinheilig dazua gsagt, »weil i möchtn doch schließlich aa bsuacha und mei' Aufwartung macha.«
Wias finster wordn is, hobn die Weisen eahna Roas' wieder fortgsetzt.

Matthäus 2

130. De Heilign Drei Kini

No bevor die Weisen Bethlehem erreicht hobn, hot der Joseph die junge Muatter mit ihrm Neugebornen in am Haus unterbringa könna. Der Joseph hot jetzt schaun müassn, daß a Geld rei'ganga is, damit er sei junge Familie ernährn hot könna. Aber des war koa Problem, für an guaten Zimmermo hots immer und überoi a Arbeit gebn.
Der Stern, der die Heiligen Drei Kini gführt ghabt hot, is über selbigem Haus steh'bliebn. Aber net daß oana moant, die kloane Familie hätt' in großem Pomp glebt, im Gegnteil. In ana winzigen kloana Wohnung hobn s' ghaust, da hots koane wertvolln Wandteppich' oder sonstigen Schnickschnack gebn, und es warn aa koane Diener da, die sich um die junge Muatter und ihr Butzerl 'kümmert hätten.
A einsame junge Frau hobn s' vorgfunden, die im schummrigen Kerzenliacht ihr kloans Kind gstillt hot. Aber koaner von dene drei Besucher hot dro 'zweifelt, daß es sich dabei ums Jesuskindl ghan-

delt hot. Sie san sofort niederkniat und hobn dem himmlischen Kini ghuldigt.
»Grüaß di Gott, Jesuskindl«, hobn s' zu dem Kloan' gsagt, »mei', bist du brav. Was moanst, was mir dir alles mit'bracht hobn.«
»Da schau einmal her«, hot der Caspar gmoant, und dem Büaberl an Goldklumpn unter d' Nasen ghalten, »siehgst du, wia des schee glänzt, des gfallt dir, gell?«

»Riach' amoi«, hot der Melchior ogfangt, »des is a Weihrauch, feini, feini.«
Und der dritte, der Balthasar hots aa net graten könna und dem Kind sei Gschenk präsentiert: »I hob dir aa was Schönes mit'bracht, des is a Myrrhe, mmhh, des is a Düfterl, mmhh!«
Sie hobn s' eahm ja bloß guat gmoant, aber der Kloa' in seim Betterl hot Gschenk Gschenk sei lassen und gruasselt.
Aber die Besucher warns z'frieden, jetzt, wos den neugebornen Kini gfunden und gsehng ghabt hobn.
»Schö' staad müass' mas wieder packa und hoamziahgn«, hobns beschlossen und san in a Hotel zum Übernachten.
In der Nacht hot der liabe Gott sie im Schlaf gwarnt: »Kehrts nimmer zum Herodes zruck, dem Bazi, dem odrahten. Der wui dem Kind nix Guats.«
Und so sans am nächsten Tog in der Fruah aufbrocha und hobn a andere Reiseroute eigschlagen.

Matthäus 2

131. Da Joseph und sei Familie fliehn vorm Kindermord vo Bethlehem

In selbiger Nacht hot aa der Joseph an Traam ghabt, in dem a Engel des Herrn zu eahm gsprocha hot: »Nimm d' Maria und an Jesus und hau' sofort ab nach Ägypten«, hotn der Engel gwarnt, »der Herodes werd bald seine Soldaten herschicka, damits des Kind suacha und umbringa. Ihr müaßts so lang in Ägypten bleibn, bis d' erfahrst, daß die Gefahr vorüber is.«
Der Herodes hot in der Zwischenzeit ungeduldig in seim Palast auf die Fremden gwart', d' Zeit is verganga, und er is oiwei wepsiger wordn. »Die hobn mi' 'blitzt«, hot er sich denkt, »und mi' durchschaut. Die san bestimmt scho längst wieder dahoam. Was kann i bloß toa, daß der neugeborne Kini mei' Herrschaft net gefährden kann?«

Er hot an fürchterlichen Befehl an seine Offizier' ausgebn: »Bringts jeden Buam bis zum Alter vo zwoa Jahr' um, der in Bethlehem oder Umgebung geborn wordn is.«
Was dann kemma is, mag i gar net näher beschreibn, des war schlimmer und grausamer, als der schrecklichste Horrorfilm überhaupt sei kann.
Zur selben Zeit warn der Joseph, d' Maria und as Jesuskindl scho nach Ägypten unterwegs, der liabe Gott hot sie beschützt. Nur kurze Zeit drauf is der Herodes gstorben.
»Auf gehts, Joseph, geh mit deiner Familie wieder in dei' Hoamat zruck«, hot der Engel am Joseph auf'tragen. »Diejenigen, die des Kind umbringa wollten, san jetzt selber hi'.«
Die kloane Familie hot sich aufn Weg gmacht, aber der Joseph hot oiwei no gfürcht', es könnt' z'gfährlich sei, nach Bethlehem zruck-z'kehren. Er hot nämlich erfahrn ghabt, daß der Archelaus, der grausame Bua vom Herodes, seim Vota ois Kini nachgfolgt war. Aber zum Glück hot ma' dem nur die Herrschaft über die südlichen Teile des Landes übertragn ghabt.
So hot der Joseph sei Familie in'n Norden zruckführen könna, und sie hobn sich wieder in Nazareth niederlassen.

Matthäus 2

132. Wia ausm Jesuskindl a Bua wordn is

Alle Jahr' zur Frühlingszeit hobn viele jüdische Familien a Roas' nach Jerusalem 'plant, um dort as Passafest zu feiern. Selbigs Fest hot an die wunderbare Rettung von de' Ägypter vor langer, langer Zeit erinnert.
Diejenigen, die von weit her kemma san, hobn sich im Freien a Platzl zum Essen, Trinka und Übernachten gsuacht. Eigentlich warn des scho Vorläufer von de' heutigen Camper, die jeden freien Fleck an Flußufern und Badeseen bevölkern. Nach und nach hobn sie sich

mit de' Pilger' aus anderen Städten troffen und sich dem großen Pilgerzug, der sich durch die engen Gassl vo Jerusalem gwälzt hot, ogschlossen.

Wia der Jesus zwölf Jahr' alt war, is er mit der Maria und' m Joseph zum Passafest nach Jerusalem groast.

Wia d' Festwoch' vorbei war, hobn sich die Mütter mit eahnare Kinder wieder aufn Hoamweg gmacht, d' Mannsbuider san no a bisserl bliebn.

Es war scho Abend, wia sich der Joseph und d' Maria wieder troffen hobn.

»Wo isn der Jesus?« hot der Joseph besorgt gfragt.

D' Maria is gscheit erschrocken: »Ja i hob gmoant, der is bei de' Männer«, hots ahnungslos gantwort'. Mit zwölf Jahr' war der Bua nach jüdischem Gsetz nämlich fast a Mo und scho z'alt, daß er no mit de' Kloana mit'ganga waar.

In der ganzen Reisegruppn hobn s' n gsuacht, aber nirgends war er aufz'finden. »Nacha bleibt uns nix anders übrig, ois daß ma nomoi nach Jerusalem schaun, vielleicht find' man dort«, hobn s' beratschlagt.

Sie hobn alles mögliche überlegt, wos n suacha könntn: »Vielleicht hot er aa neue Spezln kennenglernt und is mit dene hoamganga?« Aber wo aa immer sie nachgschaut hobn, der Bua war spurlos verschwunden.

Sie warn scho ganz verzweifelt und wollten zur Polizei geh, wia oaner gsagt hot: »Halt aus, teats langsam, i hob euern Jesus im Tempel bei de' Lehrer' gsehng.«

Sie san sofort zum Tempelhof glaffa, wo die jüdischen Schriftgelehrten unterricht' und über d' Schriften diskutiert hobn.

D' Maria hot ihrn Buam natürlich schnell entdeckt. Er hot fleißig de' Lehrer' zuaghört und eahna alle möglichen Fragen gstellt. D' Maria hot eahna ihr Verwunderung scho an de' Gsichter okennt, daß so a junger Mo scho so gscheit mit eahna dischkriern hot könna.

Da is der Joseph in die Diskussionsrundn nei'platzt, hot an Jesus bei der Hand 'packt und zu seiner Muatter gführt.

»Ja mei', Bua, wia kannst du uns so was otoa?« hotn d' Maria fassungslos gfragt, »dei' Vota und i hobn uns solchene Sorgen um di' gmacht.«

»I hob gmoant, ihr wisserts, daß i im Haus vo meim Vota sei muaß«, hot der Jesus gantwort'. Dann sans hoam nach Nazareth.
D' Maria hot no lang drüber nachdenkt. Daß ihr Bua anders war, hots scho gwußt, aber verstanden hots deswegen längst no net alles.

Lukas 2

133. Da Johannes tauft am Jordanfluß

Die Zeit is verganga, und der Johannes, der Bua vom Zacharias und der Elisabeth, und da Jesus, der Bua von Maria und Joseph, san schee staad zu gstandne Mannsbuider hergwachsen. Obwohl verwandt, warens alle zwoa doch recht verschieden.
Der Johannes is fort von dahoam und hot draußen in der Wüstn in der Näh vom Jordan unter freiem Himmi a strengs Lebn ogfangt. Da hots koan Baum gebn und koan Strauch, bloß Disteln und Dornen, Sand und nackerte Stoana. Aber der Johannes wollt oafach alloa sei, weil er in der Einsamkeit erkenna wollt, was der Herrgott mit eahm vorghabt hot.
Er war a oafacher, offener Mo wia der Prophet Elia, und er hot aa des gleiche Outfit tragn wia der. Mi host ghaut, in a Kamelfell hot er sich eigwickelt, des er bloß mit am Ledergürtel um d' Hüften zammghalten hot, des muaßt fei scho mögn. Sei Esserei erst recht, da hots bloß gebn, was er in der Wüstn gfunden hot, wuiden Honig und Heuhupfer (pfui Teife!).
Der liabe Gott hot eahm den Auftrag zum Predigen gebn, und scho bald hot er an großen Zualauf ghobt und a interessierte Zuhörerschaft gfunden.
»Hörts zua«, hot er donnert wia der große Löw am Münchner Oktoberfest vorm Zelt einer berühmten bayrischen Brauerei, »as Königreich vo unserm Herrgott is nah. Schauts zua, daß euch drauf vorbereits!«

»Ja warum nacha des«, hobn d' Leut den Johannes gfragt, »mir san doch am Herrgott sei auserwählts Volk, dann werd er scho mit uns z'frieden sei.«
»Da brauchts euch net drauf verlassen«, hot der Johannes sie gwarnt. »Daß ma ois Jud auf d' Welt kemma is, is no lang koa Freifahrtschein ins Himmelreich. Ihr müaßts am liaben Gott scho zoagn, daß euch eure Lumpereien leid tean, und a Lebn führn, des eahm gfallt.«
Es warn etliche dabei, die gspannt hobn, daß des der Herrgott selber war, der da durchn Johannes zu eahna gsprocha hot, und sie hobn bereut, daßs seine Gsetze übertreten ghabt hobn.
Der Johannes hots im Jordanfluß tauft, indem ers gscheit unters Wasser 'taucht hot. Des war a Zeichen für eahna Umkehr und daß eahna der liabe Gott vergebn hot. Jetzt hobn s' frisch gereinigt und gelüftet a neus Lebn ofanga könna.
»So, und jetzt gehts den graden Weg«, hot der Johannes predigt. »Seids nimmer so ruachert und so knickert! Wenns mehr zum Essen und zum Oziahgn hobts, ois wias brauchts, dann teilts es gfälligst mit andere. Machts euer Arbeit gscheit und bscheißts neamand! Des is alles, was der Herrgott von euch wui!«

Matthäus 3

134. Wia da Johannes an Jesus tauft hot

Oiwei und oiwei wieder hot der Johannes die Menschen eindringlich gwarnt: »Reißts euch zamm und führts a anständigs Lebn, der Herrgott straft euch sonst, daß euch d' Augendeckl tropfa.« Aber gleichzeitig hot er eahna aa a guate Botschaft verkünd't.
»I bereit' den Weg für an wichtigen Mo, der bald kemma werd«, hot er verkündigt. »Er ist stärker und größer wia i, i bins net amoi wert, daß i eahm d' Schuahbandl zuamach (Schuah is guat gsagt, die san ja damois bloß in Klapperl rumglaffa). I tauf' euch nur mit Wasser, aber er werd euch mit dem göttlichen Geist und mit Feuer taufn. Er is der Messias, den uns der liabe Gott versprocha hot.«

Eines Togs is der Jesus an Jordan zum Johannes kemma, weil er sich taufn lassen wollt.
Kaum war der Jesus wieder ausm Wasser auf'taucht, da is der Himmi aufganga, und der Geist vom liaben Gott is ois Taubn auf eahm owigschwebt. Und a Stimm' ausm Himmi hot gsprocha: »Du bist mein geliebter Sohn, an dem ich mein Wohlgefallen habe.«

Matthäus 3

135. »I hob an Messias gfundn!«

A paar von dene Menschen, die der Johannes 'tauft ghabt hot, san seine Freund' und Schüler wordn. Wann immer sie Zeit ghabt hobn, sans kemma und hobn eahm zuaghört, weil sie sovui wia möglich über den verheißenen Kini wissen wollten.
Eines Togs, wia der Johannes sich grad mit a paar Spezln unterhalten hot, hot er an Jesus daherkemma gsehng.
»Sssst«, hot er ganz leise durch d' Zähn' pfiffa und seine Freund' aufn Jesus aufmerksam gmacht, »des is er, schauts n euch genau o, des is der Mo, den der Herrgott ausgwählt hot, die Sünden der ganzen Welt zu tilgen.«
Zwoa vom Johannes seine Freund' san am Jesus nachglaffa. Er hot irgendwas Bsonders an sich ghabt, des sie sich aber net erklären hobn könna. »Den müass' ma unbedingt näher kennalerna«, hobn s' tuschelt, aber nacha hobn sie sich doch net 'traut, daßn osprecha und san steh'bliebn.
Aber der Jesus is gleichfalls steh'bliebn und hot sie ganz freundlich eigladen: »Wia schauts aus, Mannder, habts koa Lust, daßs den heutigen Tog mit mir verbringts?«
Wias am Abend hoamganga san, war der oane von eahna, Andreas hot er ghoaßen, total vom Jesus begeistert: »Des muaß i sofort meim Bruader, am Simon, erzählen«, hot er gmoant.
»Du, Simmerl, i bin ganz ausm Häusl«, hot gruafa, wia er bei eahm zur Tür nei' is, »stell dir vor, i hob den Messias gfunden, den vom Herrgott gesalbten König! Du, i sag dirs, den muaßt unbedingt kennalerna.«
Wia der Jesus an Simon troffa hot, hot ern erst amoi ganz eindringlich und prüfend ogschaut, dann hot er zu eahm gsagt: »Simon, du kriagst an neuen Nama von mir. Ab sofort sollst Petrus hoaßen, des bedeut': der Fels, weil irgendwann werst du unerschütterlich und standhaft sei wia a Felsbrocka.«

Johannes 1 und 3

136. Wia der Teife an Jesus hot in Versuchung führn wolln

Wia der Johannes an Jesus 'tauft hot, war er überzeugt davo, daß des der lang ersehnte Kini is, den der liabe Gott seim Volk versprocha ghabt hot. Und der Jesus selber hot gwußt: »I muaß von nun an den Plan vo meim himmlischen Vota ausführen und des Reich Gottes auf derer Welt verkünden. Mei' Zeit ois Zimmermo in Nazareth is vorbei.«

Aber bevor er sei Lebensaufgab otreten hot, wollt sich der Jesus erst no amoi in d' Einsamkeit zruckziahgn und zu seim Vota im Himmi beten. Er hot sich aufgmacht und is in d' Wüstn ganga, wo d' Sonn' auf die Felsen und den ausdörrten Boden owibrennt hot. Es war trostlos, weit und broat koa frischs Gras, koa schattiger Biergarten unter greane Kastanienbaam. Z'Essen hots aa nix gebn, z'Trinka erst recht nix, as oanzige, was ma' ghört hot, warn die wuiden Viecher, wenns in der Nacht recht erbärmlich gheult hobn. Ja, wia kann denn a normaler Mensch sowas überhaupt aushalten?

Nachdem der Jesus a Mensch aus Fleisch und Bluat war, wia alle andern aa, is er in seiner Situation scho aa ganz schee ins Sinniern kemma:

»Mein Gott«, hot er 'grübelt, »was soll des alles? A Kini wia and're werd i nia sei, i werd koane wertvolln Klamotten tragn, in koam luxuriösen Palast wohna, und i werd koane Diener hobn, die mi' hint' und vorn verwöhnen. Naa, arm werd i sei, vui Menschen werdn mi' gar net akzeptiern und ablehna, und am End' bringas mi' no grausam um. Aber so hots mei' Vota, der liabe Gott, geplant, damit die ganze Welt endlich von der Macht des Bösen befreit werd. I muaßs durchziahgn, s'hilft mi' nix.«

Aber der Satan, am liaben Gott sei Feind und der Urheber von allem Unheil, wollt an Jesus von seim Vorhaben abhalten. So wia er vor langer, langer Zeit an Adam und d' Eva zum Ungehorsam gegn an Herrgott ogstift ghabt hot, wollt er aa an Jesus verführn.

Nachdem der Jesus vierz'g Tog lang 'bet' und gfast' ghabt hot, hot er natürlich an tierischen Hunger ghabt und is vor lauter Erschöpfung bald aufm Zahnfleisch daherkrocha. Die Glegenheit wollt sich

der Leibhaftige net entgeh lassen und hot eahm zuagflüstert: »Der Herrgott sagt, daß du sei Bua bist, warum hungerst nacha, ha? Du brauchst doch bloß mit de' Finger' schnalzen, nacha werdn die Stoana da zu Brot.«
»D' Bibel sagt, daß der Mensch net vom Brot alloa lebn kann«, hot der Jesus gantwort' (es gibt bestimmt oa, die sich an kloana Zusatz denka: aa Wurst, a Fleisch und an Käs' braucht ma' aa no). Er wollt sei Macht net dazua benutzen, um seine eignen Wünsche zu erfüllen.
Aber der Sparifankerl hot weitergredt: »Die ganze Welt ghört mir, wenn du mei' Macht anerkennst und tuast, was i wui, dann schenk' i dir des alles.«
Wia in ana Filmeinblendung hot der Jesus für an Augnblick all die stolzen Königreiche und Reichtümer der ganzen Welt vor seim inneren Auge gsehng.
Aber er hot an Kopf gschüttelt und erwidert:
»Die Bibel sagt, daß ma' nur am Herrgott alloa gehorchen und nur eahm obeten soll. I wui toa, was der Herrgott sagt.«
Aber der Teife hot net aufgebn und wollt an Jesus zum letztenmoi vo seim Plan abbringa: »Wenns 'd a ganzer Kerl bist und a Schneid host«, hot ern ganz hinterfotzig ogstachelt, »dann stürz di' von der höchsten Giebelspitzen vom Tempel owi, nacha werst sogar no a berühmter Held. Auf was wartst denn? Dir kann doch nix passiern. In der Bibel steht doch, daß der Herrgott auf di' schaut und aufpaßt, daß'd koan' Schaden hast.«
»D' Bibel sagt aber aa«, hot der Jesus entgegnet, »daßs falsch is, an Herrgott auf d' Prob' zu stellen, in der Hoffnung, daß er oam aus jedem Schlamassel raushilft.«
Da hots der Leibhaftige endlich eigsehng, daß der Jesus net vom göttlichen Plan abz'bringa is und hotn in Ruah lassen.

Lukas 4

137. Wia da Jesus seine Apostel ausgsuacht hot

Da Herr Jesus hot gmerkt, daß sei Zeit kummt, und er wollt sche' langsam ofanga, de' Menschen die Ankunft des göttlichen Reiches auf der Erdn zu verkünden. In allem, was er gsagt und toa hot, wollt er die große Liebe und Macht vom Herrgott sichtbar werdn lassen. Es war eahm aa klar, daß er Mitarbeiter braucht. Wenn ma' so wui, war da Jesus der Chef vom ersten Außendienststab überhaupt. Deswegn hot er zu seim Vota im Himmi 'bet': »Liaber Gott, zoag mir Männer, die was taugn und die mir für unser' Aufgab eisetzen könna.«

Wia er amoi an am Samstagnachmittog vorm Ufercafé am See vo Galiläa gsessen war, hot er zwoa Fischer gsehng, an Simon und sein' Bruader Andreas. Er is auf sie zua und hots ogsprocha: »Wia schauts aus mit euch zwoa, i hätt' an Job für euch. Kohle schaut zwar koane raus dabei, aber es is jede Menge Idealismus gfragt.«

Die zwoa hobn gar net lang überlegt, sondern hobn eahnare Netze higschmissen und san mit eahm ganga.

A bisserl später hobn s' zwoa andere Brüader troffa, an Jakobus und an Johannes, die grad eahnare Netze saubergmacht und gflickt hobn.

»Auf gehts, Freunde, folgts mir nach«, hot ers aufgfordert. »Freili' geh ma mit«, hobn s' voller Freud' gantwort'. »Sorgts fei' gscheit für unsern Vota Zebedäus, daß er koa Not leiden muaß«, hobn s' eanare Knecht' no ogschafft und hobn sich am Jesus ogschlossen.

»Von nun an werd' s ihr koane Fisch' mehr fanga«, hot der Jesus zu eahna gsagt. »I zoag euch, wia ma' Menschen angelt und fürn liaben Gott gwinnt.«

Zwölf Männer hot da Jesus sich ois seine Begleiter und Jünger ausgsuacht. Es war scho a bunter Haufen, der sich da zammgfunden ghabt hot, oaner a Individualist größer ois der andere. Es warn net nur Fischer drunter, sondern aa Freiheitskämpfer, die eahna Volk von der römischen Herrschaft befreien wollten. Oaner, der Matthäus, war sogar Zöllner gwesen.

Obwohl sich später no andere Männer und Frauen am Jesus ogschlossen hobn, warn die zwölfe am Jesus seine engsten Freund'.

Er hot sie ›Apostel‹ gnennt, des hoaßt Abgesandter oder Bote, weil sie andere' Menschen die guate Nachricht vom Reich Gottes vermitteln sollten.
Und so hobn s' alle ghoaßen:
Simon (oder aa Petrus), Jakobus und Johannes (die Buam vom Zebedäus), Andreas, Philippus, Bartholomäus, Matthäus, Thomas, Jakobus (der Bua vom Alphäus), Thaddäus, Simon (der Zelot) und Judas Iskariot, der später no auf a recht traurige Art berühmt werdn sollt.

Markus 1, 2, 3

138. Da Herr Jesus is für an jedn do

Der Matthäus, der beim Zoll garbeit' hot, is grad in seiner kloana Hüttn am Seeufer gsessen und hot Zeitung glesen, wia der Jesus eahm berufen hot. »Ja, mit so am großen Moaster geh i sofort, da häng i sogar mein' Beamtenjob ann Nagel«, hot er voller Begeisterung gsagt. »Woaßt was«, hot er am Jesus vorgschlagen, »am Wochenend' gib i a große Party, da lad' i an Haufa Freund' und Bekannte ei', weil i möcht', daß die di' aa amoi kennalerna.«
Aber es san a etliche ungladene Gäst' auf dem Festl gwesen, und des hot de' jüdischen Gsetzeslehrer und Paragraphenhengst' gar net recht 'taugt.
»Wenn da Jesus wirklich so a guater Mensch is, warum gibt er sich nacha mit solche' Leut ab?« hobn s' seine Begleiter gfragt, »des is doch lauter Gschwerl, mit dem er sich an oan Tisch hockt.«
Da Jesus hot des zufällig mitkriagt und eahna a Gegenfrage gstellt: »Seid's mir net bös', aber wann gehts ihr zum Doktor, wenns gsund seid's, oder wenns krank seid's? I bin kemma, um zu heilen und um dene zu vergebn, die Unrecht toa und die Gsetze vom Herrgott übertreten hobn. I muaß dahi' ziahgn, wo sie san, damit i eahna helfen kann. Diejenigen, die guat san, braucha mi' net.«

Sicherlich hobn die sogenannten »Frommen« am Herrgott sei Vergebung und Wohlwollen genauso nötig ghabt wia die, die ma' »Sünder« gschimpft hot.
Aber da Jesus hot nur dene' helfen könna, die zuagebn hobn, daßs am liaben Gott seine Gebote übertreten und jetzt sei Vergebung und Hilfe gsuacht hobn.

Markus 2

139. Wia da Jesus sei ersts Wunder vollbracht hot

Eines Togs warn da Jesus und seine Jünger zu ana Hochzeit beim Bergbräu in Kana eigladen, a kloane Ortschaft in de' Berg vo Galiläa.
Es is recht lustig zuaganga, d' Braut hobn s' in'n Weinkeller verzogn ghabt, und der Hochzeitslader hot an Bräutigam grad recht derbleckt, wias in der Küch' auf oamoi a Hektik gebn hot. »So was Blöd' s aber aa«, hobn d' Bedienungen an Wirt opulvert, »hast wieder net rechtzeitig beim Vertreter bstellt, jetzt is uns der Wein ausganga!«
D' Maria, am Jesus sei Muatter, war aa dabei und hot an Jesus gebeten: »Jesus, bitte tua was, wenn ma net irgendwo an Wein herkriagn, nacha platzt die ganze Feier. Des waar a Schand' fürn Bräutigam und sei ganze Familie.«
Da Jesus hot bloß ganz cool erwidert: »Was tuast di' denn so ab, des geht doch di' und mi' gar nix o. Mei' Stund is no net da.«
D' Maria aber hot zu de' Bedienungen und de' Wirtsleut' gsagt: »Teats alles, was er euch oschafft.« Sie hot nämlich scho gwußt, daß da Jesus die Brautleut' net im Stich lassen und sie vor derer Schand' bewahrn taat.
Bei de' Juden wars der Brauch, beziehungsweis a religiöse Vorschrift, daß sie sich aa während' m Essen d' Händ' oiwei wieder gwaschen hobn.

Wia da Jesus gsehng hot, daß die hohen Wasserkrüag, in dene as Wasser für die Gäste bereitghalten wordn is, leer warn, hot er zu de' Bedienungen gsagt: »Füllts die Krüag wieder mit Wasser auf, und dann bringts am Schankmoaster an Schoppn zum Probiern.«
»Saxendi, is des a guats Tröpferl«, hot der ganz erstaunt zum Bräutigam gsagt und sich as Mäu abgschleckt. »Normalerweis serviert ma' den guaten Wein glei' am Anfang, aber du hast as um'kehrt gmacht und den besten bis zum Schluß aufghobn. Respekt!« hot er gmoant und sei Glasl austrunka. Er hot ja net gwußt, woher der guate Wein kemma is.
Des war des erste Wunder, des da Jesus vollbracht hot. Dadurch hot er sei Herrlichkeit offenbart, und seine Jünger hobn an eahm 'glaubt.

Johannes 2

140. Wia da Jesus an bösn Geist austriebn hot

Oa- bis zwoamoi im Jahr san die jüdischen Familien zum prächtigen Tempel in Jerusalem pilgert, ansonsten hobn sie sich an jedem Sabbat in der Synagoge ihrer eignen Stadt versammelt. A so a Synagog war meist a oafachs Gebäude, des während der Woch' als Schule und Gerichtshof benutzt wordn is. In jeder Synagog is a Truacha gstandn, in der die Rollen vo de' heiligen Schriften aufbewahrt wordn san, und während der Gottesdienste is aus eahna vorglesen wordn.
An so am Sabbat san da Jesus und seine Jünger in die Synagog vo Kafarnaum ganga. Kafarnaum war a Fischer-Stadt am See vo Galiläa, und gar net weit weg davo hobn der Petrus und der Andreas glebt.
»Hallo, Jesus, super daß'd da bist, s'waar echt cool, wenns'd für uns predigen taatst, hast koan Bock?« hotn die Menge begeistert empfangen und bedrängt. So is eahm halt gar nix anders übrigbliebn, und er is ans Rednerpult. Die Leut hobn eahm ganz gebannt zuaghört, net oana hot gschlaffa oder gar gschnarcht so wia sonst, wenn irgend' a Prediger seine Versl owigleiert hot. Denn da Jesus hot

eahna wirklich auf verständliche Art vermittelt, was as Wort Gottes bedeut' hot.
Plötzlich is a großer Aufruhr entstanden, und ma' hot an fürchterlichen, durchdringenden Schrei vernomma. Alle hobn sich umdraht und voller Entsetzen an Mo mit am zur Teufelsfratzn verzognen Gsicht gsehng.
»Was wuist du da?« hot er an Jesus ogfaucht. »Wuist du uns vernichten? I woaß genau, wer du bist - du bist am Herrgott sei heiliger Bote!«
Da Jesus hot genau gwußt, daß der Mo weder aufgregt noch krank war, sondern daß sich a teuflischer Dämon in seim Körper und seiner Seele broat gmacht ghabt hot. Der Satan war nämlich fest entschlossen, den vom liaben Gott gesandten Messias auf jede nur erdenkliche Art zu bekämpfn.
»Sei staad, Sauteife elendiger«, hotn Jesus ogfahrn, »schwing di' augnblicklich aus dem Mo und laß n in Frieden!«
Da Jesus war stärker ois die größte Macht des Bösen, und der Dämon hot eahm pariern müassn.
Den Mo hots fürchterlich 'beutelt, ois wenn er an Veitstanz hätt', er hot nomoi an markerschütternden Schrei loslassen und is dann ruhig liegn bliebn, ois wenn überhaupt nix gwesen war'.
Selbigs Erlebnis hot die Gottesdienstbesucher natürlich tief beeindruckt, und sie hobn aufgregt diskutiert.
»Was is des bloß für a Mo, der neue Lehrer?« hobn die oan gfragt.
»Er erklärt as Wort Gottes auf wunderbare Art und Weis', koa normaler Rabbi is des net«, hobn die andern gmoant.
Und wieder andere hobn festgstellt: »Der is sogar so stark, daß er böse Geister befehlen kann.«

Markus 1

141. Da Herr Jesus als Dokter

Geh weiter, kumm, jetzt geh ma zu uns hoam«, hobn der Petrus und der Andreas nach dem Gottesdienst zum Jesus gsagt, und die andern Jünger san aa mitganga.

Wias okemma san, is eahna am Petrus sei Frau ganz aufgregt entgegn glaffa: »Mei' Muatter is so krank«, hots gwuiselt, »i hob scho alles probiert, Melissengeist und kalte Umschläg, aber des Fieber geht net zruck. I woaß nimmer, was i toa soll.«

Der Andreas is ganz ruhig bliebn und hot gmoant: »Nur koa Panik, Jesus macht des scho.«

Sie hobn Jesus in des Zimmer gführt, wo sich am Petrus sei Schwiegermuatter schweißüberströmt und stöhnend auf ihrm Bett hin und her gwälzt hot. Da Jesus hot sich aufn Bettrand gsetzt, hot die arme Frau bei der Hand gnomma und ihr gholfen, sich aufzusetzen. Mit oam Schlag war des Fieber weg, und sie hot an Jesus dankbar oglächelt.

»Mei'«, hots gmoant, »was bin i froh, i hob scho gmoant, es geht dahi'. Jetzt hobts euch aber a guate Brotzeit verdient.« Dann is aufgstanden und war wieder pumperlgsund.
Die Nachbarn hobn des gsehng und eahnare Augn kaum 'traut. Die Nachricht hot sich in Windeseile verbroat', und am Abend hot sich a große Menschenmenge vorm Petrus seim Haus versammelt ghabt. Da warn Taube, Blinde, von Dämonen Besessne und etliche Gelähmte, die auf Jesus gwart' hobn, damit er eahna hilft.
Da Jesus is nausganga und hot alle gsund gmacht. Damit hot er eahna 'zoagt, daß durch eahm die Macht Gottes in der Welt am Werk is. Zugleich wollt er eahna demonstriern, daß der Herrgott jeden liebt und sich um jeden von eahna kümmert.

Markus 1

142. Da Jesus kriagt die ersten Schwierigkeiten

An am andern Sabbat is da Jesus in d' Synagog vo Nazareth ganga, der Stadt, in der er aufgwachsen war. Verwandte und Freund', die no oiwei dort glebt hobn, san aa in der Versammlung gsessen. »Des is doch der Jesus, der Bua vom Sepp und der Maria«, hobn sich oa erinnert. »Ja freili'«, hobn andere gmoant, »der hot doch Zimmermo glernt und für unsere Kinder scho a Schaukelpferdl gschreinert.«
»Jesus, wenns'd scho da bist, lies uns aus de' Schriften vor und erklär' uns, was s' bedeuten«, hobn s' n aufgfordert.
Der Synagogenvorsteher hot am Jesus die Rollen mit de' Schriften vom Jesaja übergebn, und der hot ogfangt zu lesen:
»Der Herrgott hat mich auserwählt, den Armen gute Nachricht zu bringen, den Gefangenen die Freiheit zu verkünden, den Blinden das Augenlicht wiederzugeben, die Unterdrückten zu befreien und allen zu verkünden, daß die Zeit gekommen ist, in der Gott sein Volk erretten wird.«
D' Juden hobn 'glaubt, daß der Jesaja in selbigen Versen den wun-

derbaren Tog beschriebn hot, an dem endlich as Königreich vom liaben Gott auf Erden beginnen sollt.
Wia da Jesus mitm Lesen fertig war, hot er sich higsetzt, so wias d' Rabbis aa gmacht hobn, wenns d' Schriften erklärn wollten. Alle hobn s' ganz gebannt auf eahm gschaut. »Gspannt bin i ja, wia er die Schriften vom Jesaja auslegt«, hot oaner seim Nachbarn zuagflüstert. Aber sie hobn eahnare Ohrn kaum 'traut, wia da Jesus gsagt hot: »Heut is der Tog, an dem sich des erfüllt, was i euch grad vorglesen hob.«
Damit hot er eigentlich behaupt', daß er selber der vom Herrgott gesandte Messias is.
A Raunen is durch die Reihen ganga, und d' Leut hobn gmurrt: »Was buid't der sich überhaupt ei', des is doch bloß der Bua vom Joseph.«
»Ja, des stimmt«, hot a anderer bei'pflicht', »a Zimmermo is er, bei dem hobn mir unser Einbauküch macha lassen.« »Und uns hot er a Holzdeckn im Wohnzimmer montiert«, hot a dritter kommentiert. So waar des bestimmt no endlos weiterganga, wenn da Jesus sie net unterbrocha hätt': »I woaßs scho, ihr wollts mir net glaubn, weil ihr mi' z'guat kennts. Die Propheten vom Herrgott san in eahnara Hoamat no nia für voll gnomma und anerkannt wordn«, hot da Jesus eahna vorghalten. »Wia der Elia in Israel war, war sogar sei Lebn in Gefahr, so daß er außer Land und sich bei ana Witwe in der Fremd' drauß' verstecka hot müassn. Und später wars dann der Naaman, a Syrer – koa Israelit, der an'n Elischa 'glaubt hot und von eahm gheilt wordn is.«
Damit war as Maß endgültig voll, d' Leut san saugrantig wordn und hobn nur no durcheinander gschrian: »Des is doch der Gipfel! Wia kann der sagn, daß de' Fremden am Herrgott besser pariern wia mir?« »Vo dem windigen Zimmerergsellen lassen mir uns as Kraut net ausschütten!« »Den schnapp' ma uns, den misch' ma auf«, hobn s' 'plärrt und an Jesus in d' Zanga gnomma. Sie hobn eahm auf den steilen Hügel vor der Stadt nausgschloaft und wollten eahm vom Felsen owistürzen. Aber da Jesus is eahna auskemma und hot sich ohne as geringste Kratzerl davongmacht.

Lukas 4 und Markus 6

143. Wia da Johannes im Gfängnis war

Johannes der Täufer war a schneidiger Mo, der ohne Scheu zu de oafachen Menschen gredt ghabt hot, die zammkemma warn, um eahm zuaz'hören. Er hot sogar den Muat aufbracht, am Kini selber d' Wahrheit unverblümt ins Gsicht zu sogn. (Der Kini Herodes, der in Galiläa regiert hot, war der Bua vom Herodes dem Großen, dens aa den Gräuslichen gnennt hobn, weil er damois die Neugebornen in Bethlehem umbringa hot lassen, nachdem da Jesus geboren war.) Wia gsagt, der Johannes hot sich koa Blattl vors Mäu gnomma und eahm seine Schandtaten schonungslos unter d' Nasen grieben: »Es geht halt oafach net, daß du mir nix dir nix deim Bruader d' Frau wegganimmst und heiratst.« Obwohl an Herodes durchn Johannes seine Standpauken as Gwissen sakrisch 'plagt hot, hobn eahm sei Muat, sei Ehrlichkeit und sei oafache Lebensweise narrisch imponiert. »Der Johannes is anders wia die falschen Fuchzger und Schleimer, die sich an meim Hof rumtreibn«, hot er sinniert.

Aber sei Oide, d' Herodias, hot an Johannes net um alles in der Welt ausstehʼ könna. »Was buidt der sich überhaupt ei', der Wüstenvagabund, der verkemmane. Der soll sei Maul net dauernd so weit aufreißen und sich um seine Angelegenheiten kümmern«, hots ständig in'n Herodes nei'bengst, bis der schließlich nachgebn und an Johannes in die fürchterliche Felsenfestung Machärus eispערren hot lassen. Fürn Johannes war des a grausame Straf'. Er, der a freis Lebn unter offnem Himmi gwöhnt war, hot jetzt wia a Hund an a feuchte, koide Mauer okett' in am dunklen, stickigen Kerker hausen müassn. Wia er so daglegen is, togei', togaus, san eahm die finstersten Gedanken ins Hirn gschossen, und er is langsam ins Zweifeln kemma: »War denn mei' Vorhersag, daß der Messias kimmt, überhaupt richtig?« Wia er gar nimmer weiter gwußt hot, hot er a paar vo seine Freund' beauftragt: »Bittschön, gehts zum Jesus und fragts'n nach der Wahrheit.« Wias okemma san, war da Jesus grad dabei, Kranke zu heilen, indem er eahna as Augnliacht oder as Ghör wiedergebn oder sie von Lähmungen und sonstigen Beschwerden befreit hot.

»Der Johannes möcht wissen, ob du wirklich der Messias bist«, hobn s' zum Jesus gsagt.

»Gehts zruck und erzählts eahm alles, was gsehng hobts«, hot da Jesus erwidert, weil er gwußt hot, daß der Johannes seine wunderbaren Heilungen als untrügliche Zeichen Gottes erkenna und daraus schliaßen taat, daß der wahre Messias da is.
Wia am Johannes seine Spezln wieder fort warn, hot da Jesus zu de' Leut gsprocha: »Was hobts eigentlich sehgn wolln, wias zum Johannes 'pilgert seid' s, um eahm zuaz'hören? Vielleicht an Mo vom Königspalast, der feine Gwänder tragt? Naa, er war a wahrhaftiger und rechtschaffener Bote Gottes. Johannes is und bleibt der größte Prophet, der jemals glebt hot.«

Markus 6, Lukas 7

144. Da Striptease vo dera Salome

D' Zeit is verganga, und Johannes der Täufer is oiwei no okett't in seim dunklen Kerker glegen. Eines Togs hot der Herodes Antipas Geburtstog ghabt und a riesige Party gebn. Sämtliche Partyservices der näheren Umgebung hobn Speisen und Getränke nur vom Allerfeinsten gliefert, und eigladen warn alle, die Rang und Namen ghabt hobn.
Nachdem ma' 'gessen und trunka ghabt hot, is 's langsam Zeit wordn, zum unterhaltsamen Teil des Abends überzugehn. As Publikum hot sichs auf de' Sofas bequem gmacht, und der Conférencier hot den ersten Knaller im Abendprogramm okündigt: »Ladies and Gentlemen, ich begrüße Sie ganz herzlich zu unserer Birthday-Gala zu Ehren von King Herodes Antipas. Ich darf Ihnen gleich zu Beginn den absoluten Höhepunkt präsentieren: Salome, die bezaubernd schöne Tochter von Königin Herodias, wird nun exklusiv für Sie einen verführerischen Tanz aufführen.«
As Publikum war hin und weg von der Darbietung, ma' hätt' sogar a Stecknadel falln ghört, so staad wars in dem Saal. Wia d' Musik as Spuin aufghört und d' Salome sich anmutig vorm Publikum und' m

Kini verneigt hot, san d' Leut in Standing Ovations ausbrocha: »Zugabe«, »Spitzenklasse«, »der absolute Wahnsinn, da hauts dir ja an Vogel naus«, warn no die harmloseren Begeisterungsrufe, die andern lass' ma diskret untern Tisch falln.
Der Herodes Antipas hot vom Wein scho an leichten Affen im Gsicht hänga ghobt, und durch den aufreizenden Tanz der Salome is er erst recht no auf Touren kemma: »Dei' Tanz war a gschmoadige Sach«, hot er zu ihr gsagt, »wenn einem so was Schönes widerfährt, des is scho a Belohnung wert. Wünsch' dir, was'd wuist, du sollst as kriagn!«
D' Salome hot den Saal verlassen und is zu ihrer Muatter ganga. »Was soll i mir denn wünschen?« hot sies gfragt.
»Da brauch' i koa Sekundn überlegn«, hot d' Herodias, des hinterkünftige Luader, gantwort'. »Geh nei' und wünsch' dir den Kopf vom Johannes dem Täufer, aber sofort!«
D' Salome is zruck in den überfüllten Festsaal und hot zum Kini gsagt: »Gib mir auf der Stell' den Kopf vom Johannes dem Täufer auf am Teller!«

Am Herodes hots d' Sprach' verschlogn, wia er des ghört hot. »So an guaten und gerechten Mo soll i umbringa lassen«, hot er vor sich hi gstammelt. Aber es is eahm nix anders übrigbliebn, denn er hot sich net vor seine' Gäst' und seiner Dienerschaft blamiern wollen. Deswegn hot er Soldaten zum Kerker gschickt, damits an Johannes enthaupten.
D' Herodias aber war z'frieden, daßs endlich amoi den ausm Weg ramma hot könna, der permanent ihr Glück gstört ghobt hot, indem er ihr ihre Lumpereien vorghalten hot.
Die Freund' vom Johannes hobn sein Leichnam würdevoll beerdigt. Aa da Jesus war traurig, denn er hot an Johannes sehr geliebt ghabt.

Markus 6

145. Am Jesus sei große Bergpredigt

Die religiösen Führer vo de Juden hobn bald erkenna lassen, daß sie des, was da Jesus übern Herrgott gelehrt hot, net hören wollten. Sie hobn eahna eigne Vorstellung vom liaben Gott und wia sie eahm am besten gfallen hobn könna ghabt. Sie hobn sich streng ans Gsetz vom Mose ghalten, und hobn s' sogar no um a paar hundert zusätzliche Vorschriften erweitert.
Da Jesus aber hot a ganz a andere Lehr vertreten: »Es is wichtiger, wia mir über andere Menschen denka und wia mir uns eahna gegnüber verhalten, ois drüber zu diskutiern, wia mir uns d' Händ' waschen müassn und was ma essen derfa.«
Die religiösen Führer hobn s' strikt abglehnt, an Jesus in d' Synagog z'lassen, deswegn hot er seine Jünger und seine Zuhörer im Freien unterricht'.
Wias eines Togs an am Berghang gsessen san, hot da Jesus zu eahna gsagt: »Wenn ihr Kinder Gottes sei wollts, dann müaßts am Herrgott ähnlich werdn und toa, was er tuat. Der liabe Gott is zu alle guat, denn er schickt jedem d' Sonn' und an Regn, net bloß de-

ne, dies verdiena. So sollts aa ihr guat sei, und sogar die lieben, die hinterfotzig zu euch san oder euch schlecht behandeln. Zahlts eahna alles in Liebe und Güte zruck.«

Die jüdischen Lehrer hobn sehr streng über die Befolgung der Zehn Gebote gwacht, einschließlich vo dem oana, in dems hoaßt: Du sollst nicht töten. Trotzdem hobn s' plant, an Jesus umz'bringa z'lassen.

Da Jesus aber hot glehrt, daß der Herrgott in die Herzen der Menschen schaut. »Er wui, daß die Menschen net bloß nach außen hin guat san, sondern aa in eahnam Innern. Net nur der Räuber oder der Mörder is a Sünder, sondern aa der, in dessen Herz Haß und Zorn gegn andere wohna.

Wahrhaft glücklich is der Mensch, der woaß, wie sehr er Gottes Hilfe und Vergebung braucht«, hot da Jesus sei Predigt fortgsetzt. »Er woaß, daß er nia vollkommen vor Gott is, aber er möchtn von ganzem Herzen lieben und eahm gfallen. Der liabe Gott werd guat zu selbigem Menschen sei.

A wahres Glück entsteht, wenn Menschen freundlich und geduldig zuanander san, aber net, wenn ma' seine Ellbogen eisetzt oder alles an sich reissen wui (Jesus hot damois scho gegn's Mobbing predigt). Glücklich san diejenigen, die versuacha, Streit zu schlichten und Frieden zu stiften.

Der glückliche Mensch setzt an Herrgott an die erste Stell in seim Lebn und steht treu zu eahm, egal, welche Folgen aa immer des für eahm hobn mog.

Wenn euch Menschen verfolgn und euch was Bös nachsagen, weils mir nachfolgts, dann seid' s glücklich! Der liabe Gott hot im Himmi a wunderbare Belohnung für euch!«

Matthäus 5, Lukas 6

146. 's erschte Vota unsa

Spät in der Nacht oder ganz in der Fruah, wenn d' Jünger no gschlaffa hobn, is da Jesus oft alloa wegganga, weil er beten wollt. Scheinbar hot er as Gebet so notwendig 'braucht, wia sie eahnan Schlaf.

Eines Togs hobn s' zu eahm gsagt: »Moaster, sei so guat und lern uns, wia ma' richtig bet'!«

»Es is genauso wichtig, daß ma' woaß, wia ma' net beten soll«, hot Jesus eahna erklärt. »Auf koan Fall derfts es so macha, wia die Menschen um euch rum, denn die beten oft nur äußerlich. Sie sogn eahnare Versl andere' z'liab auf, net am Herrgott z'liab. Grad mit Fleiß suachans eahna an Platz aus, an dem sich a Haufa Leut aufhalten; da ziahgns dann eahna Show ab und beten laut und auffällig, so daß sich a jeder denkt: ›Mei is des a braver, frommer Mo, wenn i nur grad aa a so beten könnt wia der.‹

So was derfts net toa. Suachts euch an Platz, wos ganz alloa sei könnts, wo euch nur der liabe Gott sehgn und hören kann. Des kann in euerm Wohnzimmer sei, im Garten, oder aa in euerm Hobbykeller.

Wenns wollts, daß der Herrgott euch hört, brauchts ja net moana, daß eure Gebete übertriebn lang sei müassn und gspickt mit hochgstochene Floskeln und Vokabeln – naa, der liabe Gott versteht euer Sprach', redts mit eahm so, wia euch der Schnabel gwachsen is. Und hörts vor allem auf, oiwei wieder desselbe owiz'leiern, ohne daßs überlegts, was des bedeut'. Der Herrgott kennt alle eure Bedürfnisse sowieso, bevors überhaupt as Beten ofangts. Aber er wui, daß ihr mit eahm über eure Probleme ganz normal, offen und ehrlich redts. Und drum sag i euch jetzt, wias beten müaßts:

›Vota unsa‹ – denn der liabe Gott is zwar heilig, aber er is aa euer Vota. Oiso noamoi von vorn: ›Vota unsa, geheiligt werde dein Name. Dein Reich komme. Auf di' wolln ma hörn, auf der Erdn genauso wia im Himmi.‹

Denn oans sag i euch, Gottes Ehre und sei Reich müassn in eure Gedanken an erster Stell' steh'. Dann könnts weiterbeten für eure eignen Bedürfnisse:

›Bitte gib uns heut unser täglichs Brot. Und vergib uns unser Schuld und was ma no alles falsch gmacht hobn, so wia aa mir dene vergebn, die uns gärgert und uns beleidigt hobn. Bitte bewahr' uns vor Versuchungen und rett' uns vor der Macht des Bösen.‹
Vergeßts nia, daßs unmöglich is, an Herrgott um Vergebung z'bitten, wenns selber net bereit seid's, andere' zu vergebn. Der liabe Gott werd euch nur erlösen und vergeben, wenns Liab und Vergebung füranand in eure Herzen habts.
Ihr brauchts nia Zweifel hobn, wennts zu eahm kemmts. Ihr könnts drauf vertraun, daß er euch hört und euch die bestmögliche Antwort auf eure Gebete gebn werd.«

Matthäus 6, Markus 11

147. De Pharisäer und da Mo vom Finanzamt

Unter de Leut, wo an Jesus umringt hobn, hots zwoa verschiedene Arten vo Zuhörer gebn: d' Pharisäer und die oafachen Menschen. D' Pharisäer hobn an großen Teil eahnara Zeit damit verbracht, jede winzige Vorschrift zu beachten, die im Lauf der Jahre zu de' Gebote dazuakemma is.
Es warn oft guate, glehrte Männer, manche leider aber aa recht selbstgefällig und fest davo überzeugt, daß der Herrgott absolut vo eahna begeistert is.
»Pah, was wolln denn die Haubntaucher rings umadum, die sitzen bloß da und warten teilnahmslos ab, was eahna da Jesus erzählt, die hobn doch koa eigne Meinung«, so in etwa könnt' ma' die pharisäische Denkweis beschreibn.
Weil da Jesus des genau gwußt hot, hot er seine Zuhörer die folgende Gschicht erzählt: »Zwoa Männer san amoi in' Tempel zum Beten ganga. Oana war a Pharisäer, der ander' a Steuereintreiber. Der Pharisäer is nach vorn ganga und hot as Beten ogfangt: ›Mein Gott, i dank dir recht schö, daß i net ruachat, unehrlich oder glei' gar un-

gehorsam bin, so wia die andern. Zum Beispui a so wia der Steuerfritze da hinten. Was bin i da für a guater Mensch dagegn. Zwoamoi in der Woch leg i mein' Fasttog ei' und gib dir den zehnten Teil vo meim Vermögen.‹
Der Finanzbeamte is hinten beim Eingang gstanden und war net guat drauf. Er hot sich gschaamt und in seim Herzen zum Herrgott gruafa: ›Liaber Gott, bittschön erhör' mi' und hilf mir! I woaß, daß i a armer Sünder bin, erbarm' dich meiner!‹
Oans kann i euch sogn«, hot da Jesus ausdrücklich betont, »der Steuerbeamte wars, der mitm Herrgott im Reinen war, wia er wieder hoamganga is. Er wars, den der liabe Gott ognomma und erhört hot – net der Pharisäer.
Jeder, der sich selber groß und wichtig macht, werd tiaf owifalln. Wer aber demütig sei eigne Bedürftigkeit anerkennt, dem werd der liabe Gott helfen, und eahm werd er erhebn.«

Lukas 18

148. A nächtlicha Bsuach

Wenns zum liaben Gott bets«, hot da Jesus zu seine Jünger gsagt, »dann sagts eahm offen und ehrlich, was brauchts. Bitts, und er werd' s euch gebn; suachts n, und ihr werd' s n finden; klopfts o, und der Herrgott selber werd euch d' Tür aufmacha.
Stellts euch vor, mitten in der Nacht steht a oider Spezl vor eurer Tür und weckt euch auf. Er is auf der Durchroas', und jetzt bitt't er euch um a bisserl was zum Essen und a Platzl zum Schlaffa. Des waar ja no net so schlimm, aber ihr müaßts ganz entsetzt feststellen, daßs nix mehr zum Essen dahoam hobts – net amoi mehr a Packl Knäckebrot. Oiso was machts? Ihr gehts zu am Nachbarn, um euch a paar Scheibn Brot ausz'leihen.
Ihr klopfts laut an sei Tür und ruafts: ›Muaßt entschuldigen, Nachbar, aber a oider Freund vo mir is auf Bsuach kemma, und i hob net

amoi mehr oa Scheibn Brot dahoam. Könntst ma net zwoa oder drei Stückl owischneidn?‹
Erst rührt si' gar nix, aber wenns weiterklopfts, tuat si' langsam was. ›Ja sag amoi, spinnst denn du a bisserl, woaßt du net, wia spät daßs is?‹ werd euer Nachbar schlafdappig vo seim Schlafzimmerfenster owiplärrn. ›Schau, daß di' schleichst, mir san scho alle im Bett, d' Haustür is aa zuagsperrt. I kann jetzt net aufsteh' und dir was gebn. Und jetzt zupfst di', sonst schlagt der Hund aa no o!‹
Aber ihr gebts net auf und klopfts und bettelts weiter, bis er endlich aufsteht und euch a paar Scheibn Brot in d' Händ' druckt – bloß daß er euch loswerd. ›Mei, dank' dir recht schee Nachbar,‹ werd's ihr sogn und zu euerm hungrigen Spezl hoamlaffa.
Erinnerts euch dro, wenns bets«, hot da Jesus sei Gschicht abgschlossen. »Sogar der Mo, der koa Lust zum Helfen ghabt hot, hot sich schließlich doch no dazua überreden lassen, a Brot rauszrucka, weil der Bittende net aufgebn hot. Wenns *ihr* aber bets, dann treffts auf an liebenden himmlischen Vota, der euch koa Bitt' abschlagt. Er is bereit, euer Rufen zu erhören und euch mit dem zu versorgen, wos ihr brauchts und worum ihr bitts!«

Lukas 11

149. A seltsama Krankentransport

Jedermann hot über den neuen Lehrer gsprocha, der so wunderbare Dinge gsagt und toa hot. Wia Jesus wieder amoi nach Kafarnaum kemma is, war des kloane Haus, in dem er gelehrt hot, bald mit Menschen überfüllt. Aa vorm Haus hobn sich no etliche Leut um die offne Tür 'drängt.
Vier Männer san langsam d' Straß' owikemma, jeder an Griff von ana Krankentrage in der Hand, auf der a kranker Mo glegen is. Wia sie sich dem Haus gnähert hobn, hobn s' versuacht, sich mit eahnare Ellabogn den Weg durch die Menschenmenge zu bahnen, aber

koaner wollt zrucktreten und sie durchlassen. Für an Moment hobn s' eahna Last abgsetzt und überlegt: »Was könnt' ma denn toa, wia bring ma unsern Spezl am besten zu Jesus?«

Auf oamoi hot oaner vo eahna a Idee ghabt. Er is die Außentreppn naufgstiegen, die auf des flache Dach gführt hot, und hot ogfangt, mit seine' Händ' die festgstampfte Erdn zwischen de' broaten Dachbalken wegz'kratzen. Es is a kloans Loch entstanden, des ma' nachher leicht wieder zuaflicka hot könna. Er hot seine' Freund' a Zeichen gebn, daßs eahm helfen sollten. Bald war die Öffnung so groß, wia sies 'braucht hobn, und sie hobn eahnan Freund mitsamt der Tragbahre an Strick' direkt am Jesus vor d' Füaß' owilassen.

Da Jesus hot sich über des Vertrauen und den Glaubn vo dene vier Männer gfreut, weils alles drogsetzt ghabt hobn, eahnam kranken Spezl zu helfen.

Die Menge im Raum hot natürlich alles ganz gspannt beobacht'. Sie wollten mit eahnare eignen Augn sehgn, wia Jesus a Wunder vollbringt. Da Jesus aber hot sich dem Mo zuagwandt, der staad und blaß auf seiner Liege glegen is, und gsagt: »Mein Sohn, deine Sünden san dir vergebn.«

Obwohl er an Jesus nia zuvor gsehng ghabt hot, hot er doch gwußt, daß der Mo was anders vui dringender braucht, ois wia die Heilung vo seiner Krankheit. Die Zuschauer mögn vielleicht enttäuscht gwesen sei, der Kranke selber aber hot a unheimlichs Glücksgefühl und a Erleichterung gspürt. All seine Lumpereien und schlechten Taten, die so lang sei Gwissen 'quält ghabt hobn, warn durch Jesu Macht beseitigt.

Die gelehrten Pharisäer warn entsetzt. »Wia kann der sich untersteh', dem Menschen da zu vergebn?« hobn s' gflüstert. »Gott is der oanzige, der Sünden vergebn kann, was buidt dieser Jesus sich eigentlich ei'?«

Da Jesus hot genau gwußt, was sie denkt und gsagt hobn und eahna Frag laut beantwort': »Wenn i sag: ›Ich vergebe dir deine Sünden‹, so hobts ihr koa Möglichkeit, zu überprüfen, ob i des aa wirklich kann. Aber glei' könnts mit eure eignen Augn mei' Macht sehgn, wenn i den Körper von dem Mo wieder gsund mach'.«

Er hot sich wieder dem Mo auf der Bahre zuagwandt und zu eahm gsagt: »Steh auf, nimm dei' Liege und geh hoam!«

Und pfeilgrad, der Mo, der sich so lang nimmer rührn, geschweige denn geh hot könna, is aufgstanden, hot sich buckt, sei Liege zammklappt und sich lächelnd an Weg durch die Menschenmenge 'bahnt. »Wenn da Jesus wirklich an gelähmten Mo so wia den heilen ko«, hobn d' Leut denkt, »dann werd' s wohl aa wahr sei, daß er Sünden vergebn ko.«

Markus 2

150. Da Sabbat is fei heilig!

Da Jesus hot die Gebote ned aso glehrt als wia die jüdischen Professorn. Unter dene hots aa no an bsondern Haufn gebn, de hom »Pharisäer« ghoaßn, des bedeut: »De druckn si.« Die san nämli oim ausm Weg ganga, was net zu eahnarne Vorschriften aufs i-Tüpferl paßt hot. Die habn gmoant, sie könna um jedn Preis ganz guate Leit sei und übahaupts koane Fehla machn, wenns a jede winzige Vorschrift eihoitn, die am Moses seine Gsetze späta droghängt wordn is.

Da san zu dem Gsetz: »Du sollst den Sabbat heiligen« an Haufn Extra-Klauseln dazugschriebn wordn. Wos für uns da Sonntog is, des is für d' Juden da Samstog, oiso da Sabbat. D' Pharisäer habn gmoant, daß ois am Sabbat verboten wär, was nach Arbeit ausgschaugt hot. So warn aa dem Jesus seine Heilungen in eahnarne Augn a Arbeit, des hoaßt, as Gsundmacha war am Sabbat aa verboten, weils was mit »macha« z'toa hot (de Pharisäer warn net bloß Wort-, sondern aa Buachstabnklauber). Drum hot koaner an Dokter holn derfa - oda bloß dann, wenn oana so krank war, daß er vielleicht am Sabbat scho an Löffel gschmissen hätt.

An a so am Sabbat is da Jesus in d' Synagog kemma und hot dort an Mo gsehng, dem sei Hand war glähmt, so daß ers für nix mehr hot hernehma könna.

Die Pharisäer in da Synagog hobn an Jesus ganz scharf ovisiert: »Ob der etz gega s Gsetz den Mo gsund macht?« hobns tuschelt.

Da Jesus hot natürlich wieder genau gwußt, was die si denkt hobn. Er hot sowieso scho Verdruß gnua mit de Pharisäer ghabt, weils eahm wurscht war, ob seine Jünger dene ihre Vorschriften eighoiten habn oda net. So hot er den kranken Mo hergruafa, dann hot er die Leit gfragt: »Was moants n ihr, derf ma' an Menschn am Sabbat gsund macha oder muaß man leiden lassen? Und was moant des Gsetz wirkli?«

Do drauf hot koaner a Antwort parat ghabt, weils genau gwußt habn, daß da Jesus recht ghabt hot mit seina Meinung übas Gsetz. Aber weils Bolln vor de religiösen Führer ghabt hobn, hobns eahna

Mäu ghoiten. Da Jesus hot de Pharisäer der Reih nach ogschaugt, ganz grantig is a gwen, weils a so stur warn.
Dann hot er zu dem Mo gsagt: »Tu amoi dei Hand her!« Der hot sei Hand ausgstreckt und war mit oam Schlag wieder gsund.
Des hot dene Pharisäer sakrisch gstunka, und sie san nausganga und hobn ausgmacht, daß' den Jesus umbringa müassn.

Markus 3

151. Zwidanes und Hintafotziges gegn an Jesus

Jesus war der erste Workaholic, von früh bis spät war er beschäftigt. D' Menschen san scharenweise kemma, um eahm zu bestaunen und eahm zuazuhörn, vui san aa kemma, weil sie sich a Hilfe von eahm versprocha hobn.
Mütter und Väter hobn eahnare kranken Kinder hertragn, andere hobn eahnare Freund' , die z'krank oder blind waren, um selber geh z'könna, zu Jesus 'bracht. Andere hobn sich mehr schlecht ois recht selber zu Jesus gschleppt, um sich von eahm heilen zu lassen.
Aa d' Jünger warn unterwegs, um Jesus zu unterstützen. Vor lauter Arbeit hobn s' oft net amoi Zeit zum Essen ghabt (Fast-food-Ketten hots damois no net gebn).
Grad die oafachen Menschen hobn Jesus geliebt, weil er net über sie gschimpft und sie net veracht' hot, so wias d' Pharisäer gmacht hobn. Im Gegenteil, er hot eahna gsagt, daß Gott sie liebt. Aber es warn aa oa dabei, die Jesus abglehnt hobn, indems gsagt hobn: »Des is der Hammer, was der sich rausnimmt, der muaß total übergschnappt sei!«
Die jüdischen Lehrer in Jerusalem hobn inzwischen alle von Jesus ghört ghabt, und sie san kemma, um selber z'hören, was er zu sagn ghabt hot. Sie san fast 'platzt vor Neid, weil er bei de' Menschen so beliebt war und so wunderbare Dinge vollbracht hot. Und sie hobn eahm aa wegn seiner Lehre von Gott ghaßt. Aber anstatt daßs zua-

gebn hätten, daß der Herrgott eahm die Kraft zum Helfen und zum Heilen gebn hot, hobn s' verbroat', daß er sei Kraft vom Leibhaftigen selber hätt'.
Jesus hot sie zu sich gruafa und zu eahna gsagt: »Macht denn des an Sinn zu verkünden, daß der Teife' gegn sich selber kämpft? Krankheiten kemma halt amoi vom Satan, weil der is nur drauf aus, daß er Traurigkeit und Unheil verbroaten ko. Oiso, warum sollt er dann versuacha, daß er d' Menschen wieder von seine Qualen befreit, so wias i tua? Alles, was ihr gsehng hobts, is as Werk Gottes, und ihr liegts verkehrt, wenns moants, des kamert vom Teife. Alloa des zu denken is scho a Sünd' , die net vergebn werdn ko. I bin auf d' Welt kemma, um die Macht der bösen Geister über die Menschen zu brecha und alle Menschen durch Gottes Kraft aus eahnara Gwalt zu befrein.«

Markus 3

152. Da Bauer aufm Feld

A andersmoi hot Jesus wieder am Seeufer gelehrt, und a Haufen Menschen hot sich um eahm versammelt ghabt. Weils damois no koane solchen Sicherheitsbestimmungen gebn hot, wia zum Beispui heutztog bei Rockkonzerte', wo d' Zuschauer durch an Zaun vo de' Stars getrennt werdn, is Jesus in a Boot gstiegen, und d' Jünger hobn s' a wengerl vom Ufer abgstoßen, damit n a jeder sehgn hot könna.
»Hörts guat zua«, hot Jesus as Erzähln ogfangt, und sei Stimm' hot laut und deutlich übers staade Wasser 'klunga, »a Bauer wollt a Troad aussaan. Wia er übers Feld ganga is und die Köndl ausgstraat hot, san a paar aufn Weg gfallen. Sofort warn d' Vögel da und hobn s' auf'pickt. A paar and're san auf an felsigen Boden, wo bloß a dünne Erdschicht drüber war, gfallen. Die Saat is da zwar recht schnell aufganga, aber weils koane tiafen Wurzeln schlagn hot könna, san

die Pflanzen bald verwelkt und in der hoaßen Sonn' verdorrt. Wieder a anders Saatguat is unter die Dornen am Feldroan gfallen und wias aufgwachsen is, vo de' kräftigen Dornen erstickt wordn.
Aber a Teil der Saat is auf a guate, fruchtbare Erdn gfallen und hot a reiche Ernte 'bracht.«
Dann hot Jesus no dazuagsagt: »Wer Ohren hot zum Hören, der soll gfälligst seine Luser aufmacha.«
»Was hostn mit dera Gschicht überhaupt gmoant?« hobn d' Jünger später gfragt, »mir hörn doch aufmerksam zua, schnalln aber echt net, was deine Worte bedeuten solln.«
»I woaßs scho, des is net leicht zu versteh'«, hot Jesus gantwort', »aber aus dene Gschichten kann jeder, der lerna wui, vui übers Reich Gottes erfahrn. Aber Menschen, die bloß neugierig san und net auf die Botschaft Gottes hörn wollen, werdn im Dunkeln bleibn.
Paßts auf, i wui euch die Gschicht erklärn:
Der Bauer is der Mensch, der Gottes Botschaft verbroat'. Die Saat is Gottes Botschaft, und die is oiwei guat. Aber ihr müaßts bedenken, sie erreicht ganz unterschiedliche Zuhörer.
Die oan' san hartherzig und starrsinnig, sie wolln as Wort Gottes partout net onehma. Deswegn kann mas mit dem harten, austretnen Weg vergleicha. Sie vergessen bald alles, was's über die Botschaft ghört hobn.
Andere san wia die dünne Erdschicht über dem felsigen Grund. Am Anfang sans froh übers Wort Gottes, sobald' s aber a Müah macht, sich danach z'richten, gebns auf.
Die Saat, die unter die Dornen gfallen is, des san die Menschen, die nur Sorgen und Wünsche hobn. Durch den ganzen Firlefanz, dens im Kopf hobn, werd as Wort Gottes bei eahna erstickt.
Aber a paar Menschen hobn offene Herzen und an offnen Sinn, um des anzunehmen und zu befolgen, was der Herrgott eahna zu sagen hot. Sie san wia die guate Erdn und zoagn durch eahna Lebn, daß sie aufn liaben Gott hören. Des is, was der Herrgott a guate Ernte nennt.«

Markus 4

153. Da Brottoag und da vergrabne Schatz

Wenn da Jesus zu de Menschen gredt hot, hot er eahna gern Gschichten erzählt, um eahna as Gottesreich anschaulich zu erklären.
Mir nenna die Gschichten heutztog ›Gleichnisse‹, weil wer drüber nachdenkt, kann a Gleichheit zwischen der Gschicht und ana Wahrheit übers Reich Gottes feststellen. Jede Gschicht is mehr oder weniger a Buidl, und wers lesen ko, der begreift, was mitm Gottesreich gmoant is.
»Heut möcht' i euch erzähln, womit ma' as Gottesreich vergleicha kann«, hot Jesus wieder amoi as Erzähln ogfangt. »Des is wia mit ana Hausfrau, die a Brot backt.«
»Aha«, »Ach so is des«, »Freili', logisch«, hobn d' Zuhörer zustimmend gmoant, weil die Frauen im Publikum hobn jeden Tog a Brot backen müassn, und d' Kinder hobn eahna gholfen. Aa d' Männer hobn, wias no Kinder warn, scho beim Brotbacken zuagschaut ghabt.
»Oiso, ihr wißts, wia a Hausfrau vorgeht«, hot Jesus weitererzählt. »Sie nimmt a bisserl a Hefe und vermengts in am großen Trog mitm Mehl. Es dauert net lang, und es passiert was Erstaunlichs: Des Ganze gärt, hebt sich und wachst bis zur doppelten Gröߒ o. Mitm Reich Gottes is ganz ähnlich. Der liabe Gott arbeit' im Verborgnen. Du siehgst vielleicht gar net, wias passiert, aber as Lebn werd vollkommen verändert, und as Gottesreich wachst und wachst durch die Kraft Gottes.«
A andersmoi hot er folgende Gschicht erzählt: »Es war amoi a Mo, der an kloana Acker umgrabn sollt. Auf oamoi hot er mit seim Pick'l was Harts troffen. Er hot sich buckt, die Erdn rundrum mit de' Händ' weggraamt und hot, ma' möchts fast net glaubn, an Schatz gfunden. Der Mo hot sich gar net gnua schaun könna, so hobn die Goldmünzen, Ring, Ohrringl und Halsketterl in der Sonn' gfunkelt. Er hot sich umgschaut, obn ja koaner gsehng hot und den Schatz schnell wieder mit Erdn zuadeckt. ›Herrgottsa', was mach' i jetzt,‹ hot er sich denkt und auf sein Pickl gloant. ›Wenn i den Acker kauf', nacha ghört der Schatz mir, aa wenn i mein letzten Pfennig dafür

opfern muaß. Des mach' i aa.‹ Er is auf d' Sparkass' ganga und hot den Acker kauft.«
Und da Jesus hot no a anders Gleichnis erzählt: »Es war amoi a Juwelier, der hot nur mit feine Perlen ghandelt. Eines Togs hot er a Perle entdeckt, die war so groß und so wunderschee, daß eahm glei' d' Luft wegbliebn is. Wia er sich nachm Preis erkundigt hot, is eahm klar wordn, daß er trotz seim Reichtum net gnua Geld ghabt hot, um sie zu erwerben. ›I muaß die Perle hobn‹, hot er sich denkt, ›und wenn i alle andern verkaufa muaß, des is mir aa wurscht.‹ Nur auf de' Weis hot er in den Besitz vo dera einzigartigen Perle kemma könna.«
Mit seiner Art der Erzählung hots Jesus a jedsmoi fertigbracht, daß manch oaner vo de' Zuhörer wieder a Stückl mehr vom Reich Gottes begriffen hot.

Matthäus 13

154. As große Nachtmoi

Alle Juden hobn den Tog herbeigsehnt, an dem as Gottesreich auf Erdn sein Anfang nehmen sollt. Sie hobn sich des vorgstellt wia a Fest, des nia aufhört – aber nur für eahna eigns Volk.
Wia Jesus amoi bei am sehr frommen Juden zum Essen eigladen war, hot oaner vo de' andern Gäste gsagt: »Mensch, des waar doch a Sach, am großen Festmahl Gottes teilznehma, wenn sei Königsherrschaft beginnt.«
»Da hast scho recht«, hot da Jesus zur Antwort gebn, »dazua wui i dir a kloane Gschicht erzähln. Es war amoi a Mo, der hot a große Party 'plant. Er hot seine Gäste eigladen und alles hergricht. Wia er fertig war, hot er zu seine' Diener' gsagt: ›Gehts los und holts meine Gäste zum Essen ab!‹ Wias beim ersten okemma san, hot der glei' von weitem abgwinkt und gruafa: ›S'tuat ma leid, aber mir pressierts; i hob mir an neuen Acker 'kauft, und den muaß i mir jetzt oschaun. Sagts euerm Chef an schöna Gruaß, vielleicht a andersmoi wieder, Servus!‹

Der zwoate Gast war aa beschäftigt: ›Mei', jetzt paßts ma gar net, i hab mir grad a paar Ochsen zuaglegt, die möcht' i sofort ausprobiern und am Acker draußen vorn Pfluag spanna. Grüaßts euern Boß recht schee vo mir, habe die Ehre!‹
Und beim dritten hobn s' aa koa Glück ghabt. ›Wißts liabe Leut'‹, hot er freudestrahlend erklärt, ›i hob nämlich vor ana Stund' gheirat, da hob i im Augenblick was Schöners im Sinn, des werd euer Dienstherr bestimmt versteh'. D' Pflicht ruaft‹, hot er augenzwinkernd gmoant und de' Diener d' Tür vor der Nasen zuaghaut.
So hot sich oiso jeder vo de' gladnen Gäste vor der Einladung druckt, koaner hot an Bock ghabt, hinz'geh. Die Diener san ganz traurig und niedergschlagen hoamganga.
Wia eahna Herr ghört hot, was vorgfallen war, is er grantig wordn: ›Es gibt etliche Menschen, die sich narrisch freun taaten, wenns zu meim Essen kemma derfaten‹, hot er zu seine' Diener' gsagt. ›Gehts nomoi los und ladts selbige Leut zu meim Fest ei'. Suachts in alle' Straßen nach arme', hungrige' und behinderte' Leut und bringts es her!‹
Es hot gar net lang dauert, bis die Diener wieder zruckkemma san, hinter sich a ganze Schlanga vo magere', armselig zammgrichte' Frauen und Männer. Kinder san aufgregt vornweg ghupft, die Alten san hinterdrei' ghatscht. Der Herr hots alle ganz freundlich begrüßt, und wias alle am Tisch gsessen san, warn sogar no a paar Stühle frei.
›I wui alle Plätz' an meiner Tafel bsetzt hobn‹, hot der Gastgeber zu de' Diener' gsagt. ›Gehts naus auf d' Straß' und holts aa no d' Penner rei', dann is mei' Fest vollständig!‹ Und mit am hintergründigen Lächeln hot er no gmoant: ›Net oana vo dene', die i zerscht eigladen ghabt hob, werd an meim Essen teilnehma.‹«
Mucksmäuserl staad wars, wia Jesus mit seiner Gschicht fertig war. »Wui er damit wirklich sagn, daß mir frommen Juden as Fest der Königsherrschaft Gottes verpassen?« hobn d' Leut sich gfragt. »Wui der Herrgott statt dessen alle die Menschen willkommen hoaßen, die mir verachten?«
Ja, an de' Nüss', die Jesus verteilt hot, hobn d' Leut ganz schee zu knacken ghabt.

Lukas 14

155. A Sturm aufm See

Es war wieder a recht a langer, anstrengender Tog gwesen, da Jesus hot seit in der Fruah zu der Menschenmenge gsprochen und Kranke gheilt ghabt. Schee staad is Abend wordn, d' Vögel in de' Baam san verstummt, und der blaue Himmi is allmählich oiwei dunkler wordn.

»So, Leutl, Schluß für heut, i mog nimmer«, hot Jesus zu seine Jünger gsagt, »gehts weiter, fahr' ma übern See!« »Oiso, ihr habts ghört, was unser Moaster gsagt hot, packts eure Campingstühl' und Badesachen ei' und gehts hoam, morgn is aa wieder a Tog«, hobn d' Jünger as Publikum aufgfordert und as Boot ins Wasser zogn, in des Jesus bereits eigstiegen war. Kaum daß er sichs hinten im Boot auf am Kissen bequem gmacht ghabt hot, war er aa scho eigschlaffa und hot gruasselt wia a Ratz.

D' Jünger san schee gmüatlich dahingruadert, wia auf oamoi a fürchterlicher Sturm ausbrocha is. Grad 'pfiffen hots, des kloane Boot hot in dem aufgwühlten Wasser wia a Nußschaln hin und her gschaukelt und gächzt, daß'd gmoant hast, es könnt' jeden Augnblick ausananderbrecha. D' Wellen san hochgstiegen, daß as Wasser von links und rechts, von vorn und hint' in des kloane Schifferl neigschwappt is. D' Jünger san bald gar nimmer mitm Schöpfen mitkemma, bis über d' Knöchel sans scho in der Brüah' gstanden. Aber es hot nix gnutzt, lang hätts gwiß nimmer dauert, bis's untergangen wärn.

In eahnara Angst hobn sie sich zu Jesus umgschaut und überrascht festgstellt, daß der oiwei no seelenruhig gschlaffa hot, ois wia wenn eahm alles, wos rings um eahm passiert is, überhaupt nix ogangat.

Sie hobn eahm aufgweckt und voller Angst gruafa: »Sag amoi, Moaster, juckt di' des denn gar net, daß mir scho kurz vorm Absaufa san?«

Jesus is ganz cool aufgstanden und hot am Sturm befohln: »Sei staad, jetzt langts!« Und zu de' Welln hot er gsagt: »Gebts a Ruah und legts euch hi'!«

Und pfei'grad, im selben Augnblick hot sich der Wind glegt, und s' Wasser war wieder brettleben und glatt wia a Spiagel.

Jesus hot seine Jünger vorwurfsvoll gfragt: »Was habts denn gar solchene Muffen, könnts ihr oiwei no net glaubn?«

Da is eahna zwoaraloa wordn, und sie hobn zuanand gsagt: »Was is des für a Mensch, daß eahm sogar as Wasser und der See pariern?«

Markus 4

156. Wia da Jesus böse Geister austriebn hot

Da Jesus und seine Jünger san sicher am andern Ufer okemma, endlich hobn s' eahna Ruah ghabt, weil da hats koane Menschenmassen gebn. Sie wollten grad a Lagerfeuer ozünden und a paar Forelln grillen, wias auf oamoi an durchdringenden Schrei ghört hobn. Sie hobn sich no gar net vo eahnam Schrecken derfangt ghabt, wias scho wieder so an fürchterlichen Laut vernomma hobn, dann nomoi und nomoi oan, und jedesmoi is er a bisserl näher kemma.
D' Jünger hobn scho vui ghört ghabt über den wuiden, besessnen Mo, der aus der Stadt verbannt wordn war, um da zwischen de Felsengräber in de Berg zu lebn. Koa Kettn war stark gnua, um eahm davo abzuhalten, sich selber zu verletzen.
Die Jünger hobn sich ganz schö gfürcht, wia der Mo oiwei näher kemma is. Mei, war des a grausams Buidl, die stieren Augn hobn ganz wuid gschaut, d' Haar san kreuz und quer in sei Gsicht ghängt, und sei nackerter Körper war über und über mit Wunden und blaue Fleck bedeckt (so wia der daherkemma is, hätt er bei heutige' Horrorfilm' beste Chancen auf a Hauptrolln ghabt).
Da Jesus aber hot sich überhaupt net gfürcht, er is auf eahm zuaganga, und der Mo is vor eahm auf d' Knia gfallen. »Jesus, bittschön tua ma nix und straf mi' net«, hot er gwimmert. »I woaßs, du bist der Sohn des höchsten Gottes!«
Aber da Jesus hot Mitleid mit dem Mo ghabt, denn er hot gwußt, daßs net sei Schuld war, daß er sich so benomma hot. Die böse Macht vom Teife' wars, die den Mo in ihrn Besitz gnomma ghabt hot.
»Wia hoaßtn du?« hot Jesus den Mo gfragt. »Legion«, hot der Mo gantwort', »denn a ganze Armee von Dämonen is in mir.«
»Böse Geister, schauts, daßs auf der Stell' den Mo verlaßts!« hot da Jesus de' Dämonen befohln. Ganz in der Näh' war grad a große Herd' Säu' auf der Woad, und die Dämonen hobn Jesus 'bettelt: »Laß uns in de' Säu' neifahrn!« Jesus hots eahna erlaubt, und die Teifen san mit am lauten Geheul aus dem Mo in die armen Viecher gfahren. Die hobn sich unmittelbar drauf übern Abhang owi in'n See einigstürzt.

Da hot der Mo gwußt, daßn da Jesus für oiwei vom Teife' befreit ghabt hot. Die Gluat und des Feuer in seine Augn warn erloschen. Jesus hot eahm auf d' Füaß gholfen, und d' Jünger hobn eahm zum Waschen an'n See gführt. Oaner hot eahm sei Rasierzeug und a frischs Hemad gliehen, und bis'd gschaut host, war aus dem Besessnen a ganz normaler, zivilisierter Mensch wordn.
Die Schweinshirten aber hobn nix bessers z'toa ghabt, ois den Vorfall in der Stadt und in de' Dörfer' rumzuerzähln. Des hot natürlich wieder an Haufa Gaffer (heut hoaßens ja fürnehm ausgedrückt: Schaulustige) oglockt. Die warn ganz überrascht, wias den Besessnen, der sich mit Jesus und de' Jünger unterhalten hot, gsehng hobn.
»Da schaug amoi hi', der is wieder ganz klar im Kopf, sauber gwaschen und rasiert is er, ja, und a neus Gwand hot er aa o«, hobn d' Leut verwundert festgstellt.
Aber eahna wars aa net ganz wohl in eahnara Haut, mit oam, ders fertigbracht ghabt hot, daß sich eahnare Säu' in'n See stürzen, wolltens nix z'toa hobn; oiso hobn s' Jesus aufgfordert, eahna Gebiet zu verlassen (gewissermaßen könnt' ma' des ois »Regionales Berufsausübungsverbot« bezeichnen).
Jesus is ohne Zögern dera Aufforderung nachkemma und zu de' Jünger' ins Boot gstiegn.
»Bitte nimm mi' aa mit!« hotn der Legion 'bettelt.
»Naa«, hot Jesus zu eahm gsagt, »du machst die beste Mundpropaganda für mi', indem du de' Leut in dera Gegend erzählst, wia dir der Herrgott gholfen und sich deiner erbarmt hot.«

Markus 5

157. Wia da Jesus an jungen Burschn vom Tod aufgweckt hot

Jesus und seine Freund' san grad den steilen, schmalen Weg zur Stadt Nain naufgstiegen, wia eahna a große Menschenmenge aus der Stadt entgegnkemma is. Wias auf d' Seitn ganga san, um Platz zmacha, hobn s' gsehng, daß des a Leichenzug war, der zu de' Felsengräber' in de' Berg unterwegs war.
Vornweg san d' Klagweiber zogn, a paar hobn traurige Melodien auf eahnare Blockflöten gspuit, die andern hobn bloß gwuiselt und gflennt (bei dera Musi hätts oam alloa vom Zuahörn scho ganz anders werdn könna, da hätts gar koa Leich' mehr braucht). Dann san die Männer kemma, die die Bahre mit der Leich' von am junga Mo trogn hobn. Nebenher is sei Muatter mit tränenüberströmtem Gsicht glaffa, und Freund' und Bekannte aus der Stadt san ihr gfolgt. Wia Jesus die Muatter in ihrer unermeßlichen Trauer gsehng hot, is a tiafs Mitleid in seim Herzen aufgstiegen. Sie war a Witwe, und jetzt, wo ihr oanziger Bua tot war, hots neamand mehr gebn, der sich um sie kümmert und sie versorgt hot.
»Tua di' net ab, brauchst nimmer woana«, hot Jesus voller Mitgefühl zu ihr gsagt. Dann is er zur Bahre hi'ganga und hot sei Hand draufglegt. Die Männer, dies trogn hobn, san sofort steh'blieben, und alle Augn hobn ganz gebannt auf Jesus gschaut, was er jetzt wohl macha werd.
»Steh auf!« hot er zu dem Burschen gsagt, der hot sich aufghockt, ganz verschlaffa d' Augn grieben, ois wenn er grad ausm Mittagsschlaf aufgwacht wär', und hot sogar wieder a richtig gsunde Gsichtsfarb' kriagt.
Jesus hot den Buam zu seiner Muatter gführt und sei Hand in die ihrige glegt. Alle, die des Wunder gsehng ghabt hobn, warn von Furcht ergriffen und hobn aufgregt durchanander gredt. Sie hobn an Herrgott gelobt und gsagt: »Der liabe Gott hot uns an großen Propheten gschickt, der sich um uns annimmt. Durch eahm laßt er uns sei Liebe und Güte spürn.«

Lukas 7

158. Wia da Herr Jesus seine Jünger an Auftrag gebn hot

Jesus und seine Jünger san von oaner Ortschaft zur andern zogn und hobn de' Menschen die frohe Botschaft vom Reich Gottes 'bracht.

Eines Togs hot er a Personalversammlung einberufen, indem er die Zwölfe zu sich kemma hot lassen. »Freunde«, hot er gmoant, »mir warn jetzt lang gnua gemeinsam unterwegs, ihr habts Gelegenheit ghabt, von mir was abzuschaugn, mir zuazuhören – und hoffentlich aa a bisserl was von mir zu lernen. Ich möcht' hobn, daß ihr ab sofort ohne mi' in die Dörfer und Städte gehts, um as Reich Gottes zu verkünden und Kranke zu heilen.«

D' Jünger san erschrocken und hobn sich denkt: »Sauber, was solln ma ohne Jesus toa? Da san ma ja glatt aufgschmissen.«

Aber Jesus hot eahna die Kraft und die Vollmacht verliehen, Dämonen auszutreibn und Kranke zu heilen.

Und er hot eahna Muat gmacht und guate Tips gebn: »Nehmts nix mit aufn Weg, koan Wanderstab und koa Reisetaschn, koa Brot, koa Geld und aa koa zwoats Hemad (mei Liaber, des mog a saubere Angelegenheit gwesen sei). Bleibts in dem Haus, in dems ei'kehrts, bis den Ort wieder verlaßts. Wenn euch aber die Leut in irgendana Stadt net aufnehma wolln, dann gehts weg. Denn oans könnts euch merken: Wer euch hört, der hört aa mi', und wer euch ablehnt, der lehnt aa mi' ab – und den, der mi' gschickt hot.«

Die Zwölfe hobn sich aufn Weg gmacht und hobn as Wort Gottes verkünd't und überall Kranke gheilt.

Wia die Apostel wieder zruckkemma san, warens ganz begeistert und hobn Jesus alles, was 's erlebt und toa ghabt hobn, erzählt.

Jesus aber hot eahna ganz nüachtern, klar und sachlich (so wias Chefs aa heutztog no macha) zu versteh' gebn: »I bin wirklich angetan von euerm Engagement, aber bitte vergeßts net: Es is net as Wichtigste, große und außergewöhnliche Dinge zu vollbringen, sondern vom Herrgott auserwählt zu sein!«

Lukas 9 und 10

159. Und wer tuat mehra geltn?

Jesus und seine Jünger san a staubige Straß' entlanggwandert, Jesus is a bisserl vorausganga, seine Jünger san hintnach kemma. Sie hobn aufgregt dischkriert, vo Minutn zu Minutn is eahna Diskurs lebhafter wordn.

Schließlich hobns a schattigs Haus erreicht, Jesus war scho dort. Der Reih' nach hot er seine Freund' ogschaut. »Über was habts euch denn grad so ogstrengt unterhalten, derfat i des eventuell aa wissen?« hot ers gfragt. Sie hobn sich gschaamt, m Jesus zu verraten, worüber sie gstritten ghabt hobn. Jeder vo eahna hot nämlich versuacht ghabt, zu beweisen, daß er mehr aufm Kasten hätt' und mehr gelten taat ois die andern.

Jesus hot natürlich gwußt, was in eahnam Herzen vorganga is. »Kummts amoi her zu mir«, hot er gsagt, und sie san gschamig näher kemma.

»Wer von euch«, hot Jesus ogfangt, »möcht' der Größte sei?«

Mucksmäuserl staad wars wieder, aber alle hobn genau zuaglust.

»I wui euch sagn, wia ma' in *meim* Königreich der Größte werd«, hot Jesus weitergredt. »Es is derjenige, der sich unaufhörlich um andere kümmert, der nia zerscht an sich selber und seine eignen Bedürfnisse denkt.«

Oans vo de' Kinder' aus dem Haus hot sich verstohlens nebn Jesus gsetzt ghabt und aa zuaghört.

Er hot des Kind in eahna Mittn gstellt, in seine Arm' gnomma und gsagt: »Schauts her, erwachsne Leut sollten sei wia Kinder. Die halten sich net für die Größten, sondern san bereit, mir zu vertraun und z'toa, was i sag – genau wia des Kind da.

Denkts dro: Oiwei wenns a Kind mir z'liab aufnehmts, statt daß es wegschickts, dann is 's genau so, ois wenns mi' aufnehma taats. Und wer mi' aufnimmt, der nimmt an Herrgott selber bei sich auf.«

Markus 9

160. As Gleichnis vom Salz und vom Liacht

Jesus hot de' Menschen die guate Nachricht vom Königreich Gottes verkünd't, nebnbei hot er sich aber aa no die Zeit gnomma, seine Jünger zu unterrichten. Inzwischen hots außer de' zwölf enga' Freund' no an Haufa and're gebn, die sich entschlossen ghabt hobn, Jesus zu vertraun und eahm zu folgn.
Jesus hot eahna erzählt, wias lebn müaßtn, wenns eahm nachfolgn wollten. Unter seine' eifrigen Zuahörer warn alle möglichen Leut': Mütter und Hausfrauen, Fischer und Kaufleut', Handwerker und Händler, Steuereinzieher, Buam und Madl.
»Wenns mir nachfolgn wollts«, hot Jesus zu eahna gsagt, »dann dients mir dort, wos lebts und arbeits, dort sollts sei wia as Salz.
As Salz verhindert, daß Fleisch und Fisch verderbn. Genau so sollts ihr euer kloans Stückerl Welt vorm Verderbn bewahrn. Aus Liab zu mir sollts ehrlich, gerecht und freundlich sei, fleißig arbeitn und a Herz für die Menschen hobn, die in Not san.
As Salz gibt der Nahrung d' Würzn, mit eure' Worte' und Taten könnts dem Lebn vo alle' Leut', die mit euch Kontakt hobn, a frische Würz' verleihn.
Machts koa Geheimnis draus, daßs mir treu seid' s. Schauts nauf zu der Stadt, die da obn aufm Hügel liegt, die kann sich aa net verstecka, a jeder kanns sehgn. Bemühts euch, daß ihr ois meine Jünger oiwei klar und deutlich zu erkennen seid' s.
Laßts an jeden wissen, daß ihr in mir as Liacht der ganzen Welt gfunden habts. Dann werd' s aa ihr wia Liacht leuchten und andere' helfen, eahnan Weg durch eahna Lebn z'finden. Ihr werd' s dene Menschen Trost und Hilfe bringa, die aus Einsamkeit, Traurigkeit und Verwirrung im Dunkeln lebn.
Ja, meine Lieben, Liacht und Salz, des san die Buidl für jeden, der mir in dera dunklen und verdorbnen Welt wahrhaft nachfolgn wui.«

Matthäus 5

161. A bisserl Brot glangt für a paar Tausend

Die Jünger hobn sich wieder beim Jesus versammelt und eahm alles erzählt, was sie toa und gelehrt ghabt hobn. Da hot er zu eahna gsagt: »Kemmts mit an an einsamen Ort, wo ma alloa san, und ruahts euch a wengerl aus.«

Sie hobn nämlich net amoi Zeit zum Essen ghabt, so vui Leut warens, die kemma und ganga san. Sie san oiso mit eahnam Boot in a einsame Gegend gfahren, damits alloa sei hobn könna.

Aber ma' hots abfahrn gsehng, und vui hobn davo erfahrn; sie san z'Fuaß aus alle Städte' dorthi' glaffa und sogar no vor eahna okemma.

Wia Jesus ausgstiegen is und die vuin Menschen gsehng hot, hot er Mitleid mit eahna ghabt, denn sie warn wia Schaf', die koan Hirten ghabt hobn. Und er hots lang gelehrt und sich mit eahna unterhalten.

Gegn Abend zua san seine Jünger zu eahm kemma und hobn gsagt: »Der Ort is abglegen, und es is scho spät, schicks weg, damits in die umliegenden Dörfer gehn und sich dort was zum Essen kaufen könna.«

Jesus hot erwidert: »Naa, gebts ihr eahna was z'essen!«

Der Philippus hot gantwort': »Du bist ja guat, für des bisserl Geld, des mir hobn, kriagn ma doch net gnua Brot für so an Haufa Leut', aa wenn bloß a jeder a kloans Scherzl kriagert.«

Der Andreas hot gmoant: »Da is a kloaner Bua, der hot fünf Gerstenloaberl und zwoa Fisch' dabei, aber was soll des, des is doch z'weng für so vui Menschen!«

Jesus hot gsagt: »Sagts zu de' Leut', sie solln sich ins greane Gras hocka.«

Da hobn sich alle niedergsetzt; fünftausend Männer werdens ungfähr gwesen sei, d' Frauen und Kinder no gar net mit'zählt.

Dann hot Jesus die Brote gnomma, as Dankgebet gsprocha und mit seine' Jünger' an d' Leut aus'teilt, sovuis wollten; genauso hot ers mit de' Fisch' gmacht.

Wia die Menge satt war, hot er zu seine' Jünger' gsagt: »Sammelts die übrigbliebenen Brotstückl ei', damit nix kaputtgeht.«

Zwölf Körb' voll sans wordn. Wia die Menschen gsehng hobn, was er toa ghabt hot, hobn s' gsagt: »Des is wahrhaftig der Prophet, der in d' Welt kemma soll.«

Markus 6; Johannes 6

162. Wia da Jesus übern See ganga is

Wia die große Volksspeisung vorbei war, hot Jesus seine Jünger aufgfordert: »Steigts ins Boot und fahrts ans and're Ufer voraus; i schick' in der Zwischenzeit die Leut hoam!«
Nachdem er sich von eahna verabschiedet ghabt hot, is er auf an Berg gstiegen, weil er beten wollt.
Spät am Abend war as Boot mitten aufm See. As Wasser is durch an heftigen Sturm auf'peitscht und des Boot hin und her gschmissen wordn. Jesus hot gsehng, wia sich die Jünger beim Ruadern abtoa hobn, denn sie hobn an sakrischen Gegnwind ghabt.
Jesus is zua eahna kemma, ma' möchts fast net glaubn, er is leibhaftig aufm Wasser ganga. Wian d' Jünger übern See kemma gsehng hobn, sans erschrocka, weils gmoant hobn, des waar a Gspenst, und sie hobn plärrt vor lauter Angst.
Aber Jesus hot mit eahna as Reden ogfangt und gsagt: »Brauchts koa Angst hobn, habts Vertrauen, i bins!«
»Wennst as wirklich bist«, hot der Petrus zruckgruafa, »dann laß mi' zu dir kemma!«
Jesus hot gantwort': »Kumm, geh weiter, trau di' nur!«
Der Petrus is übern Bootsrand krackelt und is langsam übers Wasser auf Jesus zuaganga.
Auf oamoi hotn a starker Windstoß derwischt, und er hot auf die hohen Welln gschaut. Da hot ers mit der Angst z'toa kriagt, und er is langsam unterganga.
»Bitte, Moaster, hilf mir, i dersauf'!« hot er in panischer Angst gschrian.

Jesus hot schnell sein Arm ausgstreckt, an Petrus 'packt und ausm Wasser zogn.
»Warum hostn so Schiß ghabt, host vielleicht an mir 'zweifelt?« hot Jesus an Petrus gfragt.
Dann sans ins Boot gstiegen und unmittelbar danach hot sich der Wind glegt.
Die Jünger im Boot aber san vor Jesus auf d' Knia gfallen und hobn gsagt: »Wahrhaftig, du bist Gottes Sohn!«

Markus 6; Matthäus 14; Johannes 6

163. Wia da Nikodemus auf d' Nacht zum Jesus kemma is

Der Nikodemus war a Pharisäer. Er war von ganzem Herzen bemüht, die Gebote zu halten und all die vuin Vorschriften zu beachten, die im Lauf der Jahrhunderte de' Gebote' hinzuagfügt wordn warn. Zudem war er Mitglied im leitenden jüdischen Rat.

Der Nikodemus hot scho vui vo Jesus ghört ghabt, aber er war weder zornig auf eahm, noch hot ern beneidet, wia des bei vui Pharisäer der Fall war.

»Jesus muaß a guater Mo sei«, hot er überlegt, »sonst könnt' er net solche Taten vollbringa.«

Er wollt unbedingt amoi mit Jesus reden, deswegn hot er beschlossen, eahm mitten in der Nacht aufzusuacha, wos koane neugierigen Beobachter gebn hot, die seine' Freund' im Rat drüber berichten hobn könna. Die hättn des nämlich sicher net verstanden.

Jesus hot scho längst alles übern Nikodemus gwußt, no bevor der ausm Schatten der Nacht bei eahm auf'taucht is.

»Es gibt da was Wichtigs, des i dir gradraus sagn muaß«, hot Jesus ogfangt. »Nur alloa durchs eifrige Befolgen der Gebote werst du niamois ins Reich Gottes kemma. Naa, du muaßt quasi neu geborn werdn.«

»Des versteh' i net, wia kann i in meim Alter neu geborn werdn?« hot der Nikodemus verständnislos gfragt. »I kann doch net wieder a Kind werdn!«

»Es gibt mehrere Arten von Geburt«, hot Jesus erklärt. »Durch deine natürlichen Eltern bist du in diese Welt geboren wordn. Aber durchn Heiligen Geist kannst du ins Gottesreich geborn werdn.«

Obwohl der Nikodemus a guater Lehrer war, hot er hint' und vorn net kapiert, was Jesus gmoant hot.

»Der Heilige Geist is wia der Wind«, is Jesus fortgfahren. »Du kannstn genauso wenig sehgn wian Wind. Du erkennst an Wind nur an dem, was er bewegt. Und so is aa mitm Heiligen Geist, den erkennst an dem, was er in deim Lebn bewegt. Er alloa kann dir Gottes Lebn gebn. Der Herrgott liebt jeden Menschen so sehr, daß

er sein oanzigen Buam gschickt hot, damit alle, die eahm vertraun, as ewige Lebn Gottes erhalten.«
Nachdenklich is der Nikodemus wieder in die dunkle Nacht nausganga. »Dieser Jesus lehrt ganz anders wia d' Pharisäer«, hot er vor sich hin sinniert.
Eines Togs hot er sich entschieden, Jesus nachzufolgen.

Johannes 3

164. Da Jesus und de Frau vo Samaria

Mittag wars und d' Sonn' hot owigstocha, wia Jesus in der Näh' vo Sychar in Samaria auf seine Jünger gwart' hot. Er war recht müad und hot an gscheiten Durst ghabt.
A Frau is ganz dasig zum Brunnen kemma, an Wasserkruag auf ihrm Kopf.
»Mensch, i hob an solchen Durst, könntst mir net an Schluck Wasser gebn?« hot Jesus die Frau gfragt. Die hot gschaut wia a Schwalberl, wenns blitzt, weils gsehng hot, daß Jesus a Jud' war, und die hobn net mit de' Leut aus Samaria gredt - mit ana Frau scho glei' zwoamoi net.
»Wuist du wirklich an Becher Wasser vo mir hobn, obwohl i a Frau aus Samaria bin?« hots ungläubig zruckgfragt. »Wer um alles in der Welt bistn du?«
»Wennst des wißerst«, hot ihr Jesus gantwort', »nacha taatst du mi um an Schluck Wasser bitten, weil i taat dir a lebendigs Wasser gebn.«
»Wia wuistn des macha, du host ja net amoi an Eimer«, hot die Frau gmoant und recht glacht. »Mit was taatst denn du dei' wunderbars Wasser überhaupt schöpfen wolln?«
»Des Wasser, des i dir gib, is ganz anders ois wia des in dem Brunnen drin«, hot Jesus erklärt. »Wennst mei' Wasser trinkst, werst nia mehr an Durst hobn, denn es werd dei' tiafste Not stillen.«

»Des klingt ja super«, hot die Frau sich gfreut, »nacha brauch i aa nimmer jeden Tog da her zum Wasserschöpfa kemma.«
»Warum holstn net dein Ehemann?« hot Jesus gfragt.
»Weil i koan hob«, hot die Frau zruckgebn.
»I woaßs scho«, hot Jesus erwidert. »Fünfmoi warst scho verheirat', und jetzt hast an Lebensgefährten, dens d' net gheirat' hast.«
Jetzt hots aber ihr Mei nimmer zuabracht vor lauter Verwunderung, weil Jesus über sie Bescheid gwußt hot. Sie hot ihrn Wasserkruag abgsetzt und is in d' Stadt zruckgrennt, um die Neuigkeit zu verkündn.
»Schnell, kemmts und schauts euch den wunderbarn Menschen o, den i am Brunnen draußen troffa hob«, hots alle andern zuagruafa. »Er hot alles über mei' Lebn gwußt, i glaub, des is der Messias!«
Die Stadtbewohner warn neugierig und san ihr zum Brunnen gfolgt.
»Bitte, bleib a paar Tog bei uns«, hobn s' Jesus eigladen.
»Erzähl uns was vo deiner guaten Botschaft.« Und Jesus is bei eahna bliebn.

Johannes 4

165. De Gschicht vom verlorna Lamperl

Die Pharisäer und die strengen jüdischen Lehrer, die Jesus zuaghört hobn, warn entsetzt über die Menschen, die mit eahna in der Menge gstanden san. Des warn genau solchene, die unbekümmert die Gesetze und Vorschriften übertreten hobn, die sie selber so streng und peinlichst genau befolgt hobn. Naa, diese Art vo Menschen hot mit eahna nix, aber aa absolut gar nix gemeinsam ghabt. Des hätt' da Jesus eigentlich wissen und net zualassen derfa.
»I hob ghört, daß er sich sogar mit Sünder' abgibt und mit eahna zum Essen geht«, hot a Pharisäer gschimpft.
»Genau, des ko gwiß koa von Gott gesandter Lehrer sei, wenn er a solchs Gschwerl willkommen hoaßt«, hot sei Freund bemerkt.

»Überhaupt wui der Herrgott mit solche' Sünder' nix zum Toa hobn«, hot a dritter sein Senf dazuagebn.
Weil Jesus ghört hot, was sie gredt hobn, hot er eahna as folgende Gleichnis erzählt:
»Stellts euch vor«, hot er gsagt, »ihr hätts hundert Schaf'. Eines abends merkts beim Zähln, daß oans abgeht. Was teats? Begebts euch mit de' andern neunaneunzge zur Ruah und denkts, daß der Verlust vo oam Schaf nix ausmacht?
Natürlich net, ihr brechts sofort auf, egal, wia müad ihr seid' s und gehts den Weg zruck, dens am Tog mit eurer Herdn zogn seid' s. Von jedem steilen Felsen werd' s owischaun und mit eurer Lampn in jed' s dunkle Gebüsch leuchten.
Endlich, ja endlich hörts a zarts, schwachs Blöken, ihr nehmts des verlorne Schaf auf eure Schultern und gehts überglücklich hoam, weils des Viecherl wieder hobts.
Wenns dahoam okemma seid' s, feierts a Fest mit de' andern Schäfer' und de' Dorfbewohner', um euer Freud' über des wiedergfundene Schaf mit eahna zu teiln.
Genauso werd aa im Himmi mehr Freud' herrschen über oan oanzigen Menschen, der verlorn war und zum Herrgott zruckgfunden hot, als über neunaneunz'g Menschen, dies net nötig hobn, eahnan Sinn zu ändern.«

Lukas 15

166. De verlorne Münzn und da verlorne Bua

D' Pharisäer san gar net zum Durchschnaufa kemma, so grantig warens, da hot eahna Jesus scho wieder a neue Gschicht erzählt:
»Stellts euch amoi a Hausfrau vor, die nur zehn Silbermünzen besitzt. Eines Togs, wias grad wieder über ihrer Münzsammlung gsessen is, hots zu ihrm Entsetzen festgstellt, daß ihr oane abgeht. ›Ja Herrschaftseitn, wo kann denn die hi'kemma sei, i hobs doch

oiwei alle in meiner Zuckerdosn aufghoben ghabt, des derf doch net wahr sei,‹ hots voller Verzweiflung 'grübelt. Sie hot a Lampn gnomma und überoi as suacha ogfangt, aber nix zu macha, des Geldstückl war weg. Sie hot trotzdem net aufgebn und weitergsuacht, sie hot an Besen gnomma und überoi raus'kehrt. Endlich hots in dem Kehricht was funkeln gsehn, sie hot ihr Münzn wiederghabt. Voller Freud' hots ihre Freundinnen eigladen und eahna erzählt, was ihr passiert war. Genauso freut sich der liabe Gott über oan oanzigen Sünder, der zu eahm zruckkehrt, sogar d' Engel san glücklich über die wunderbare Fügung.«

Wia Jesus gmerkt hot, daß d' Pharisäer oiwei no net gschnallt hobn, worauf er eigentlich nauswollt, hot er eahna no a dritte Gschicht über die Liebe Gottes zu jedem Menschen, egal ob guat oder bös', erzählt.

»Es war amoi a Großgrundbesitzer«, hot er ogfangt, »der hot zwoa Buam ghabt.

Eines Togs hot der Jüngere zu seim Vota gsagt: ›Du, i hob koan Bock mehr, dauernd dahoam umanandaz'hocka, i wui weg von da und was erlebn. Zahl' mir mei' Erbteil aus, und dann ciao!‹ Am Vota wars net leicht ums Herz, aber er hot as Vermögn aufteilt.

Der jüngere Bua hot des Puiver gnomma und sich in a anders Land abgseilt. Dort hot er die Puppen tanzen lassen und oan auf Dolce Vita gmacht. Aber wias hoit so is, bei so am Lebensstil is as Geld ruck zuck weg, so schnell kannst gar net schaugn.

Eines morgens – er hot grad wieder a Nacht durchgfeiert ghabt – hot er enttäuscht feststellen müassn, daß sei ganzs Geld weg war, und mit eahm seine ganzen ›Freunderl‹. Dazua is no kemma, daß in dem Land grad a große Hungersnot gherrscht hot.

Jetzt is 's eahm natürlich naß nei'ganga, mit Müah' und Not hot er an Job ois Sauhüater kriagt. Vor lauter Hunger hätt' er am liabern sogar as Saufuatter zammputzt.

In seiner Verzweiflung san eahm d' Augen aufganga. »I Hanswurscht, i trauriger«, hot er mit sich ghadert, ›jetzt sitz' i da, koan Knopf Geld im Sackl und kann ma vor lauter Hunger as Kinn ans Tischeck' hi'haun. Die Toglöhner bei meim Vota dahoam lebn im Vergleich zu mir wia d' Fürsten. Egal, was kummt, i geh hoam zu eahm und entschuldig mi' für mei' gscherts Verhalten. Ois sein

Buam werd er mi' wahrscheinlich nimmer onehma, aber vielleicht gibt er mir wenigstens an Job auf seim Hof.‹
Er hot seine paar armseligen Sachen zammpackelt und sich auf den langen, stoanigen Weg in d' Hoamat zruckgmacht. Er war vielleicht no an Stoawurf vo seim Elternhaus entfernt, wian sei Vota gsehng hot und eahm voller Mitleid und Liab entgegnglaffa is. Er hotn in d' Arm gnomma und gwoant vor lauter Freud'.
›Vota, es tuat mir so leid‹, hot der junge Mo voller Scham gflüstert und war selber de' Tränen nah'. ›I bins nimmer wert, dei' Sohn zu sei.‹
Aber der Vota hotn gar net ausreden lassen und zu seine' Diener' gsagt: ›Holts für mein Buam as beste Gwand, ziahgts eahm neue Klapperl o und steckts eahm an schönen Ring an sein Finger! Und dann schlachts as Mastkalberl, heut hamm ma a großs Fest zu feiern!‹
As Fest is bereits auf vollen Touren glaffa, wia der ältere Bua von der Feldarbeit hoamkemma is.
›Was isn da los?‹ hot er ganz entgeistert an Knecht gfragt, wia er d' Musi ghört und den Haufa fröhlicher Leut gsehng hot. Der Knecht hot gantwort': ›Dei' Bruader is wieder hoamkemma, und dei' Vota hot zur Feier des Togs as Mastkalberl schlachten lassen.‹ Da is er grantig wordn und wollt gar net erst nei'geh. Aber sei Vota is aussikemma und wolltn holn. ›Komm, geh rei' und feier' mit uns!‹ hot ern gebeten.
Aber der ältere Bua war stinksauer und hot gschimpft: ›Spinn i, oder? All die Jahre hob i wia a Wahnsinniger für di' gschuft', aber für mi' host nia a Fest gebn. Jetzt kummt der Nixnutz, der dei' ganz Puiver verblitzt hot, wieder hoam, und du schlachtst eahm zu Ehrn glei' as Mastkalberl, des is doch net in Ordnung!‹
Der Vota war ganz traurig, wia er gsehng hot, wia lieblos und eifersüchtig sei älterer Bua war. ›Alles, was i besitz', ghört doch dir‹, hot ern sanft beruhigt. ›Du warst die ganze Zeit bei mir, um di' hob i mir nia Sorgen macha müassn. Aber jetzt, wo dei' Bruader, den i scho für oiwei verlorn 'glaubt hob, wieder da is, is doch recht und billig, daß ma uns freun und feiern. Er war so guat wia tot, aber jetzt hob i 'n wieder, lebendig und gsund!‹«

Lukas 15

167. Vo da Arbat bei da Weinles

Eines Togs hot Jesus zu de' Jünger' gsagt: »I möcht' euch no a Gschicht erzähln, um euch rüberz'bringa, wias im Königreich Gottes zuageht.

Es war amoi a Mo, der is ganz zeitig in der Fruah aufn Marktplatz ganga, weil er Arbeiter 'braucht hot, die eahm bei der Weinernte helfen sollten.

›Jeder von euch kriagt a Silbermünzn cash auf d' Hand ois Lohn für oan Tog Arbeit‹, hot er mit eahna vereinbart, und sie warn sofort damit einverstanden.

Um neune is er wieder aufn Marktplatz, um no mehrer Männer einzustellen. ›I gib euch an gerechten Lohn‹, hot er eahna versprocha.

Gegn Mittag hot er wieder nach Arbeiter' gschaut, und nachmittag um drei aa no amoi.

Sogar oa Stund' vor Feieromd hot er nomoi oa engagiert, die am Marktplatz umanandgstanden san und net gwußt hobn, was toa solln. ›Warum hängts ihr da rum und teats nix?‹ hot ers gfragt.

›Ja weil uns koaner a Arbeit gebn hot‹, hobn s' zur Antwort gebn.

›I hob an Job für euch‹, hot er zu eahna gsagt. ›Gehts zu de' andern, die bereits meine Trauben ernten.‹

Wia d' Arbeit an selbigem Tog beendet war, hot der Moaster sein Prokuristen beauftragt, alle Männer auszuzahln. Die letzten san ois ersts aufgruafa wordn, und a jeder von eahna hot oa Silbermünzn bar auf d' Kralln kriagt.

Wia schließlich die Arbeiter drokemma san, die scho seit in der Fruah gwerkelt ghabt hobn, hobn s' natürlich insgeheim ghofft, daßs a bisserl mehrer Schotter absahnen könntn. Aber da is eahna der Schnabel sauber bliebn, aa sie hobn wia die andern nur oan Silberling erhalten.

›Des is aber net gerecht‹, hobn s' as Murren ogfangt. ›Mir hobn den ganzen Tog bei derer Sauhitz' garbeit' wia blöd, dann steht uns gfälligst aa mehrer Gage zua!‹

›Paßts amoi auf, Freunde‹, hot der Besitzer ganz cool zu eahna gsagt, ›mir hobn uns auf den Lohn geinigt, bevor ihr as Arbeitn ogfangt hobts. I hob mei' Vereinbarung eighoiten – zum andern müaßts des scho mir überlassen, wia großzügig i zu dene' bin, die später kemma san.‹«

D' Jünger hobn sich gar nimmer auskennt, sollts denn im Königreich Gottes wirklich so zuageh? Dann hot ja koaner kriagt, was er eigentlich verdient hot? Aber vielleicht hot sich aa koaner Gottes großzügige Liebe verdeana und erwerbn könna?

Jesus is auf eahnare Gedanken ei'ganga und hot gsagt: »Im Königreich Gottes kemma Leut', die sich für die Ersten hoiten, ois Letzte dro.

Und die Letzten werdn die Ersten sei!«

Matthäus 20

168. De Gschicht vom reichn Mo

Eines Togs, wia da Jesus d' Straß' entlangmarschiert is, is eahm a Mo nachgrennt. Wia ern eigholt ghabt hot, is er atemlos vor Jesus auf d' Knia gfallen und hotn gfragt: »Moaster, bitte sag mir, was i toa muaß, um as ewige Lebn zu erlanga?«

»Du kennst doch die Gebote«, hot Jesus gantwort'. »Du sollst net töten, koane fremden Weiber hobn, net stehln, net lüagn, und du sollst deine Eltern ehrn.«

»Ja freili', die ganzen Gebote hob i von Jugend an eighoiten«, hot der Mo ganz gschaftig zur Antwort gebn.

Jesus hotn gütig ogschaut, denn er hot alles über eahm gwußt. Er war wirklich a kreuzbraver Mo und hot die Gebote oiwei peinlichst genau befolgt ghabt.

Was er aber versaamt ghabt hot, war, daß as erste und wichstigste Gebot hoaßt: Du sollst Gott aus ganzem Herzen und aus ganzer Seele lieben. Denn in seim Lebn hots was anders gebn, des eahm vui wichtiger war ois wia der liabe Gott.

»Wenn du vorm Herrgott reich sei wuist«, hot Jesus zu eahm gsagt,

»dann muaßt dei' ganzs Geld verschenka. Gibs de' notleidenden Menschen, und dann kannst kemma und mir nachfolgn.«
Der Mo war enttäuscht, wia er des ghört hot, und is traurig wegganga, denn er war sehr reich. Sei Puiver war sei ein und alles, er hots zu sehr geliebt, ums mit irgend jemandem teiln zu könna.
»Für an reichen Menschen is 's sehr schwer, in Gottes Königreich zu gelangen«, hot Jesus seine' Jünger' erklärt. »Da is 's für a Kamel no oafacher, durch a Nadelöhr z'kriacha, ois für an Reichen in'n Himmi z'kemma.«
D' Jünger warn gschockt von dene Worte', weils der Meinung warn, daß für Menschen, die an Haufa Zaster hobn, im Lebn alles leichter sei müaßat.
»Ja wenn scho Reiche net grett' werdn könna, wer soll nacha überhaupt grett' werdn?« hobn s' gfragt.
»Ohne Herrgott kann koaner grett' werdn«, hot Jesus erwidert. »Was aber Menschen net selber für sich toa könna, des kann der liabe Gott für sie toa. Denn alles is möglich, wenns der Herrgott tuat.«

Markus 10

169. As größte Gschenk übahaupts

Eines Togs is Jesus im Tempelhof gsessen und hot die Menschen beobacht', die kemma und ganga san.
In seiner Näh' san dreizehn große Opferstöck' gstanden, in die die Besucher eahnare Münzn werfa hobn könna. So wia heutztog der Ertrag aus der Kollekte für d' Kirchenheizung oder für a neue Orgel hergnomma werd, is damois des Geld zum Unterhalt des Tempels verwendet wordn.
Jesus hot beobacht', wia die Reichen große Geldsummen neigworfa hobn. Die oan' hobn s' unauffällig gmacht, die andern hobn mit eahnare Goldmünzn laut 'klimpert, daß aa wirklich a jeder sehgn sollt, wiavuis gspendt hobn.

Da is a armseligs Weiberl daherkemma, sie war a Witwe, die neamanden ghabt hot, der für sie a Geld verdeant hot. Ganz gschamig hots zwoa kloane Kupfermünzn in'n Opferstock falln lassen.
Jesus hot seine Jünger auf sie aufmerksam gmacht und zu eahna gsagt: »Habts die Witwe gsehng, die grad zwoa Pfenning ins Opferkastl gworfa hot? Sie hot am Herrgott mehrer gebn, ois wia all die Reichen, egal, wiavui Goldstückl die aa neigworfa hobn.«
D' Jünger hobn natürlich wieder amoi überhaupt nix kapiert ghabt. »Was machtn des für an Sinn? Sovui könn' ma grad no rechnen, daß ma wissen, wer die meiste Kohle locker gmacht hot«, hobn s' voller Unmut zu Jesus gsagt.
Da hots eahna Jesus erklärt. »Die Reichen hobn am Herrgott gebn, was sie lässig entbehrn hobn könna. Es hot eahna überhaupt nix ausgmacht, die paar Kröten rauszurucka, weil eahna trotzdem oiwei no gnua für sich selber übrigbliebn is.
Die Witwe aber hot alles gebn, was 's ghabt hot; und nix für sich zruckb'halten.
Und des is in Gottes Augn as größte aller Gschenke.«

Markus 12

170. De Gschicht vom arma reichn Bauern

A Mo hot sich durch die Menge nach vorn zu Jesus gschlängelt, weil er mit Jesus reden wollt. »Moaster«, hot er gsagt, »mei' Vota is gstorbn, und meine Brüader wolln as Familienerbe net zwischen uns aufteilen. Bitte sag eahna, daßs mir mein gerechten Anteil gebn solln.«
»Aber sonst gehts dir scho guat?« hot Jesus eahm zur Antwort gebn. »Es is doch wohl net mei' Aufgab, solch' windige Streitigkeiten zu schlichten.«
Dann hot er sich der Menge zuagwandt und as Reden ogfangt.
»Paßts auf, daßs net ruachert werd' s. As wahre Lebn hängt net da-

vo ab, wiavui ihr auf euerm Bankkonto hobts. Bei der Glegenheit möcht' i euch die Gschicht von am reichen Bauern erzählen, der in oam Jahr a so a guate Ernte eigfahren hot, daß seine Schupfan nimmer dafür ausgreicht hobn.

›I woaß, was i tua,‹ hot er sich denkt. ›I reiß meine oiden Scheuern ab und laß größere baun, dann kann i mei' ganzs Troad lagern und werd für die nächsten Jahr' gnua zum Lebn hobn. Da mach' i mir an schlauen Lenz und ruah mi' aus.‹

In der darauffolgenden Nacht hot der Herrgott zu eahm gsagt: ›Du Narr, no in derer Nacht werst sterbn. Was werd dann aus deim Haufa Geld, was solls dir no bringa?‹

So werd' s am jeden geh«, hot Jesus sei Red' beendet, »der sei Lebn damit verbringt, reich zu werdn und sich nia drum kümmert, vor Gott reich zu sein.«

»Pah, mir werdn sowieso nia reich sei«, hot oaner vo de' Jünger' gmampst.

Jesus hot eahm drauf zur Antwort gebn: »Aa die, die koa Puiver hobn, verschwenden oft genausovui Gedanken dro wia reiche Leut'.

Sorgts euch net drum, wias euch was zum Essen bsorgen und womits euch neue Kleider kaufen könnts. Denkts dro, wia der Herrgott sich um d' Vögel kümmert: Sie säen und ernten net, sie hobn koa Schupfa, denn der Herrgott sorgt für sie.

Der liabe Gott is euer himmlischer Vota. Wenn er sogar d' Vögel versorgt und d' Bluma so wunderschön kleidet, werd er bestimmt aa drauf schaugn, daß ihr alles habts, was brauchts.

Setzts an Herrgott oiwei an erste Stell', und er werd sich um all eure Sorgen kümmern und euch mit allem Notwendigen versorgn.«

Lukas 12

171. Da Jesus is da Messias

So wias ausgschaut hot, hot sich inzwischen jeder über Jesus, den neuen Lehrer aus Nazareth, unterhalten. Die Berichte über des kloane Madl, des er ins Lebn zruckgholt ghabt hot, und über die wunderbare Brotvermehrung hobn sich schnell verbroat'. Wenn er wirklich bloß a oafacher Zimmermo war, wia sollt er dann solche Wunder vollbringa könna?

Aa am Jesus seine Jünger hobn vui über eahnan Moaster nachdenkt. Er hot gwußt, was sie 'braucht hobn, und sie scheinbar besser kennt und verstanden, ois sie sich selber.

Sie hobn an aufmerksam beobacht', wenn er jemandem gholfen oder gheilt hot; und ab und zua warens ganz schee perplex. »Wia kann a gwöhnlicher Mensch über Wind und Welln befehlen und an Toten ins Lebn zruckruafa?« hobn sie sich gfragt.

Wias wieder amoi mitanand unterwegs warn, hot Jesus sie gfragt: »Was reden d' Menschen über mi', für wen haltens mi'?«

D' Jünger hobn a paar von dene Bemerkungen, dies im Vorbeigeh in der Menge aufgschnappt ghabt hobn, wiederholt.

»A paar halten di' für Johannes den Täufer, der von de' Toten auferstanden is«, hot oaner von de' Jünger' gsagt.

»A paar glaubn, daß du der Elia bist, der ois Bote Gottes auf d' Welt zruckkemma is, so wias der Prophet Malcachi vorausgsagt hot«, hot a anderer ergänzt.

»Auf jeden Fall haltens di' für an Propheten«, hot a Dritter gmoant.

Da hot Jesus seine Jünger eindringlich ogschaut und gfragt: »Ja, und für wen halts *ihr* mi'?«

Für an Augnblick wars ganz staad, dann hot der Petrus gantwort': »Mir glaubn, daß du Gottes gesalbter Kini bist – oiso der versprochne Messias!«

Jesus war sehr erfreut, daß seine Jünger erkannt hobn, wer er war. Aber er hot aa gwußt, daßs in Wirklichkeit der Herrgott war, der eahna d' Augn für selbige Erkenntnis göffnet ghabt hot.

»Erzählts neamad, wer i bin«, hot er seine Jünger ermahnt, weil er gwußt hot, daßn d' Menschen, wenns amoi gneisst hätten, wer er war, zu solch am Kini hätten macha wolln, wia sie sichs eben

gwünscht hobn. Nämlich zu am König, der gegn d' Römer ins Feld ziahgt oder der as ganze Volk kostenlos mit Essen und Trinken versorgt.
Aber a solcherner Kini war er gwiß net.

Markus 8

172. Wia da Jesus sei Leidn okündigt hot

Die Jünger Jesu hobn, so wia die andern Leut aa, von am Messias traamt, der a großer Befreier der Juden sei sollt und mit dem a goldens Zeitalter voller Frieden, Freud' und Eierkuacha ofangt. »Wenn er erst amoi zum Kini 'krönt is, nacha werdn ma gwiß den oan' oder andern Ministerposten abstaubn«, hobn sich die Jünger in eahnara Phantasie ausgmalt (Heutz'tog traamt ma hoit von am Sechser im Lotto oder am gscheiten Auto, am eignen Swimmingpool und so weiter, und so weiter).
Jesus hot eahnare Gedanken kennt und gwußt, daßs an der Zeit war, eahna zu erklären, was für a Messias er tatsächlich war.
»Hörts ma amoi guat zua«, hot er ogfangt, »es liegn schwere Zeiten vor mir. Alle religiösen Führer werdn sich gegn mi' verschwören und überlegn, wias mi' am besten verhaften könna. Am End' werdns mi' sogar zum Tod verurteiln und mi' hinrichten lassen, aber i werd drei Tog später von de' Toten aufersteh'.«
Da hotn der Petrus auf d' Seitn gnomma und eahm Vorwürf' gmacht. »Moaster, des muaß der Herrgott verhindern, des derf auf koan Fall mit dir gschehng«, hot er besorgt gmoant.
»Petrus, sei staad«, is Jesus eahm übers Mäu gfahrn, »des, was du da sagst, hot dir der Teife eigflüstert. I hob auf d' Welt kemma müassn, um den Plan zu erfülln, den mei' Vota im Himmi für mi' vorbereit't hot. *Seim* – und nur seim Weg – werd i folgn, des merkst dir!«
Dann hot Jesus die Leut', die a bisserl abseits gstanden san, zu sich

hergwinkt und zu eahna gsagt: »Wenn ihr mir wirklich folgn wollts, dann müaßts euch auf a schwere Zeit gfaßt macha. Mir Nachfolgn hoaßt, eigne Wünsche aufzugebn und an schwern Weg zu geh.
Wer an dem hängt, was er besitzt, werd alles verliern. Wer bereit is, alles, was er hot, wegn meiner aufzugebn, wirft sei Lebn zwar scheinbar weg, aber as Wichtigste werd er b'halten. Er werd as wahre Lebn gwinna, des Lebn, des ewig währt. Und des Lebn is mehrer wert ois alles andere auf derer großen weiten Welt.«

Markus 8

173. Wia da Moses und da Elia 'm Jesus erschiena san

Eines Togs is Jesus mitm Petrus und de' Brüader Jakobus und Johannes auf an hohen Berg zum Beten gstiegen.
Während Jesus bet' hot, is er vor eahnare Augn verwandelt wordn. Sei Gsicht hot gleucht' wia d' Sonn' und seine Kleider warn weiß wia as Liacht (Menschenskinder, des waar heutztog a stichhaltigs Argument für an Waschmittel-Werbespot).
Auf oamoi warn zwoa Männer da, die mit Jesus gredt hobn, es warn der Moses und der Elia. Aa sie warn von am strahlendem Liacht umgebn und hobn über Jesu trauriges Ende gsprocha, des sich in Jerusalem auf grausamste Art und Weis erfüllen sollt.
Der Petrus und seine Begleiter (die Schlafhaubn, die traurigen) warn eigschlaffa, aber durch des gleißende Liacht sans aufgwacht und hobn Jesus und die zwoa Männer, die bei eahm gstanden san, in überirdischem Glanz gsehng.
Wia die zwoa sich von eahm trenna wollten, hot der Petrus zu Jesus gsagt: »Siehgst as, Moaster, is doch guat gwesen, daß ma mitganga san. Mir baun jetzt drei Hüttn, oane für di', oane fürn Moses und fürn Elia selbstverständlich aa oane.«
Eahm war aber gar net bewußt, was er gsagt hot. Er war no mitten im Reden, wia a großen Wolkn daherkemma is und ihrn Schatten

auf sie gworfa hot. Sie san in die Wolkn graten und hobn s' mit der Angst z'toa kriagt.
Sie warn im wahrsten Sinn des Wortes »benebelt«, wia eahna a Stimm' aus der Wolkn zuagruafa hot: »Das ist mein geliebter Sohn, auf ihn sollt ihr hören!«
Nachdem die Stimm' verklunga war, war Jesus wieder alloa.
Wias den Berg wieder owigstiegen san, hot Jesus zu eahna gsagt: »Freunde, des, was grad ghört und gsehng hobts, derfts ihr keinem Menschen erzähln, bevor der Menschensohn net von de' Toten auferstanden is. Des müaßts ma versprecha!«
Des hot eahna z'denka gebn, und sie hobn anander gfragt: »Was isn des, von de' Toten aufersteh'?«

Lukas 9

174. Wia da Jesus an bsessnen Buam gheilt hot

Wias am nächsten Tog vom Berg der Verklärung wieder ins Tal owikemma san, is eahna a große Menschenmenge entgegnkemma.
Auf oamoi hot a Mo aus der Menge gschrian: »Moaster, i bitt' di' recht schö', hilf meim oanzigen Buam, i glaub', er is von am bösen Geist besessen, denn er benimmt sich oiwei so komisch! Plötzlich schreit er fürchterlich auf, werd hin und her 'beutelt und hot an Schaum vorm Mei. Der Geist hotn fast ununterbrocha in der Reißn. Deine Jünger hob i scho 'bettelt, daßn austreibn, aber die hobn s' net könna.«
Da hot Jesus zu dem Mo gsagt: »Bring dein Buam her!«
Wia er da war, hot Jesus sich mit dem Dämon unterhalten, was genau gredt hobn, woaß ma net, aber scheinbar muaß er eahm 'droht hobn, denn der Plaggeist is wia der Blitz aus dem Buam gfahren, und er war von selbigem Augnblick o gheilt.
Die Leut', die des gsehng hobn, hobn sich fast nimmer kriagt vor lauter Verwunderung und an die Macht und Größe Gottes 'glaubt.

Wia d' Jünger mit Jesus alloa warn, hobn s' n ganz kloalaut gfragt: »Warum hobn mir den Teife net austreibn könna?«
Jesus hot eahna zur Antwort gebn: »So leid' s ma tuat, wenn i des sagn muaß, aber euer Glaubn is z'kloa.
Merkts euch, wenn euer Glaubn aa nur so groß is wia a Körndl, dann brauchts bloß zu dem Berg da sagn: Rutsch a paar Schritt auf d' Seitn - und der Berg werd wegrucka. Nix werd euch dann unmöglich sei!«

Lukas 9; Matthäus 17; Markus 9

175. Wia da Jesus an Knecht von am römischen Hauptmann gheilt hot

Wia Jesus sich amoi wieder in Kafarnaum, der kloana Seestadt, aufghalten hot, san a paar Juden, die höhere Ämter in der Synagog bekleidet hobn, mit ana bsondern Bitt' zum Jesus kemma.
»Griaß di', Jesus, mir kemma im Auftrag von am Mo, der dei' Hilfe wirklich verdient«, hobn s' eahm erklärt. »Es is a römischer Offizier, der sei Quartier in der Stadt hot. Er is a guater Mo mit großer Achtung vorm jüdischen Glaubn. Er hot sogar a ansehnliche Summe für den Bau von unserer Synagog springa lassn - und jetzt waars hoit guat, wenns'd eahm helfa taatst.«
Jesus hot zu der Stell' nübergschaut, wo der römische Offizier ehrfurchtsvoll »Still gestanden« is, und eahm freundlich zuagnickt.
Der Offizier is ins »Rührt euch« treten, des hoaßt, er hot sei strenge militärische Haltung a bisserl glockert, bevor er Jesus ganz ernst sei Problem gschildert hot.
»Jesus, magst mir net helfa?« hot ern gfragt. »I hob an Diener, den i sehr schätz' und der hoffnungslos krank is, er hot wahnsinnige Schmerzen.« »Soll i zu dir hoam kemma?« hot Jesus gfragt. »Oh naa, Herr«, hot der Offizier abgwehrt, »i bins net wert, daß so a bedeutender Mo wia du in mei' Haus kummt.

Du brauchst nur oa Wort sogn, und i woaß, daß mei' Knecht wieder gsund werd. I muaß Befehlen gehorchen, und i hob Soldaten unter mir, die wiederum auf meine Befehle hörn. Was i oam oschaff, des hot er auszuführen. Und genauso woaß i, daß du nur oan Befehl aussprecha brauchst, und mei' Diener werd auf der Stell' wieder gsund.«
»Komisch, koa anderer im ganzen Land hot solch an starken Glaubn an mi' zoagt wia der Mo«, hot Jesus ganz verwundert zu de' Leut gsagt, die eahm gfolgt san.
Dann hot er zu dem römischen Offizier gmoant: »Du kannst beruhigt hoamgeh, dei' Diener is geheilt, so wias'd as 'glaubt host.«
In selbigem Augnblick hot sich der Diener von dem Offizier wieder pumperlgsund gfühlt, seine Schmerzen warn mit oam Schlag verganga.

Lukas 7; Matthäus 8

176. Wia da Jesus an Taubstummen und an Blinden gheilt hot

Eines Togs hot a kloane Gruppn von Menschen ihrn Freund, der taub war und net gscheit reden hot könna, zu Jesus 'bracht. »Kannstn du heiln, Moaster?« hobn s'n Jesus gfragt.
Jesus hot den Mo behutsam von der aufgregten Menge weggführt, weil er gmerkt hot, wia unsicher und verstört der arme Kerl in dem Trubel und vor der Menschenmenge war, die eahm ogstarrt hot wia an Tanzbärn im Zirkus.
Wias alloa warn, hot eahm Jesus mit Zeichen alles, was er mit eahm vorghabt hot, erklärt. Auf die Weis hot der Taubstumme verstanden, was mit eahm passiert is, obwohl er net ghört hot, was Jesus gsagt hot.
Ois allerersts hot Jesus seine Finger in die Ohrwascheln von dem Mo glegt, um eahm oz'deuten, daß er sei Taubheit heilen wollt.

Ois nächsts hot er seine Finger ogfeucht' und hot die Zunge von seim »Patienten« berührt. So hot Jesus eahm verdeutlicht, daß er aa an Sprachfehler beseitigen kann.

Danach hot Jesus zum Himmi aufgschaut wia beim Betn, so daß der Mo kapiert hot, daßn Jesus durch die Macht Gottes heiln wollt.

Dann hot Jesus auf aramäisch, des is die Sprach', die Jesus und seine Jünger gsprocha hobn, oa oanzigs Wort: »Effata«, des hoaßt: »Öffne dich«, ausgsprocha. Im gleichen Augnblick hobn sich seine Ohrn göffnet, und er hot hörn könna. Am allerliabern hätt' er sich d' Ohrwascheln zuaghalten, so ungwohnt warn die Geräusche für eahm.

Und er hot auf oamoi gspürt, wia sich sei Zunga glöst hot, er hot klar und deutlich reden könna, so daß aa die andern endlich amoi verstanden hobn, was er gsagt hot. Da hots bestimmt an Haufa zum Erzähln gebn nach sovui Jahr' »Schweigepflicht«.

Wian die Menschen in der Menge ghört hobn, warens erstaunt. »Is Jesus net phantastisch?« hobn s' zuanand gsagt. »Herrschaftseitn, wia toll der alles im Griff hot und wia guat der sei Sach macht. Er bringts sogar fertig, daß Taube wieder hörn und Stumme wieder reden!«

A andersmoi hot sich Jesus in Betsaida, a Ortschaft am See, in der der Petrus und der Andreas aufgwachsen warn, aufghalten.

Da is a kloane Gsellschaft mit am Blinden zu eahm kemma.

»Moaster, wennstn bloß berührn taatst«, hobn s'n gebeten.

Jesus hot den Mo bei der Hand gnomma und vors Dorf nausgführt, weg von de' neugierigen Zuschauer'.

Er hot die blinden Augn sanft berührt und dann seine Händ' fest auf die Schultern von dem Mo glegt.

»Kannst scho was sehgn?« hotn Jesus gfragt. Der Mo hot unsicher und unbeholfen umanandergschaut wia oaner, der grad ausm tiafsten Schlaf aufgwacht is.

»A bisserl werd' s scho«, hot er gmoant, »ganz so finster is nimmer um mi' rum. Und i siehg was, des ausschaut wia Baam und umananderlauft.«

Jesus hot no amoi seine Händ' auf die Augn von dem Mo glegt. Wia ers desmoi weggnomma hot, hot der Mo alles klar erkenna könna.

»Juchhe, i siehg ja wia a Luchs«, hot er voller Freud' ausgruafa.

Jesus hotn beruhigt und zu eahm gsagt: »Geh jetzt net ins Dorf zruck, sondern glei' schnurstracks hoam zu deiner Familie. Jetzt kannst endlich dei' Frau und deine Kinder mit eigne Augn sehgn.«

Markus 7 und 8

177. De Gschicht vo de zwoa Buam

Wia da Jesus nach Jerusalem kemma is, is de' Tempelpriester' und jüdischen Gelehrten nix bessers eigfoin, ois mitm Jesus as Streiten oz'fanga.
»Mir san Gottes auserwähltes Volk, wia kann sich der daherglaffane Zimmermo aus Nazareth untersteh', uns zu kritisiern?« hobn s' umanandapuivert.
Da hot eahna da Jesus die folgende Gschicht erzählt:
»Es war amoi a Vota, der hot zwoa Buam ghabt. Eines Togs in da Fruah hot er zum ältern gsagt: ›Es waar ma recht, wenns'd heut amoi für a paar Stund' in meim Weinberg mithelfa taatst.‹ ›Des mog scho sei, aber heut hob i koan Bock dazua, weil i mi' mit meine Spezln am Grillplatz draußen triff‹, hot der ganz patzig zur Antwort gebn. Aber kurz drauf hot eahm sei gscherts Verhoiten leid toa, und er hot sich aufgmacht, um seim Vota z'helfa.
In da Zwischenzeit hot da Vota aa sein jüngern Buam gfunden ghobt und gfragt, ob er eahm net helfa taat.
›Ja freili, Vota‹, hot der ganz freundlich gantwort. Im Stillen aber hot er sich denkt: ›Du kannst mir amoi an Schuah aufblasen‹, und is dahoam bliebn.
Er hot oiso net ghoiten, was er versprocha ghabt hot.
Jetzt frag i euch, wer von dene zwoa Buam hot eurer Meinung nach dem Vota ghorcht?«
»Des is doch gar koa Frag, natürlich der ältere, der seim Vota pariert hot«, hobn die religiösen Führer oastimmig gantwort'.
»Ganz genau«, hot da Jesus erwidert. »Genauso ändern manche Steuerfritzen und andere Leut', die in eure Augn nix taugn und die

ihr verachts, eahna Lebn, indems ofanga, den Willen Gottes zu befolgen.
Ihr könnts mas glaubn, sie werdn vor euch in Gottes Königreich kemma, weil ihr sagts zwar ›Ja‹ zum Willen Gottes, denkts aber net im geringsten dro, des z'toa, was der Herrgott euch auftragt.«

Matthäus 21; Matthäus 7; Johannes 14

178. A notiga, neidiga Beamta

Eines Togs hot da Petrus gfragt: »Moaster, wia oft soll i oam vergebn, der mir dauernd Unrecht tuat?« Die strenggläubigen Juden hobn am Menschen dreimoi vergebn, deswegn wollt da Petrus bsonders großzügig sei, indem er vorgschlagen hot: »Wia waars mit siebnmoi?«
Da Jesus hot bloß glacht und an Kopf gschüttelt: »Naa, Petrus«, hot er gsagt, »mit siebnmoi geht gar nix, des müaßatn scho siebz'g moi siebn sei. Paß auf, dazua erzähl' i dir a Gschicht:
Es war amoi a König, der hot beschlossen, die Konten vo seine' Beamten zu überprüfen, weil er sehgn wollt, wiavui Kohle sie eahm schuldig warn. Kaam hot er damit ogfangt ghabt, wias oan vo seine' Beamten in sei Büro gführt hobn. ›Der Mo is dir an riesigen Batzen Geld schuldig‹, hobn die Finanzprüfer am Kini offenbart.
Der Kini hot in seine Unterlagen gschaut und festgstellt, daß der Mo eahm tatsächlich Millionen unterschlagn ghabt hot.
Der Beamte is vor eahm auf d' Knia gfoin und hot as Wuiseln ogfangt: ›Bitte, bitte, hob a Eisehgn mit mir. Gib ma a bisserl Zeit und i wui dir ois zruckzoin!‹
Der Kini hot haargenau gwußt, daß eahm der Beamte so an Haufa Puiver nia zruckerstatten könnt', aber er hot Mitleid mit eahm ghabt. ›Steh auf‹, hot er zu eahm gsagt, ›i werd dir dei' ganze Schuid erlassen, net oan Pfennig wui mehr i zruckhobn.‹
›I woaß gar net, wia i dir danka soi‹, hot der Beamte voller Freud'

erwidert und oan Bückling nachm andern gmacht, wia er des königliche Arbeitszimmer verlassen hot.
Kaam war er draußen, hot er oan vo seine' Kollegen troffa. ›Halt, schau, daß'd steh'bleibst‹, hot ern oplärrt. ›Vo dir kriag i no an Haufa Kohle!‹
Der Kollege is vor lauter Angst zammzuckt und hot gmoant: ›Des is doch gar net der Red' wert, laß ma no a bisserl Zeit, damit i dirs zruckzoin kann!‹
Aber der ander' hotn beim Krawattl packt und eahm 'droht: ›Nix da, entweder du zoist sofort, oder i laß di' eisperrn!‹ Dann hot ern ausm Palast nausghaut und ins Gfängnis werfa lassn.
Die andern Beamten, die den Vorfall mitkriagt hobn, warn bestürzt und hobn am Kini davo erzählt. Der war stinksauer und hot den unbarmherzigen Beamten sofort zu sich gruafa.
›Du Saubazi, du schlechter‹, hot ern ogfahrn. ›I hab dir so an Haufa Schulden erlassen, aber du hast koa Mitleid mit deim Kollegen, der dir nur an läppischen Betrag schuldig is. Zur Straf' gehst jetzt selber in'n Knast, bis'd deine Schulden abghockt hast.‹
Nehmts euch a Beispui dro«, hot da Jesus gmoant, wia er mit seiner Gschicht fertig war, »da Herrgott werd euch net eher vergebn, ois bis ihr anand aus ganzem Herzn vergebn hobts.«

Matthäus 18

179. De Gschicht vom barmherzign Samariter

A jüdischer Schriftgelehrter hot am Jesus a ganz a verzwickte Frag gstellt, weil er gmoant hot, er könntn rei'legen:
»Moaster, was muaß i toa, um as ewige Lebn zu erwerbn?«
»Du hast doch d' Schriften studiert, überleg amoi, was 's in so am Fall sagn«, hot Jesus gsagt. »Es steht drin, du sollst an Herrgott lieben mit ganzem Herzen und mit ganzer Seele. Und du sollst aa dein Nächsten lieben wia di' selber«, hot der Lehrer gmoant.

»Des stimmt genau«, hot eahm da Jesus bestätigt und mitm Kopf gnickt. »Wenns'd as scho woaßt, dann hoit di' dro, und du werst as ewige Lebn gwinna.«
Aber der Gesetzeslehrer war no net z'frieden damit und hots nomoi probiert: »Wia kann ma' vo mir erwarten, andere zu lieben, wia soi i des versteh?«
»Na guat, paß auf, i erklär' dirs mit ana Gschicht«, hot da Jesus erwidert. »A Mo war unterwegs auf dem steilen und gfährlichen Weg vo Jerusalem nach Jericho. Auf oamoi is er vo Räuber' überfoin wordn, die sich hinter de' Felsbrocka versteckt ghabt hobn. Sie hobn an gscheit aufgmischt und eahm seine Kleider und sei Geld gstohlen. Dann sans abghaut und hobn eahm hoibert nackert und mehr tot ois lebendig am Straßenrand liegn lassen.

Nach ana Zeitlang is a Priester vorbeikemma, der grad vom Schichtdienst im Jerusalemer Tempel hoamganga is. Wia er den grausam Zuagrichtn gsehng hot, is er wia der Blitz auf die andere Straßenseitn nüber und weiterganga, ois wia wenn nix gwen waar.
Kurz drauf is a Levit vorbeikemma, der aa Feieromd ghobt hot. Er hot sich den Verletzten genau ogschaut und denkt: ›Auweh zwick, den hobn s' ja gscheit in d' Mangel gnomma. Da moan i oiwei, i schleich mi' glei' wieder. Am End' hockan die Räuber no zwischen de' Felsn und wolln mi' aa überfoin.‹ Und so hot er sich ausm Staub gmacht.
Zum Schluß is a Mo aus Samaria vorbeikemma. Obwohl zu eahm no nia a Jud' freundlich gwesen war, hot er Mitleid mit dem Schwerverletzten ghobt. ›Siehgst, is doch guat, daß i jed' s Jahr mein' Erste-Hilfe-Kurs auffrisch', sonst waar i jetzt glatt aufgschmissen‹, hot er sich denkt und sei Verbandszeug auspackelt. Er hot den Verletzten in die stabile Seitenlag 'bracht, seine Wunden mit Melissengeist ausgwaschen, desinfiziert und fachgerecht verbunden. Dann hot ern auf sein Esel ghobn und vorsichtig in die nächste Wirtschaft transportiert. ›Da hast zwoa Suibermünzn‹, hot er zum Wirt gsagt, ›gib dem arma Teife a Bett und kümmer' di' um eahm, bis er wieder ganz gsund is. Wenns'd mehrer Geld brauchst, kriagst as vo mir, wenn i as nächstemoi vorbeikumm. Habe die Ehre, servus, machs guat.‹
Und jetzt frag i di'«, hot Jesus zu dem Schriftgelehrten gsagt, »wer von dene drei war a Nächster für den Überfoina?«
»Ja, wahrscheinlich der, der sich seiner erbarmt hot«, hot der Lehrer gmoant.
»Oiso«, hot da Jesus zu eahm gsagt, »dann geh zua und machs genau a so!«

Lukas 10

180. Da Jesus und die Sünderin

Da Simon war aa a Pharisäer und hot an Jesus zum Essen eigladen, einfach weil er mit eahm ratschen wollt.
Der Innenhof von seim Haus war wunderschee und angenehm kühl, grad wia in am Biergarten unter schattige' Kastanienbaam. Da Simon hot allerlei Spezialitäten auffahrn lassen, Gazellenrücken in Aspik, Truthhahnschnitzel in Rhabarbersauce und Spiageloar ohne Spiagel, um nur a paar von de' Leckerbissen aufzuzähln, an dene sich am Simon seine Gäste erfreun hobn könna.
Es hobn sich aa etliche Leut von da Straß in den schattigen Garten 'drängt ghobt, um am Jesus zuaz'hören. Auf oamoi hot sich am Simon sei Gsicht verfinstert, und er hot recht grantig gschaut, wia er a Frau daspecht hot, die in da Stadt koan sonderlich guaten Ruf genossen hot. Alle Menschen hobn s' ois große Sünderin betracht'.
Wia die Frau an Jesus gsehng hot, is zu eahm hi'ganga, hot sich demütig vor eahm niederkniat und bitterlich as Woana ogfangt. Sie hot a so gflennt, daß ihre Tränen aufn Jesus seine Füaß 'tropft san. Sie hots mit ihre langa Haar' abtrocknet, abbusselt und mit am kosmetischen Öl eigrieben, des 's in am hübschen kloana Flaschl dabeighabt hot.
Am Simon hot des gar net paßt, und er hot des Ganze mit Abscheu beobacht. »Wenn da Jesus wissert, wos des für oane is, nacha taat er sich net seine Füaß von dera Fünferl-Fanny abschlecka lassen. Des kann nia und nimmer a Prophet sei, sonst taat er sich von ana solchan net oglanga lassen«, hot er sich denkt.
Da Jesus hot seine Gedanken erraten, hotn ogschaut und zu eahm gsagt: »Paß auf, Simon, i wui dir a Gschicht erzähln. Zwoa Männer hobn sich bei am Geldverleiher a Puiver ausgliehen. Der oane hot an Kredit von fünfhundert Goldmünzen aufgnomma, der ander' bloß fuchz'ge. Weils aber net in der Lage warn, eahnare Bolzen zruckzuzoin, hot der Geldverleiher großzügig alle zwoa eahnare Schuiden erlassen. Was moanst jetzt du, wer von dene zwoa dem Bankier mehrer Dankbarkeit entgegnbracht hot?«
Da Simon hot net lang überlegt und zur Antwort gebn: »Ja, wahrscheinlich der, dem der größere Betrag erlassen wordn is.«

»Ganz genau«, hot da Jesus entgegnet, »du host den Nagel aufn Kopf troffa und richtig geurteilt.
Schau dir die Frau da amoi ganz genau o. I bin in dei' Haus kemma, du host mir koa Wasser zum Füaßwaschen gebn; aber sie hot meine Füaß mit ihre Tränen gwaschen und mit ihre eigna Haar' abtrocknet. Du host mir aa koan Kuß zur Begrüßung gebn, aber sie hot sogar meine Füaß 'küßt. Du host mir koa Erfrischungstüachl angeboten, damit i mei' Stirn hätt' kühlen könna, aber sie hot meine Füaß mit am hochwertigen kosmetischen Produkt, des sofort in d' Haut ei'ziahgt und ihr no nach Stunden anhaltende Feuchtigkeit spendet, ei'cremt (aus werberechtlichen Gründen derf der Nama von dem Produkt leider net bekannt gebn werdn). Die Frau hot ihr Schuid eigsehng und mir sovui Liab entgegnbracht. Sie hot dro 'glaubt, daß da Herrgott ihr alle ihre Sünden vergibt.«
Drauf hot Jesus zu der Frau, die vor lauter Woana scho boid nimma aus de' Augn rausgsehng hot, gsagt: »Deine Sünden san dir vergebn, geh zua und leb' dei' Lebn in Frieden. Dei' Glaubn hot dir gholfa.«
Da is a große Aufregung unter de' Gäst' entstanden, und sie hobn unteranand gredt: »Wer is der Mensch, der sogar Sünden vergibt, wia kann der sich untersteh', so was zu sogn?«

Lukas 7

181. Da Jesus und de kloana Kinda

Eines Togs san a paar Mütter kemma, weils an Jesus sehgn und hören wollten. Sie hobn aa eahnare Säugling und Kinder dabei ghabt, weil eahna da Jesus sei Hand auflegn und sie segnen sollt.
Aber da Jesus war ziemlich beschäftigt und d' Jünger hobn gmoant, daß er müad ausschaut. Deswegn hobn s' zu de' Mütter gsagt: »Ihr sehgts doch, daß unser Moaster an Haufa zum Toa hot, müaßts jetzt aa no mit eure Bankerten daherkemma! Laßts eahm bittschön sei Ruah!«

Die Mütter warn traurig und wollten scho wieder geh, aber da Jesus hot mitkriagt, was da abglaffa is.
»Sagts amoi, seid' s ihr stocknarrisch?« hot er seine Jünger ogfahren. »Kinder derfts nia wegschicka, denn mei' Königreich besteht aus lauter Menschen, die so werdn wolln wia d' Kinder. Sie san voller Vertraun und Liab, und sie san bescheiden. Deswegn sog i euch: laßts die Kinder oiwei zu mir kemma.«
Er hot oa Kind nachm andern aufn Arm gnomma und mit eahm gredt. Die Kinder warn überglücklich, eahnare Augn hobn gstrahlt

vor lauter Freud', und da Jesus hots alle gsegnet, bevor ers wieder an eahnare Müatter zruckgebn hot. D' Jünger hobn gschaut wia d' Schwalberl, weils eahna Moaster oiwei wieder überrascht hot.
»Irgendwo is.des scho komisch«, hobn s' zuanand gsagt, »an wichtige' Leut wia de' Pharisäer, die aa an Einfluß hobn, zoagt er überhaupt koa Interesse. Naa, mit kloane Kinder gibt er sich ab.«

Markus 10

182. Wia da Jesus de Leprakrankn gheilt hot

Da Jesus und seine Jünger warn aufm Weg nach Jerusalem, wias außerhoib von ana Ortschaft a kloane Menschengruppn gsehng hobn. D' Jünger san schnell umkehrt, weils gwußt hobn, was mit dene Menschen los war: Sie hobn an Aussatz ghabt, a Hautkrankheit, vor der a jeder Respekt ghabt hot. Nachm jüdischen Gsetz hobn de Kranken alloa lebn müassn, sozusagn in Quarantäne und weit weg von de' andern Menschen, bis eahna a Priester bestätigt hot, daßs wieder gsund warn (gscheite Dermatologen und Fachkliniken hots damois leider no net gebn).
Wia die Aussätzigen an Jesus gsehng hobn, hobn s' gruafa: »Jesus, Moaster, Wunderheiler, bittschön erbarm dich unser!«
D' Jünger hobn sich umdraht und wollten scho davolaffa, aber da Jesus is auf die Leut zuaganga, er hot koa Angst und koan Ekel vor eahnam Zuastand ghabt.
»Gehts schnurstracks zu am Priester«, hot er eahna ogschafft, »und laßts euch gscheit untersuacha. Wenn der euer Haut inspiziert, werd er euch sofort bescheinigen, daßs pumperlgsund seid's.«
Die Kranken warn ganz aufgregt und hobn sich aufn Weg gmacht. Unterwegs hobn sie sich gegnseitig betracht' und san ausm Staunen boid gar nimmer rauskemma.
»Ja, sag amoi«, hot da oa gmoant, »du hast ja an frischen, rosigen Teint wia a Apfe'blütn.«

»Ja und du erst«, hot da ander' festgstellt, »du hast ja gar koane Oaterbinkel mehr an deim Hals. Und deine Wimmerl im Gsicht san aa verschwunden.«
Sie hobn sich vor lauter Freud' umarmt und as Laffa ogfangt, weil sies nimmer derwarten hobn könna, bis 's zum Priester kemma san. Je eher daßs dort warn, um so eher hobn s' eahna Attest kriagt, daßs wieder gsund warn und zu eahnare Familien hoam hobn derfa.
Aber oaner vo dene zehne, die gheilt wordn san, is stehbliebn und war erfüllt von tiefer Dankbarkeit. »Jetzt muaß i doch nomoi umkehrn und am Jesus Dankschön sagn«, hot er sich denkt. Wia da Blitz hot er aufm Absatz kehrtgmacht und is den ganzen Weg zruckglaffa.
Wia er okemma is, hot er sich demütig vorm Jesus aufn Boden gworfa und außer Atem gstammelt: »Moaster, i woaß gar net, wia i des wieder guatmacha ko. I dank dir recht sakrisch, daß'd mir gholfa hast!«
Da Jesus hotn nachdenklich ogschaut, dann hot er gsagt: »Zehne warns eahna, die i gheilt hob. Wo san denn die andern neune, bist du da oanzige, ders für nötig hoit, mir zu danken? No dazua bist du a Mo aus Samaria, der von de' Juden veracht' werd und in eahnam Land koa Recht hot.«
Drauf hot eahm Jesus auf d' Füaß gholfa und gsagt: »Du bist aufm richtigen Weg, dei' Glaubn an mi' hot di' gsund gmacht.«

Lukas 17

183. Da guate Hirt und da Weinstock

Sellmois, wia da Jesus glebt hot, war a so a Hirtajob nix leichts (net umsonst hot mei' Lateinlehrer selig oiwei gsagt: Vita pastor est – das Leben ist hirt). Jeden Tog hobn s' schaugn müassn, daß eahnare Schaf' gnua zum Fressen ghabt hobn, des hoaßt, sie hobn oft weit umanandwandern müassn, bis 's wieder a Wiesn gfunden hobn. A

fließend' s Wasser hobn s' braucht, damits eahnare Herdn tränka hobn könna. Des is leicht gsagt – bei dera Gluathitz, die damois Tog für Tog gherrscht und die Bacherl und Flüss' austrocknet hot. Oft hobn s' aa eahna Lebn aufs Spui gsetzt, wenns a Lamperl retten hobn müassn, des in a Felsspalten oder in a Schlucht gstürzt war. Ja, und manchmoi hobn sies sogar mit wuide Viecher zum Toa ghabt, die eahnare Herdn ogriffa hobn.
Eines Togs hot da Jesus zu seine' Zuhörer gsagt: »I bin der guate Hirt, i bin bereit, mei' Lebn für meine Schaf' hinzugebn. A wahrer Hirt is ganz anders ois oaner, der sein Job bloß owireißt, sich aber net um seine Viecherl kümmert. Wenn der an Wolf siehgt, nacha haut er d' Flucht nei' und laßt die arma Schaf' alloa. Aber der Hirt, der seine Tiere liebt, werd aa sei Lebn für sie aufs Spui setzen. I werd mei' Lebn für meine Schaf' hi'gebn. Meine Schaf', des san die Menschen, die mi' kenna und auf mei' Stimm hörn. I kenn jed' s oanzelne vo meine Schaf' und neamad kann eahna was otoa. Meine Schaf' kenna mei' Stimm' und kemma, wenn i's ruaf (so wia der ander gsagt hot: Mei' Hund folgt aufs Wort. Wenn i sag: Platz, nacha z'reißtsn).
Aber da Jesus war net nur ois da alloanige Hirt vo Israel kemma. Naa, er wollt sei Lebn für alle Menschen auf der großen, weiten Welt opfern.
»I hob no an Haufa andere Schaf'«, hot er zu eahna gsagt, »die no net zum Herrgott seiner Herdn ghören. Aa sie werd i ruafa.«
No an andern Vergleich hot da Jesus seine' Jünger zur Veranschaulichung 'bracht:
»I bin da wahre Weinstock«, hot er zu eahna gsagt, »alle, die mich lieben und mir vertraun, san wia die Rebzweigl. I bin oiso da Weinstock und ihr d' Rebzweigl. Wenn an am Rebzweigl Trauben wachsen solln, nacha muaß des Rebzweigl mitm Hauptstamm vom Weinstock verbunden bleibn. Dann könnts Kraft und Lebn von mir gwinna, so wia die Rebzweigl den lebensspendenden Saft vom Hauptstamm ziahgn.
Bleibts mit mir verbunden, und euer Lebn werd guate Früchte tragn: Güte, Milde, Wahrheit, Bescheidenheit und Selbstbeherrschung.
Wenns aber auf euch selber gstellt seid' s, werd' s unweigerlich ei'geh und versagen.«

(Da moan i oiwei, hobn s' wieder was zum Beißen und zum Sinniern ghabt, d' Jünger. Weil leicht zum Kapieren is des net, was eahna da Jesus da erzählt hot.)

Johannes 10 und 15

184. De gscheiten und de damischen Madln

Wia da Jesus no a Bua war, hot er etliche feuchtfröhliche Hochzeiten miterlebt. Damois wars da Brauch, daß d' Braut dahoam mit ihre Freundinnen gwart' hot, bis da Bräutigam kummt und sie abhoit. Aber neamad hot genau gwußt, wann er kummt. Des hot sogar mitten in da Nacht sei könna, daß ma' auf oamoi den Ruf vernomma hot: »Da Bräutigam kummt, schnell, richts euch her!« Boid drauf war er do, mitsamt seine Freund', Verwandten und Bekannten, und alle geladnen Gäste san zum Bräutigam seim Haus mitganga, wos dann a ganze Woch' lang lustig zuaganga is.

Da Jesus hätt' sich aa oiwei gwünscht, daß eahm d' Menschen nachfolgen, solangs no Glegenheit dazua ghabt hobn. Er hot nämlich gwußt, daß er nimmer z'lang bei eahna bleibn kann. Er hot aber aa gwußt, daß er irgendwann ois Kini in Kraft und Herrlichkeit auf d' Welt zruckkummt. Aber dann waars zspät für d' Menschen, daßs eahna Gesinnung ändern und eahm nachfolgn.

»Ja, Leutl, an selbigem Tog«, hot da Jesus gmoant, »da werd' s mitm Reich Gottes sei wia bei ana Hochzeit. Es warn amoi zehn Jungfrauen (damois warn junge Madln wirklich no ›Jungfrauen‹), die drauf gwart hobn, daß da Bräutigam kummt, weils in dera feierlichen Prozession zu seim Haus mitmarschiern wollten. Weils Abend war, hobn s' eahnare Lampen dabei ghabt. Aber wias da Teife hobn wui, hobn fünfe von eahna as Öl vergessen ghabt. Nacht is wordn, und die Madln san eigschlaffa. Wias zwölfe wordn is, hot auf oamoi oaner plärrt: ›Auf gehts, da Bräutigam kummt, Hochzeitsgesellschaft Marsch!‹

Die Madln san aufgrumpelt und wollten eahnare Lampen ozünden. Da is dene fünf damischen erst eigfoin, daßs as Wichtigste vergessen ghabt hobn. ›Mei, o mei, mir hobn ja koa Öl‹, hobn s' gwuiselt, ›könnts uns net a bisserl oans leihn?‹ Aber die fünf gscheiten Madln hobn gantwort: ›Da hätts hoit früaher aufsteh' müassn. Mir hobn grad sovui Öl dabei, daßs für unsere eigna Lampen glangt. Jetzt könnts schaugn, wos um de Zeit oans auftreibts.‹
Die fünf damischen Deandln warn no net gscheit furt, wia da Bräutigam okemma is. Die fünf Gscheiten hobn sich dem Hochzeitszug ogschlossen, und wias alle im Bräutigam seim Haus okemma warn, is d' Tür zuagsperrt wordn.
A Zeitl später san die fünf damischen Deandln daherkemma und hobn an die Tür klopft.
›Laßts uns bittschön nei', mir ghören aa zur Gsellschaft‹, hobn s' gruafa. Aber da Bräutigam hot gantwort': ›Nix do, schleichts euch, i kenn euch net!‹«
Wia da Jesus mit seiner Gschicht fertig war, hot er no gmoant: »Oiso, seid' s bereit, wenn da Kini kummt. Weil es woaß koana, wann er kummt.«

Matthäus 25

185. De Gschicht vo de drei Diena

Da Jesus hätt' in da heutigen Zeit bestimmt an guaten Anlageberater abgebn, wenn ma' sich die folgende Gschicht anschaut:
»Es war amoi a Unternehmer«, hot da Jesus erzählt, »der auf a lange Gschäftsreise geh wollt. Bevor er aufbrocha is, hot er seine engsten Mitarbeiter einberufen und eahna Instruktionen für die Zeit seiner Abwesenheit gebn. Unter anderm hot er am jeden an ansehnlichen Geldbetrag zur Verwaltung überlassen. Da erste Diener hot fünftausend Goldmünzen kriagt, da zwoate zwoatausend, und da dritte tausend. ›Oiso, machts es guat, und machts was aus meim Puiver,

damit i nix Schlechts hörn muaß, wenn i wieder hoamkumm‹, hot er zu eahna gsagt und is abgreist.
Da erste Diener war net faul und hot mit dem Geld, des er von seim Chef kriagt ghabt hot, glei' as Spekuliern ogfangt. Innerhoib kürzester Zeit hot er den Betrag auf zehntausend Goldmünzen verdoppelt ghabt. Da zwoate war aa net dumm und hot sei Puiver beim Roßrennerts eigsetzt, wo er zwoatausend Goldmünzen dazuagwonna und somit sei Startkapital ebnfois verdoppelt hot.
Bloß da dritte, der hot sich überhaupt nix zuatraut. ›Wos soll i mit dem Geld vo meim Moaster scho groß ofanga‹, hot er sich denkt. ›Wenn i 's verlier', kriag i bloß an gscheiten Anschiß, wenn er wieder hoamkummt. I woaßs, i grabs ei', nacha kann überhaupt nix passiern.‹
Wia der Gschäftsmo wieder hoamkemma is, hot er seine Diener zu sich gruafa und Rechenschaft von eahna verlangt.
›Chef, was sagst jetzt do?‹ hot da erste ganz stolz zu eahm gsagt. ›I hob mit günstige' Grundstückl spekuliert und dei' Kohle verdoppelt.‹ ›Brauchst fei net moana, i war aa net faul‹, hot da zwoate gmoant. ›I war beim Pferderennen und hob aus deine' zwoatausend Mäuse' viertausend gmacht.‹
›Sauber sog i‹, hot da Chef zu de' ersten zwoa Mitarbeiter gsagt. ›I hobs scho gsehng, euch kann ma' was macha lassn. Ihr werd' s befördert, und am Wochenend' gib i draußen auf meim Landsitz a Wiedersehensparty, do seid' s recht herzlich mit eure' Familien dazua eigladen.
Ja, und wia schauts bei dir aus‹, hot da Unternehmer sein dritten Mitarbeiter gfragt, ›host du mir nix zu berichten?‹ ›Mei‹, hot der ganz staadlusert zur Antwort gebn, ›in Finanzangelegenheiten is mit dir net zum spaßen, du bist oiwei auf den größten Gewinn aus. Drum hob i mir denkt, bevor i mi' mit dem Geld verspekulier' und an Verlust ei'fahr, grab' is liaber glei' ei', nacha kann mir nix passiern.‹
›Ja du gscherter Rammel‹, is da Gschäftsmo aufganga, ›du stellst ma ja a saubers Zeugnis aus. Wenn i scho so gräuslich bin, wias du tuast, nacha hättst mei' Geld ja zumindest auf d' Bank bringa könna, dann hätt' i wenigstens no a paar Zinsen kriagt. Aber weils d' so feig und stinkert warst, sollst jetzt gar nix hobn. Im Gegenteil, des Geld, des

i dir anvertraut hob, soll dei' Kollege kriagn, der aus de' fünftausend zehntausend Gewinn rausghoit hot. Alle, die mit dem, was kriagt hobn, richtig wirtschaften, stenga am End' guat do. Wer aber mit dem bisserl, des er hot, net richtig arbat, der verliert sogar no des. Und jetzt kannst dir im Sekretariat deine Papiere abholn, du bist fristlos entlassen. Solche Leut wia di' kann i net braucha.‹«

Matthäus 25

186. Wia da Zachäus am Baam drobn ghockt is

Da Jesus und seine Jünger warn aufm Weg nach Jerusalem zum Passafest, und er hot genau gwußt, daß des sei letzte Roas sei werd. Wia sie sich der schönen Stadt Jericho gnähert hobn, hobn sich eahna oiwei no mehrer Pilger ogschlossen. Rund um d' Stadt war bloß staubige, unfruchtbare Wüstn, so weit wias'd gsehng host. Jericho selber aber hot Süßwasserquelln ghabt und war sozusogn a richtige Oasn mit Parks, Grünflächen und am Haufa Biergärten, in dene' wunderschöne Baam und Palmen gstanden san.
D' Steuereintreiber hobn a schöns Lebn ghabt in dera Stadt, bsonders da Zachäus, eahna Boß. Aber obwoi er gstunka hot vor lauter Geld, war er net recht glücklich, weil er gwußt hot, daßn koana derschmecka hot könna und d' Leut net guat auf eahm zu sprecha warn. »Der Saubazi, der elendige, der ziahgt uns net bloß aus bis aufs Hemad, indem er unser hart verdients Geld an d' Römer weitergibt, sondern der raamt schwarz aa no ganz schee was auf d' Seitn in sei eigne Taschn«, war die allgemeine Meinung. Da Zachäus hot scho vui von Jesus ghört ghabt. »Mei, i mechatn doch aa amoi so gern sehgn«, hot er sinniert. »Aber bei dem Haufa Leut hob i ja gar koa Chance, do hoi i ma höchstens a paar blaue Flecken, wenn i mi' durchdränga wui. Wenn i aber do bleib, dann siehg i 'n erst recht net. I hobs«, hot er überlegt, »do vorn auf den Feignbaam am Straßenrand krackel i nauf, des is die Idee überhaupt.«

So schnell host gar net gschaugt, wia da Zachäus auf dem Baam drobn ghockt war. Wia da Jesus mit seine Freund' vorbeikemma is, hot er sich ganz staad in seim Versteck ghoiten, er hot sich net amoi mehr schnaufa traut.
Aber da Jesus is steh'bliebn, hot stangagrad zum Zachäus seim Versteck naufgschaut und gsagt: »Brauchst di' net verstecka, Zachäus, i hob di' scho gsehng. Schau, daß'd owikummst, i möcht' heut mittag mit dir essen.«
Da Zachäus is owighupft, hot sich die Blattl und den Dreck von seim Gwand abklopft und is langsam vorausganga.
D' Leut hobn natürlich glei wieder as Tuscheln und Schimpfa ogfangt, so daßs da Zachäus gar net überhörn hot könna: »Oiso, des soll oaner versteh', mit am solchern geht da Jesus zum Essen, wo doch a jeder woaß, was des für a Halsabschneider is!«
Aber da Jesus hots bengsen lassen und is gemeinsam mitm Zachäus zu dem seiner Villa marschiert.
Über was die zwoa sich beim Essen unterhoiten hobn, des woaß koa Mensch. Wias aber wieder rauskemma san, hot sofort a jeder gmerkt, daß da Zachäus a ganz a anderer Mensch war.
Entschlossen is er vor die Leut treten und hot ganz laut, so daßs a jeder versteh' hot könna, zum Jesus gsagt: »Moaster, i wui d' Hälfte von dem, wos i hab, hergebn und de' Armen helfa. Wenn i wirklich oan bschissen hob, nacha wui i eahm viermoi sovui zruckzoin, wia i eahm gnomma hob.«
»Wos is denn in den gfahren?« hobn sich d' Leut gfragt, »der werd doch net an Nächstenliebe erkrankt sei?«
Aber da Jesus hot zu der erstaunten Menge gsagt: »Wegn solche' Menschen wia am Zachäus bin i kemma. Weil i suach die, die sich weit weg vom Herrgott verirrt hobn, damit i 's wieder zu eahm zruckbringa kann.«

Lukas 19

187. D' Marta, d' Maria und da Lazarus

D' Marta, d' Maria und eahna Bruader Lazarus warn guate Freund' vom Jesus. Sie hobn in der kloana Stadt Betanien gwohnt, net weit weg vo Jerusalem. Oiwei, wenn da Jesus und seine Spezln nach Jerusalem kemma san, hobn s' aa eahnare Bekannten in Betanien bsuacht.

Wias wieder amoi in da Näh' warn, hot d' Marta an Jesus und d' Jünger, die recht staubig warn und müad ausgschaut hobn, scho von der Weitn gsehng und sofort a Feuer gmacht, damits eahna was zum Essen kocha hot könna.

D' Maria aber is eahna entgegn ganga. »Hallo, Jesus, griaß di' nacha, wia gehts dir denn? Hast an recht an anstrengenden Weg hinter dir?« hotsn begrüßt. »Da geh her, trink an Schluck, du host bestimmt an gscheiten Durscht bei dera Hitz'. Und a frischs Badwasser hob i dir aa ei'lassen.«

Nachdem da Jesus sich kultiviert ghabt hot, hot sie sich zu eahm ghockt und konzentriert zuaglust, wos er ois erzählt hot. D' Marta hot in da Zwischenzeit kocht. Sie hot sich gscheit abtoa, gschwitzt hots, daß ihr as Wasser owitropft is, und langsam hots a Wuat auf d' Maria kriagt, die sie alloa werkeln hot lassn.

Schließlich hot sies nimmer länger ausghoiten, hot ihr Küchenschürzn ins Eck gfeuert, is zum Jesus higrumpelt und hotn opflaumt: »Sog amoi, kannst du dera net amoi sogn, daßs ma helfa soll? I tua mi' ab wia a Wahnsinnige, daß ma as Fleisch net obrennt, und die hockt do und hört dir zua. I siehg echt net ei', warum i des ois alloa macha soi.«

»Marta, reg di' net a so auf«, hots da Jesus besänftigt. »Du machst dir sovui Sorgen und Mühen, aber im Endeffekt is doch bloß oans notwendig. D' Maria hot as Wichtigere toa, i wuis aa net davo abhoiten. Geh weiter, setz' di' her zu uns. Wer woaß, wia langs no die Möglichkeit hobts, mir zuazuhörn.«

Eines Togs is da Lazarus schwer krank wordn, koaner hot gwußt, wos eahm fehlt, sogar da Doktor war ratlos. Wias eahm oiwei no schlechter ganga is, hot d' Maria gmoant: »Da Jesus kann eahm bestimmt helfa.«

»Des is a guate Idee, mir müassnan sofort benachrichtigen, damit er glei' kummt und eahm hilft«, hot d' Marta vorgschlagen.
Da Jesus war irgendwo im Norden unterwegs und sie hobn an Boten losgschickt. »Sog fei am Jesus, daßs ganz schlecht um an Lazarus steht, damit er aa wirklich kummt«, hobn s' eahm auftragn.
Wia da Jesus die schlechte Nachricht kriagt hot, hobn eahm d' Jünger die Bestürzung und Sorge um sein Freund Lazarus deutlich an seim Gsicht ogsehng. Aber er hot zu eahna gsagt: »Da Tod werd net as End' fürn Lazarus sei, sei Krankheit werd dazua beitragn, an Herrgott und sein Buam zu verherrlichen.«
Und statt daß er glei' aufbrocha waar, is er sogar no zwoa Tog länger in der Ortschaft bliebn, wo sie sich grad aufghoiten hobn und hot geheilt und gelehrt. Endlich hot er gsagt: »So, pack mas, jetzt geh ma nach Betanien.«
»Aber des is doch so gfährlich«, hot oaner gmoant, »woaßt as denn nimmer, as letzte Moi, wia ma in Judäa warn, hättens di' boid gstoanigt.«
»Nix do, wenn unser Chef sei Lebn aufs Spui setzt, dann hoit ma zu eahm und sterbn aa, wenns sei muaß«, hot da Thomas dagegn gredt.
Unterwegs hot da Jesus gsagt: »Da Lazarus schlaft.«
»Des is a guats Zeichen«, hobn s' gantwort', »nacha gehts eahm bestimmt scho wieder besser.«
»Naa, net daß ihr mi' falsch verstehts«, hot eahna da Jesus erklärt. »Wia i gsagt hob, daß er schlaft, hob i damit gmoant, daß er gstorben is. Da Tod is ja eigentlich wia a Schlaf, und i geh jetzt und weck an Lazarus wieder auf. I bin euch sogar dankbar für die Verspätung, weil euch des, was i jetzt dann toa muaß, helfa werd, daß besser an mi' glaubn könnts.«
So richtig hots natürlich wieder koana kapiert, wos er eigentlich damit gmoant hot. »Wos werd er wohl toa, wenn ma in Betanien okemma?« hobn sie sich gfragt.

Lukas 10 und Johannes 11

188. Wia da Jesus an Lazarus aufgweckt hot

Wia da Jesus und seine Jünger in Betanien okemma san, war da Lazarus scho tot. Des Haus von de' drei Gschwister war no oiwei voll von Trauergäst', die d' Marta und d' Maria trösten wollten.
Wia d' Marta ghört hot, daß da Jesus kummt, is 's glei' ausm Haus rausgrumpelt und hot eahm Vorwürf' gmacht: »Jetzt kimmst daher, wos zspät is. Seit vier Tog is er scho tot, beigsetzt is er aa scho. I bin ma sicher, wenns'd eher kemma waarst, dann taat er no lebn.«
Aber da Jesus hot ihr zur Antwort gebn: »I bin die Auferstehung und as Lebn, wer an mi' glaubt, der werd lebn, aa wenn er gstorben is. Glaubst ma des, Marta?«
D' Marta hot erwidert: »Ja, Herr, i glaub, daß du da Messias, da Sohn Gottes, bist.« Dann hot sie sich umdraht und is zur Maria glaffa, um ihr auszurichten, daß da Jesus sie sehgn möcht.
Wia da Jesus d' Maria in ihrer tiafen Trauer gsehng hot, is eahm ganz zwoaraloa wordn, und er war zutiefst erschüttert.
Er hot zwar gwußt, daß er an Lazarus wieder aufwecka wollt. Aber die Tatsach', daß da Tod sovui Unglück und Leid über d' Menschen bringt, hotn scho irgendwie beschäftigt.
»Zoagts ma sei Grab«, hot da Jesus gsagt, und sie san mitnand zu der Felsengruft ganga. »Teats amoi die Stoaplattn vom Eingang weg«, hot er eahna ogschafft. Wia des Grab offen war, hot er laut bet': »Vota, i dank dir schö', daß du meine Gebete oiwei erhörst. Jetzt soll jeder sehgn, daß du mi' gschickt host, um Leben zu spenden.«
Anschließend hot da Jesus in des Grab neigruafa: »Lazarus, geh weiter, steh auf und kimm raus!«
Mucksmäuserl staad wars, koaner hot sich mehr schnaufa traut. Dann auf oamoi hot ma' so a Geräusch ghört, grad wia wenn oaner d' Bettdeckn auf d' Seitn schiabn und vom Bett aufsteh' taat. Kurze Zeit später is da Lazarus vo obn bis unt' in weisse Leintüachl eigwickelt im Eingang von dem Grab gstanden.
»Geh, seid' s so guat, und befreits 'n von seine Bandaschn«, hot da Jesus gmoant und glacht. »Der schaut ja aus wia a Grufti.«
Langsam und vorsichtig hobn s' an Lazarus ausgwickelt, und wia er wieder ganz »ohne« dagstanden war, hot er sich erst amoi gscheit

gstreckt und as Mei aufgrissen. »Ja, sagts amoi, wia lang hobn i gschlaffa«, hot er gfragt. »Kann ma moi oaner sogn, wia spät daßs is?«
Alle, die des gsehng hobn, warn sprachlos und glücklich über des, wos da Jesus da vollbracht ghabt hot.
»Koa Zweife', da Jesus is da Messias, auf den mir so lang ghofft hobn«, san Stimmen unter de' Anwesenden laut wordn. Aber andere, die net an Jesus glaubn wollten, san sofort nach Jerusalem und hobn die Gschicht de' Feinde' vom Jesus brüahwarm auf'tischt.
»Mir müassen verhindern, daß da Jesus no mehrer solche Wunder wirkt«, hobn die beschlossen. »Wenn ma des net teana, nacha laffa eahm womöglich no mehrer Leut nach.«
Von selbigem Tog o hobn s' Pläne gmacht, wias an Jesus so schnell wia möglich verhaften und umbringa hobn könna.

Johannes 11

189. Wia d' Maria an Jesus gsalbt hot

Sechs Tog, bevor as Passafest oganga is, san da Jesus und seine Jünger nach Betanien kemma, wo da Lazarus gwohnt hot, den er von de' Toten auferweckt ghabt hot. Vor lauter Freud hobn s' a Festessen gebn, d' Marta hot aufkocht und d' Leut bedient. Echte betanische Spezialitäten (die sich später aa in Bayern großer Beliebtheit erfreun sollten) san auftischt' wordn: a gsunde Hennasuppn mit selbergmachte Schnittnudeln, Schupfnudeln mit Sauerkraut, a Tellerfleisch mit Meerrettichsoß' und am frischen Wirsching und ois Nachspeis Hollerküachl. Daß do a jeder eighaut hot wia a Drescher, versteht sich von selber. Da Lazarus is höchstpersönlich beim Jesus am Tisch gsessen, und grad lustig zuaganga is. A Musi hobn s' ghabt, gsunga und tanzt is wordn, es war rundum a zünftige Gaudi.
Zu dem Zeitpunkt hot aa no koaner von de' Anwesenden ahnen könna, was am Jesus a paar Tog später ois widerfahrn sollt. Wenn

des oaner gwußt hätt', dem waar as Essen im Hals steckabliebn. Lediglich d' Maria hot bemerkt, daß da Jesus net so guat drauf war, obwohl er sich äußerlich nix omerka hot lassen. Sie hot sich ausm Zimmer gschlicha und is mit ana Flaschn echtem, sündteuerm Nardenöl zruckkemma.

Sie hot sich vorm Jesus, der sichs auf ana Liege nebn am Tisch bequem gmacht ghabt hot, aufn Boden gsetzt. Dann hots des Öl vorsichtig übern Jesus seine Füaß gossen und eimassiert. Hinterher hots sies mit ihre wunderscheena, langa Haar' abtrocknet.

Mei, war des a gschmoadige Sach, des ganze Haus hot duft' nach dem guaten Öl, von der Wohltat, die da Jesus bei dera Behandlung empfunden hobn muaß, ganz zu schweigen.

Es hotn richtig gfreut, daßn jemand verstanden und sich so liebevoll um eahm kümmert hot.

Nur am Judas Iskariot hot des Gspui net so recht gfoin, und er hot as Plärren ogfangt: »A so a Verschwendung, des Öl hätt' ma' locker für dreihundert Denare verkaffa und den Erlös de' Armen gebn könna!« Des hot er aber net gsagt, weil eahm die Armen bsonders am Herzen glegen san, sondern weil er a Ganov' war. Er hot die Betriebskass' von de' Jünger' verwalt' und so manchen Betrag in sei eigne Taschn gwirtschaft'.

D' Maria is erschrocka und wollt scho as Woana ofanga, wia da Jesus am Judas gscheit übers Mäu gfahren is.

»Halt dei' Pappn und laß die Frau in Ruah«, hot ern z'recht gwiesen. »Sie hot des in Vorbereitung auf mei' Begräbnis gmacht, des nimmer weit weg is. I werd nimmer lang bei euch sei, aber Arme werdn oiwei unter euch sei. Um die könnts euch no lang gnua kümmern.

Etliche Juden hobn erfahrn ghabt, daß da Jesus in dem Haus war, und san hi'ganga, aber net nur wegn am Jesus, sondern weils an Lazarus sehgn wollten, den da Jesus von de' Toten aufgweckt ghabt hot. Die Hohenpriester aber hobn beschlossen, aa an Lazarus umzubringa, weil vui Juden seinetwegn an Jesus 'glaubt hobn.

Johannes 12

190. Da Jesus kimmt nach Jerusalem und raamt im Tempel auf

In da Stadt Jerusalem is zuaganga wia auf da Theresienwiesn in München, sovui Leut warn unterwegs. Gesprächstoff war aa grad gnua vorhanden, denn die wundersame Auferweckung vom Lazarus, der vier Tog tot gwesen war, war as Thema Nummer oans in da Stadt. Wia sich dann no rumgsprocha hot, daß da Jesus aufm Weg in d' Stadt war, is erst recht a Hektik aufkemma, und es san Menschenmassen aufbrocha, um eahm entgegenz'geh.

Wia da Jesus und seine Jünger in da Näh' von Betanien warn, hot er zu zwoa von seine' Leut gsagt: »Gehts in des Dorf, glei' wenns nei'kemmts, werd' s a jungs Roß obunden sehgn, auf dem no nia a Mensch gsessen is. Bindtsn los und bringtsn her. Wenn euch jemand fragt, was do teats, sagts bloß: Den braucht unser Moaster, er lasstn boid wieder zruckbringa.«
Die Jünger hobn s' so gmacht, wias eahna da Jesus auftragn hot. Wias des besagte Roß losbinden wollten, sans ogredt wordn: »He, was foitn euch net ei'? Ihr könnts doch net oafach an fremds Roß mitnehma.« Aber wias gsagt hobn, daß des Roß fürn Jesus bestimmt is, hot mas ziahgn lassn.
Sie hobn a paar Mäntel auf des Roß glegt, damits da Jesus woach und kommod ghabt hot, und er hot sich draufgsetzt.
Jetzt is erst richtig rund ganga in de' Straßen, »Hosanna«, hobn s' gruafa, »gesegnet sei er, der kummt im Namen des Herrn!« Und sie hobn mit Palmbuschn gwunka und hobn eahnare Kleider und Mäntel ois Teppich' vor eahm auf d' Straß' glegt. Und oiwei wieder: »Hochgelobt, hosanna ...« (A so a Saubande, a paar Tog später warens nimmer so freundlich zu eahm.)
Da Jesus hot im Triumphzug an Tempel erreicht und is no a bisserl spazierenganga. Spät am Abend is er dann mit seine Spezln zum Übernachten nach Betanien naus.
Am nächsten Tog in da Fruah is da Jesus wieder zum Tempel ganga und hot gmoant, er siehgt net recht. Des war a regelrechter Viechmarkt, der do im ersten Tempelhof abghoiten wordn is. Briaftaubn, Hasen, Schaf' und Küah hot ma' zum Verkauf feil'boten. Es war oa oanzigs ohrenbetäubendes Gemuhe und Geblöke, oa Handler hot versuacht den andern an Gschrei zu überbieten, von dem Gstank gar net z'reden.
Do is am Jesus da Kragn 'platzt, und er hot die Tisch' von de' Taubn'handler und de' Geldwechsler umgworfa, daß die Münzen grad a so 'klimpert hobn.
»Ihr Bagage, ihr ausgschaamte«, hot er plärrt, »hobts ihr vergessen, wos in da Schrift steht? Mei' Haus soi a Ort des Gebetes für alle Völker sei! Und ihr, ihr habts a Räuberhöhle draus gmacht!« Da Jesus hot die Viecher naustriebn und die Handler und Geldwechsler mitsamt eahnam Gepäck davonghaut.

Des war natürlich wieder a gfundens Fressen für die Hohenpriester und Schriftgelehrten, und sie hobn erst recht an Grund ghobt, am Jesus nachm Lebn zu trachten.

Markus 11

191. De ausgschamtn Winzer und de Steuern fürn Kaisa

Da Jesus hot seine' Zuhörer a Gleichnis erzählt, des vollkommen auf die jüdischen Führer zuagschnitten war:
»A Mo hot an Weinberg oglegt, ringsrum an Zaun zogn und a Kelter ausghobn. Dann hot er den Weinberg an Winzer verpacht' und is in a anders Land groast. Wia d' Erntezeit kemma is, hot er an Diener losgschickt, um sein Anteil an Weintraubn abhoin z'lassen. Die Winzer aber hobn den Knecht packt und a so aufgmischt, daß eahm Hörn und Sehgn verganga is. Dann hobnsn wieder weitergschickt. Drauf hot da Besitzer an andern Knecht gschickt, aber den hobn s' aa hergwachelt. Den dritten, den er zu eahna gschickt hot, hobn s' umbracht. Und so is 's aa no a paar andere ganga, die oan san recht herghaut, die andern glei' abgmurkst wordn.
›Was tua i jetzt‹, hot der Mo überlegt. ›Am besten, i schick' eahna mein Buam, vor dem werdns ja dennerst no a bisserl an Respekt hobn.‹
Wia die Winzer den Buam von dem Weinbergbesitzer gsehng hobn, hobn s' beratschlagt: ›Des is da Erbe, auf gehts, den kill' ma aa, nacha ghört sei Anteil uns.‹
Sie hobn nan umbracht und sei Leich' zum Weinberg nausgworfa.
Was moants, werd der Besitzer von dem Weinberg toa?« hot da Jesus die Anwesenden gfragt.
»Schätzungsweis werd er selber losgeh, die ausgschaamten Winzer umbringa und sein Weinberg an and're verpachten«, hobn s' zur Antwort gebn.

»Genau a so is«, hot da Jesus gsagt. »Denn ihr habts bestimmt des Schriftwort glesen: Der Stoa, den die Bauleut' verworfa' hobn, is zum Eckstoa wordn: des hot da Herr vollbracht, vor unsere' Augn is des Wunder gschehng!«
Do hättens an Jesus am liabsten verhaft', denn sie hobn ganz genau gschnallt ghabt, daß er sie mit seiner Gschicht gmoant hot. Aber sie hobn Angst vor da Menge ghabt, und so sans abzogn wia die Gstinkerten.
A paar Pharisäer und a paar Anhänger vom Herodes san zum Jesus gschickt wordn, um eahm a Fangfrag zu stelln.
Ganz scheinheilig hobn s' zu eahm gsagt: »Moaster, mir wissen, daß du oiwei d' Wahrheit sagst, ohne auf irgend jemand Rücksicht znehma; weil du sieghst net die Person, sondern lehrst den Weg Gottes. Is 's erlaubt, am Kaiser Steuer zu zoin, oder net? Solln mas zoin oder net?«
Sie hobn gwußt, wenn er »ja« sogn taat, taat er sich bei da Bevölkerung unbeliebt macha, wenn er aber »naa« sogn taat, nacha hättens 'n bei de' römischen Herrscher' verpfeifa könna.
Aber da Jesus hots sofort durchschaut und zu eahna gsagt: »Warum stellts ihr mir a Falln? Gebts ma an Denar, i wui man oschaugn.«
Ma' hot eahm an Denar 'bracht, er hotn hin und her draht und genau betracht'. Dann hot er die Münzn in d' Höh' ghoiten und gfragt: »Wessen Buidl und Aufschrift is des?«
Sie hobn zur Antwort gebn: »Ja, vom Kaiser natürlich.«
Er hot erwidert: »Oiso, nacha gebts am Kaiser, wos am Kaiser zuasteht. Und am Herrgott, wos am Herrgott zuasteht!«
Damit hots da Jesus sauber 'blitzt ghabt und is eahna net aufn Leim ganga. Sie aber warn ganz schee erstaunt über eahm.

Markus 12

192. Da hinterfotzige Judas und de Vorbereitunga fürs Passamahl

Nachdem da Jesus seine Reden beendet ghabt hot, hot er zu seine' Jünger' gsagt: »Ihr wißts, daß in zwoa Tog as Passafest beginnt; do werd ma' den Menschensohn ausliefern und kreuzigen.«
Um die gleiche Zeit hobn sich die Hohenpriester und Ältesten ausm Volk im Palast des Hohenpriesters Kajphas troffa und beschlossen, an Jesus mit List in eahna Gwalt zu kriagn und umzubringa. »Mir derfas bloß net am Fest macha, damit koa Aufruhr im Volk entsteht«, hobn s' gmoant.
Oaner von de' Zwölfe', da Judas Iskariot, is zu de' Hohenpriester ganga und hot zu eahna gsagt: »Ihr wollts doch an Jesus schnappen, wos kriag i von euch, wenn i 'n euch ausliefer?« Sie warn ganz begeistert über die Möglichkeit, die sich eahna do eröffnet hot und hobn gantwort: »Null Problemo, Judas; do schaug her, dreißg Suiberling zoin ma, wenns'd dei' Arbat guat machst.«
Da Judas hot des Puiver eigschobn und von selbiger Stund' o versuacht, an Jesus auszuliefern.
Am ersten Tog des Festes der Ungesäuerten Brote, an dem as Passalamm gschlacht wordn is, hobn d' Jünger an Jesus gfragt: »Wo soin ma as Passamahl für di' vorbereiten?« Do hot er zwoa von seine' Jünger' vorausgschickt und zu eahna gsagt: »Gehts in d' Stadt, dort werd' s an Mo treffa, der an Wasserkruag tragt.« Des war a unverwechselbars Zeichen, weil Wasserholn damois a reine Frauensach' war.
»Folgts eahm, bis er in a Haus nei'geht; dann fragts an Hausherrn: Unser Moaster laßt di' fragn, wo der Raum is, in dem er mit seine' Jünger' as Passalamm essen kann? Und da Hausherr werd euch an großen Raum im Obergschoß zoagn, der scho fürs Festmahl hergricht und mit Polster' ausgstatt't is. Dort könnts alle Vorbereitungen treffa.«
Die Jünger hobn sich aufn Weg in d' Stadt gmacht und ois a so vorgfunden, wia ers eahna gsagt ghabt hot.

Matthäus 26 und Markus 14

193. D' Fuaßwaschung und as letzte Abendmahl

Es war vorm Passafest, und da Jesus hot gwußt, daß sei Stund' kemma war, um aus dera Welt zu seim Vota z'geh. Er is mit seine' Jünger zu dem Raum im Obergschoß von selbigem Haus in Jerusalem ganga. Alle hobn s' staubige Haxn ghabt, koa Wunder, wenn ma' dauernd in offne Klapperl rumrennt.

Da Jesus hot seine Freund' geliebt und wollt eahna des bis zur Vollendung beweisen. Er is vom Tisch aufgstanden, hot sei Gwand abglegt und sich a Leinentüachl umbunden. Dann hot er a Wasser in a Schüssel gschütt' und ogfangt, oam nachm andern d' Füaß z'waschen. Danach hot ers mit dem Leinentuach abtrocknet.

Die Jünger hobn sich gschaamt, und wia er beim Petrus okemma is, hot der abgwehrt und gmoant: »Chef, des is unmöglich, i kann mir doch von dir net d' Füaß waschen lassen!« Aber da Jesus hot erwidert: »Wenn i di' net wasch', nacha host koan Anteil an mir.« Do hot da Petrus zu eahm gsagt: »Moaster, wenn des a so is, nacha wasch' ma net bloß d' Haxn, sondern aa d' Händ' und an Kopf.«

Wia da Jesus sich wieder hingsetzt hot, hot er zu eahna gsagt: »Begreifts ihr überhaupt, wos i euch mit dera Handlung rüberbringa wollt? Ihr nennts mi' euern Herrn und Moaster. Ihr habts recht, des bin i. Aber i bin bereit, ois für euch z'toa, sogar eure Füaß z'waschen, weil ich euch liebe. I möcht', daß ihr mei' Beispui nachahmts. Sorgts füranand und liebts anand, so wie ich euch liebe und für euch sorg.«

Sie hobn mitm Essen ogfangt, und mit da Zeit is de' Jünger' aufgfoin, daß da Jesus oiwei trauriger wordn is.

Sie hobn an ganz bedrückt ogschaut, koana hot sich wos sogn traut, bis er schließlich gsagt hot: »Amen, i sog euch, oaner von euch werd mi' verraten!« Des hot gsessen, d' Jünger hobn sich ratlos ogschaut, und oaner nachm andern hot gfragt: »Wen moanstn du damit, doch net ebba mi'?« »Naa«, hot da Jesus gantwort, »den, der mit mir aus derselben Schüssel ißt. Da Menschensohn muaß zwar sein Weg geh, wias d' Schrift über eahm sagt. Aber wehe dem, durch den da Menschensohn verraten werd. Für den waars besser, wenn er nia geboren wordn waar.«

Da Judas Iskariot hot gwußt, daß da Jesus eahm gmoant hot. Aber

jetzt war der Handel mitm Hohen Rat perfekt, und er wollt des Gschäft nimmer rückgängig macha.
Deswegn hot da Jesus zu eahm gsagt: »Wos du toa wuist, des tua boid!« Die andern Jünger hobn net kapiert, wos da Jesus gmoant hot. Sie hobn glaubt, da Jesus hätt' am Judas auftragn, de' Armen a bisserl a Geld z'gebn. Da Judas aber hot ohne a Wort zu sogn den Raum verlassen und is naus in die finst're Nacht.
Wias weitergessen hobn, hot da Jesus a Brot gnomma, unter de' Jünger' verteilt und zu eahna gsagt: »Nehmts und eßts alle davo, des is mei' Leib', der für euch gopfert werd.« Dann hot er eahna an Becher Wein greicht mit den Worten: »Trinkts alle davo, des is mei' Bluat, des für viele vergossen werd. Es soll den neuen Bund besiegeln, den der Herrgott mit alle' Völker' schliaßen werd. Amen, i sog

euch: I werd nimmer von da Frucht des Weinstocks trinka bis zu dem Tog, an dem i erneut davo trink im Reich Gottes.«
Des, wos da Jesus z'letzt gsagt ghabt hot, sollten d' Jünger erst später versteh'.

Johannes 13 und Markus 14

194. Wia da Jesus seine Jünger vorbereit't hot

Wia as Abendmahl vorbei war, hot da Jesus no lang mit seine' Jünger gredt, weil er sie auf des, was in dera Nacht passiern sollt, vorbereiten wollt. Sie hobn aber nur sehr schwer kapiert, wos er gsagt hot.
»Ihr werd' s alle abhaun und mi' im Stich lassen«, hot er zu eahna gsagt.
»Naa, nia und nimmer!« hot da Petrus sich erregt. »I moan, i woaß zwar net, was die andern tean. Aber i persönlich steh' zu dir, und i taat di' nia alloa lassen. Wenns sei muaß, Moaster, nacha wui i sogar mit dir sterbn.«
»Mir doch aa«, hobn die andern Jünger beteuert.
Aber da Jesus hot an Kopf gschüttelt. »Petrus«, hot er gsagt, »no bevor da Gockel in da Fruah kraht, werst du dreimoi erklärn, daß'd mi' überhaupt net kennst.«
»Des gibts net, so was taat i ja nia macha!« hot da Petrus steif und fest behaupt'.
Da Jesus hot erwidert: »Laßts euch net beirren, glaubts an Gott, und glaubts an mi'! I werd euch wirklich verlassen, aber wenn i vom Tod auferstanden bin, werdn ma uns in Galiläa wieder treffa. I werd dort sei und auf euch warten.
Und wenn i dann schließlich zu meim Vota zruckkehr', werd i euch trotzdem net alloa lassen, des versprich i euch. I werd mein Vota bitten, daß er euch an andern Beistand gibt, der für oiwei bei euch bleibn soi. Es is da Heilige Geist, den da Vota in meim Nama

schicka werd. Ihr werdtsn zwar net sehgn, aber er werd bei euch sei und euch a Kraft und an Muat gebn.
Mit seiner Hilfe werdts euch an ois erinnern könna, wos 's von mir glernt habts. Und er werd euch a Ausdauer verleihn, damits mir treu bleibn könnts.
I werd zu meim Vota geh und dort an Platz für euch herrichten. Eines Togs hol i euch dann zu mir. Ihr wißts, wo selbiger Ort is, und kennts den Weg.«
»Aber Herr, mir hobn koan blassen Schimmer, wo du hi'gehst. Wia soin ma nacha den Weg dorthi' kenna?« hot da Thomas recht damisch gfragt.
»I bin da Weg zu Gott«, hot da Jesus gantwort'. »Neamad kann zum Herrgott kemma, außer durch mi'.
Bevor i euch verlaß', möcht' i euch no a Abschiedsgschenk macha. I schenk' euch mein Frieden. Des is aber koa Frieden, wia man in da Welt find't, sondern mei' Frieden macht euch stark und froh, egal, wos aa daherkemma mag.«

Markus 14; Johannes 13, 14, 16

195. Wia da Jesus verhaft wordn is

Sie san zu am Grundstückl kemma, des Getsemani ghoaßen hot, und da Jesus hot zu seine' Jünger' gsagt: »Setzts euch her und warts do, solang i bet'.« An Petrus, an Jakobus und an Johannes hot er mitgnomma. Auf oamoi hot er Angst kriagt und is sehr traurig wordn. »Mei' Herz is so schwer, mei' Seele todtraurig. Bleibts do und hoits Wache mit mir«, hot er zu eahna gsagt.
Er is a Stückl weiter ganga, hot sich aufn Boden gworfa und bet': »Vota, wenns möglich is, verschon' mi'. Aber net wos i wui, sondern wos du wuist, soi gschehng.«
Er is zu de' Jünger' zruckganga und hot gsehng, daßs schlaffa. Do hot er zum Petrus gsagt: »Habts net amoi a Stund mit mir wach

bleibn könna? Hoits euch wach, damits net in Versuchung kemmts; weil da Geist is willig, aber as Fleisch is schwach.«
Dann is er zum zwoatenmoi wegganga und hot bet'. Wia er zruckkemma is, hobn s' scho wieder gruasselt, weil eahna d' Augn zuagfoin warn. Er hot sich wieder von eahna entfernt und hot bet': »Vota, wia du wuist, so soi mir gschehng.«
Danach is er zu de' Jünger' zruck und hot gsagt: »Die Stund' is kemma, jetzt werd i verhaft'. Schauts hi', der Verräter, der mi' ausliefert, is do.«
Während er no gredt hot, is da Judas mit am Haufa Männer daherkemma, die mit Schwerter' und Knüppel' bewaffnet warn; sie warn von de' Hohenpriester' und Ältesten ausm Volk gschickt wordn. Da Judas, der gscherte Hund, hot mit eahna a Zeichen ausgmacht ghabt und gsagt: »Der, dem i a Bussl gib, der is 's.« Er is schnurstracks aufn Jesus zuaganga, hotn 'küßt und gsagt: »Habe die Ehre, Moaster!«
Da Jesus hot eahm zur Antwort gebn: »So, Freunderl, deswegn bist kemma?« Dann hobnsn packt und festgnomma.
Aber oaner vom Jesus seine Begleiter hot sei Schwert zogn und am Diener von am Hohenpriester a Ohrwaschl abghaut.
Do hot da Jesus zu eahm gsagt: »Bist du net ganz sauber? Schau, daß'd sofort dei' Schwert wieder eisteckst; denn alle, die zum Schwert greifa, werdn durchs Schwert umkemma. Oder glaubst vielleicht net, daß ma mei' Vota auf da Stell mehr ois zwölf Legionen Engel schicka taat, wenn i 'n drum bitt'? Aber wia soi nacha d' Schrift erfüllt werdn, nach ders a so gschehng muaß?«
Und zu dem Einsatzkommando hot er gsagt: »Ihr kemmts daher wia gegn an Schwerverbrecher mit Schwerter' und Knüppel', um mi' festzunehma. Tog für Tog bin i bei euch im Tempel gsessen und hob unterricht'. Warum hobts mi' do net gschnappt? Aber des ois is gschehng, damit die Schriften von de' Propheten in Erfüllung gengan.«
Do hobn s' d' Jünger mit da Angst zum toa kriagt und san abghaut.

Matthäus 26 und Johannes 18

196. Wia da Petrus an Jesus verleugnet und da Judas si aufghängt hot

Nachdems an Jesus festgnomma ghabt hobn, hobns'n zum Haus vom Hohenpriester Kajphas 'bracht. Obwohls Nacht war, hot da Rat sofort a Sitzung einberufen, weils an Aufruhr unter de' Menschenmengen, die zum Passafest zammkemma warn, vermeiden wollten.

Inzwischen hobn sich da Petrus und da Johannes wieder dafangt ghabt. Sie san de' Wachen gfolgt und hobn beobacht', wos an Jesus hi'bracht hobn. Wias zum Haus vom Kajphas kemma san, is da Johannes schnurstracks in 'n Hof nei'ganga, weil er a paar Leut aus dem Haus kennt hot. Da Petrus hot draußen gwart't.

»Derf mei' Freund aa mit rei'kemma?« hot da Johannes d' Pförtnerin gfragt.

»Selbstverständlich«, hots gmoant, aber wia da Petrus nei'ganga is, hots zu eahm gsagt: »Bist du net aa a Jünger von dem Menschen?« Dabei hots zu dem Raum nüberdeut', in dem da Jesus vor seine' Ankläger' gstanden is.

»Naa, bin i net«, hot er energisch abgstritten. Auf oamoi hotsn gfroren, weils saukoid war, und er is zu dem Kohlenfeuer in da Mittn vom Hof ganga, wo die Knecht' und Diener beianandgstanden san und sich gwärmt hobn.

Es hot gar net lang dauert, bisn ogredt hobn: »Sog amoi, du ghörst doch aa zum Jesus?«

»I kenn' den Menschen überhaupt net«, hot da Petrus zum zwoatenmoi glogen.

Aber oaner von de' Umstehenden hot gsagt: »Der kann behaupten, wos er mog, er ghört aa zu de' Anhänger' vom Jesus. Des kennt ma' doch alloa scho an seim unverwechselbaren galiläischen Dialekt.«

Do hot da Petrus as Fluacha ogfangt und beschworen: »Himmeherrschaftseitn, wia oft soi is euch denn no sogn? I kenn'an net!«

Wia er des gsagt hot, hot a Gockel in da Morgendämmerung kraht. Do is am Petrus siedendhoaß eigfoin, wos eahm da Jesus prophezeit ghabt hot: »Bevor da Gockel kraht, werst du mi' dreimoi verleugnen.«

In dem Augnblick hot sich da Jesus zu eahm rüberdraht und hotn ganz eindringlich ogschaut. »I packs nimmer«, hot da Petrus denkt, »i hob den liabsten Menschen, den i auf dera Welt hob, verraten.« Und er is ausm Hof grennt und hot bitterlich gwoant.
Wia da Judas, der an Jesus ans Messer gliefert ghabt hot, gsehng hot, wos er ogricht' hot, hot er sei abscheuliche Tat zutiefst bereut. Er hot den Geldbeutel mit de' dreiß'g Suiberling Kopfgeld gnomma und is zum Hohen Rat.
»I hob an Mist baut, i hob euch an unschuidigen Menschen ausgliefert«, hot er beteuert.
»Des is ganz alloa dei' Problem«, hobn eahm die eiskoid zur Antwort gebn. »Jetzt muaßt selber schaun, wias'd mit deim schlechten Gwissen fertig werst.« Dann hobn sie sich oafach umdraht und eahna Unterredung fortgsetzt.
Da Judas aber hot des Bluatgeld gnomma und mit am lauten Verzweiflungsschrei in 'n Tempel neigfeuert, daß die Münzen grad a so gscheppert hobn.
Dann hot er an Strick gnomma und sich aufghängt.

Lukas 22; Johannes 18; Matthäus 27

197. Da Jesus im Verhör und sei Weg nach Golgatha

Die ganze Nacht lang is da Jesus vorm Hohen Rat gstanden und hot sich die falschen Anklagen ohörn müassen. Jeder von de' aufgerufnen Zeugen hot wos anders erzählt, aber net in oam oanzigen Punkt hobn s' an Jesus überführn könna.
Schließlich hot da Hohepriester selber an Jesus zur Red' gstellt: »Sog ma d' Wahrheit«, hot ern aufgfordert, »bist du da Messias, da Sohn Gottes?«
»Ja, i bins«, hot da Jesus gantwort'.
»Wos wolln ma no mehrer?« hot da Hohepriester mit am hämischen Grinsen erklärt. »Der Angeklagte hot behaupt', daß er Gott is. Nach

unserm Gsetz hot er dafür die Todesstraf' verdient.« Weil aber nur da Pilatus, da römische Statthalter, a Todesurteil aussprecha hot könna, hobns 'n de' Wachen übergebn, die nan am nächsten Tog zeitig in da Fruah in Ketten zum Pilatus seim Palast gführt hobn.

»Der Mo do hot ständig an Stunk nei'bracht«, hobn s' am Pilatus weisgmacht. »Er hot d' Leut aufgfordert, koane Steuern mehr zu zoin und behaupt't, daß er a Kini is.«

Aber da Pilatus war überzeugt, daß die jüdischen Führer de' Anklagen bloß erfunden ghabt hobn, weils am Jesus neidisch warn. Deswegn hot er an Jesus höchstpersönlich verhört, und er hot eahm tatsächlich koa Unrecht nachweisen könna.

Unterdessen hobn die Hohenpriester und Ältesten as Volk aufghetzt, so daßs in oaner Tour gschrian hobn: »Ans Kreuz mit eahm! Ans Kreuz mit eahm!« (A so a Mistvolk, a so a elendigs, a paar Tog zuvor hobns'n no hochleben lassen.)

Da Pilatus is rauskemma und hot zu eahna gsagt: »Der Mo is absolut unschuldig, er hot an Tod net verdient.«

Aber des Gschroa is oiwei lauter und lauter wordn: »Ans Kreuz mit eahm! Ans Kreuz mit eahm!«

Do hots da Pilatus anders probiert: »Ihr wißts, zum Passafest gib' i euch oiwei an Gefangenen frei. Wollts, daß i an Jesus freigib?«

Aber damit hobn die Führer scho grechnet und as Volk präpariert ghabt, so daßs plärrt hobn: »Naaa, naaa, mir wolln an Barabbas hobn, laß an Barabbas frei!«

Da Barabbas war a schwers Kaliber und is wegn Mord im Gfängnis ghockt. Jetzt hot sich da Pilatus nimmer nausgsehng. Er hot seine Händ' in Unschuld gwaschen, an Barabbas freiglassen und de' Soldaten befohln, daßs an Jesus vor da Kreuzigung auspeitschen.

Nachdems an Jesus 'geißelt ghabt hobn, hobn d' Soldaten eahnan Spott mit eahm triebn. »Bist du net da Kini der Juden?« hobnsn verhöhnt. »Für des laffst aber a bisserl armselig rum. A Kini braucht doch wos Gscheits zum Oziahgn.« Und so hobn s' eahm an purpurroten Mantel über seine wunden Schuitern glegt. Aber des war eahna d' Unverschämtheit no net z'gross. A anderer hot a Krone aus am dornigen Gstrüpp gflochten und eahm mit am Stecka aufn Kopf druckt, daß eahm as Bluat aus lauter kloane Wunden über sei heiligs und ehrwürdigs Antlitz gronna is. Dann sans vor eahm nieder-

kniat, hobn nan ogspiebn und recht ausgschaamt derbleckt: »Heil dir, Kini der Juden!«
Langsam is ’s Zeit wordn, daßs ma’ den Verurteilten zum Hinrichtungsplatz ’bracht hot. Der Ort is außerhoib da Stadt glegen und hot Golgatha ghoaßen, des bedeut’: Schädelhöhe (mei Liaber, der Nama hots in sich). Sie hobn am Jesus seine eignen Kleider wieder ozogn und eahm zu oim Verdruß aa no des schwere Hoizkreuz auf seine daschundna Schuitern glegt. Er war durch die endlosen Verhöre und as Auspeitschen eh scho so schwelch, daß er sich kaam no auf de’ Füaß hoiten hot könna – und dann des aa no.
Wias gsehng hobn, daß ers nimmer derpackt, hobn s’ an Simon, an Mo aus Zyrene, aufghoiten.
Der hot am Jesus as Kreuz abgnomma und nach Golgatha naustragn.

Markus 15 und Johannes 23

198. Wia da Herr Jesus kreuzigt wordn is

Auf nähere Einzelheiten der Hinrichtung am Kreuz verzicht’ ma’ liaber, weil des so grausam und furchtbar gwesen sei muaß, daß ma’ sichs beim besten Willn gar net vorstelln kann, was so a Verurteilter ausghoiten hobn muaß. Die seelische Pein und der Horror, und dann erst recht no die körperlichen Qualen. Lange Nägel durch Händ’ und Füaß, damit des Opfer fest an de’ Holzbalken ghängt is und ja recht lang aushoiten hot müassen, bis ’s vor lauter Hunger, Durst und Atemnot an grausama Tod sterbn hot müassn.
Mitm Jesus sollten no zwoa andere Gefangene, die wirklich wos am Kerbhoiz ghabt hobn, hingricht werdn. Umara neune in da Fruah war die »Arbat« verricht’, und die drei Kreuz’ san aufgstellt wordn. In da Mittn da Jesus, und links und rechts vo eahm die zwoa andern. Die Soldaten, die den Drecks-Job ausgführt ghabt hobn, hobn sich unterm Kreuz vom Jesus niederghockt und sich eahna Zeit mit am Würfelgspui vertriebn.

Und sogar in dera Situation hot da Jesus mit eahna Mitleid ghabt und zu seim Vota im Himmi bet': »Vota, vergib eahna ihr Schuid, weil die wissen net, wos tean.«
Anführer des Volkes san extra vorbeikemma, um an Jesus zu verspotten: »Komisch, andere' host helfa könna, aber jetzt hängst do und woaßt dir koan Rat.«
Oaner von de' zwoa Verbrecher, die mitm Jesus 'kreuzigt wordn san, hot gmoant, er muaß aa no oans draufsetzen: »Es hoaßt doch, daß du da Messias bist. Warum rettst uns na' net?«
»Hoitst net glei' dei' Schandmaul, du Dreckhamme'«, hotn da ander' Verbrecher zammgstaucht. »Mir san zu recht verurteilt und hobn unser Straf' verdeant, aber der Mo is unschuidig.« Dann hot er mit leiser Stimm' an Jesus gfragt: »Jesus, kannst net an mi' denka, wennst in dei' Reich kummst?«
Do hot eahm da Jesus zur Antwort gebn: »Kannst di' drauf verlassen, heut no werst mit mir im Paradies sei.«
Es warn aa a paar vom Jesus seine' Anhänger do, vor allem Frauen. »Kümmer' di' bitte um mei' Muatter«, hot da Jesus am Johannes, seim engsten Freund, zuagflüstert.
Und zu seiner Muatter hot er gsagt: »Schau, er is jetzt dei' Bua.«
Gegn Mittog hot sich d' Sonna verdunkelt und a tiafe Finsternis is übers ganze Land rei'brocha. Da Vorhang im Tempel is in da Mittn ausanandgrissen, und da Jesus hot mit dem lauten Schrei: »Es ist vollbracht« sein' Geist aufgebn.
Der Hauptmann, der eahm gegnüber gstanden is und ois beobacht' ghabt hot, hot sich ehrfürchtig verbeugt und ganz betroffen gsagt: »Tatsächlich, des war da Sohn Gottes.«
Da Josef von Arimatäa, a wohlhabender Bürger, hot an Pilatus um Erlaubnis gfragt, an Jesus zu bestatten. Da Nikodemus, der an Jesus amoi mitten in da Nacht bsuacht ghabt hot, hot eahm dabei gholfa. Sie hobn den Leichnam vorsichtig gwaschen, in Grabtüacher gwickelt und in a Felsengrab im Garten vom Josef glegt.
A paar von dene Frauen, die bei da Kreuzigung dabei gwesen warn, san mitganga, weils sehgn wollten, wo da Jesus beerdigt wordn is. Danach sans traurig hoam.

Markus 15, Lukas 23, Johannes 19

199. Da Jesus is auferstandn

Am ersten Wochentog ganz in da Fruah, es war no dunkel, is d' Maria Magdalena zum Grab ganga und hot entsetzt festgstellt, daß der große Stoa, mit dem as Grab verschlossen gwesen war, weg war. Do is 's zum Simon Petrus und' m Johannes, am Jesus seim Lieblingsjünger, glaffa, und hot eahna aufgregt bericht't: »Schickts euch, schnell, jemand hot den Stoa vom Grab wegtoa und am Jesus sei Leichnam is nimmer do!«

Da Petrus und da Johannes san losgwetzt wia da Blitz, und weil da Johannes schneller ois da Petrus laffa hot könna (er war früher bei da Leichtathletikstaffel vom TSV Galiläa), is er ois erster am Grab okemma. Er is net nei'ganga, sondern hot sich nur vorbeugt und die Leinenbinden liegn gsehng.

Glei' drauf is da Simon Petrus ei'troffa und ins Grab eini. Die Leintüacher warn sauber zammglegt, genauso wia des Schweißtuach, des am Jesus sei Gsicht bedeckt ghabt hot. Es war an am extrigen Platz glegen.

Do is aa da Johannes, der as Grab ois erster erreicht ghabt hot, nei'ganga und hot ois genau inspiziert. Und in dem Augnblick is eahm bewußt wordn: Da Jesus lebt!

Danach san da Petrus und da Johannes wieder hoamganga, d' Maria Magdalena aber is oiwei no draußen vorm Grab gstanden und hot gwoant. Wia sie sich ins Grab nei'beugt hot, hots plötzlich zwoa Engel in weiße Gwänder sitzen gsehng, den oana dort, wo am Jesus sei Kopf, und den andern do, wo seine Füaß glegen warn.

»Warum woanstn?« hobn die Engel sie gfragt.

»Mein Herrn hobn s' weggnomma, und i woaß net, wo er jetzt liegt.« Auf oamoi hot d' Maria gmerkt, daß jemand hinter ihrer steht. Sie hot sich umdraht und an Jesus gsehng, sie hot aber net gwußt, daß ers is.

»Guate Frau, wos woanst denn gar a so?« hots da Jesus gfragt.

Sie hot gmoant, es waar da Gärtner, und hot eahm zur Antwort gebn: »Herr, wenn du eahm wegbracht host, dann sog ma bittschön wohin, damit i 'n hoin kann.«

Da Jesus hot bloß erwidert: »Maria!«

Do hotsn an seiner Stimm' kennt und auf hebräisch zu eahm gsagt: »Rabbuni!«, des hoaßt: Moaster.
Er aber hot gmoant: »Hoit mi' net fest, weil i bin no net zu meim Vota naufganga. Geh aber zu meine' Freund' und richt' eahna aus, daß i auferstanden bin und zu meim und zu euerm Vota geh.«
D' Maria is zu de Jünger glaffa und hot eahna voller Freud mitteilt: »I hob an Herrn gsehng, er is auferstanden und lebt!«

Johannes 20

200. Aufm Weg nach Emmaus

An selbigem Sonntog hobn sich zwoa von de Jünger z'Fuaß aufn Weg nach Emmaus gmacht, des ungefähr elf Kilometer vo Jerusalem entfernt war. Unterwegs hobn sie sich über ois, wos sich in de' letzten Tog ereignet ghabt hot, unterhoiten.
Sie warn so in eahna Gespräch vertieft, daßs gar net bemerkt hobn, daß nebn eahna oaner herganga is. Es war da Jesus, aber sie warn mit Blindheit gschlogn und hobn nan net kennt.
»Wos isn mit euch los, ihr schauts gor so dasig drei, is am End ebbs Schlimms passiert?« hot er die zwoa ogsprocha.
Do sans steh'blieben und da oane von de zwoa, Kleopas hot er ghoaßen, hot eahm zur Antwort gebn: »Ja sog amoi, wo kimmstn du her? Du bist woi da oanzige Mensch in ganz Jerusalem, der net woaß, wos am Wochenend Furchtbars gschehng is?«
»Ja, wos nacha?« hot da Jesus gfragt, ois wenn er tatsächlich nix wissert.
»An Jesus vo Nazareth hobn s' umbracht«, hobn s' as Erzähln ogfangt. »Des war a Prophet der Sonderklasse, der hot gredt wia a Advokat, und Wunder gwirkt, daß d' mitm Schaugn nimmer mitkemma bist. Aber der is de Hohenpriester und Ältesten scheinbar a bisserl z'schlau gwesen. Am meisten hot a eahna gstunka, daß er beim Volk so beliebt war. Und weil eahna des Aufsehen, des er mit

seine' Taten erregt hot, langsam z'vui wordn is, hobnsn zum Tod verurteiln und ans Kreuz nageln lassen. Mir hobn alle so fest ghofft ghabt, daß er der Messias waar, der unser Volk Israel endlich amoi erlösen taat. An Pfeifadeckl, nix wars. Aber so laffts bei uns, verstehst, wenn de' Obrigen wos net paßt, werst eiskoid abserviert.«
Do hot er zu eahna gsagt: »Begreifts ihr denn net? Foits euch so schwer, ois des, wos die Propheten übern Messias vorausgsagt hobn, zu begreifa? Da Jesaja hotn mit am unschuidigen Lamperl verglicha, des zum Schlachten gführt werd. Er hot sterbn müassn, net, weil er a Verbrechen beganga ghabt hätt', sondern für die Sünden anderer Menschen, um eahna Gottes Frieden und Vergebung zu bringa.«
So hobn s' die Ortschaft, zu ders unterwegs warn, erreicht, und da Jesus hot toa, ois wenn er weitergeh wollt. Aber sie hobn nan aufghoiten und zu eahm gsagt: »Oh naa, bleib doch bei uns, es werd boid Abend, d' Sonn' geht aa scho unter.«
Da »Fremde« hot die Einladung ognomma und is mit eahna nei'ganga. Wia er mit eahna beim Essen gsessen war, hot er as Brot brocha, am Herrgott dankt und an sie austeilt.
Do san eahna d' Augn aufganga, und sie hobn nan kennt. Sie wollten wos zu eahm sogn, aber er war nimmer do.
»Is uns net glei' scho so warm ums Herz wordn, wia er mit uns gredt und uns d' Schrift erklärt hot?« hobn s' zuanand gsagt. »Mir müassn sofort zruck nach Jerusalem und de' andern unser Erlebnis erzähln.«
Aber wias dort okemma san, hobn s' die andern Jünger scho mit der Neuigkeit begrüßt: »Stellts euch nur grad vor, da Jesus is auferstanden.«
Während sie alle ganz aufgregt mitanand gredt hobn, is auf oamoi da Jesus mitten unter eahna gwesen und hot zu eahna gsagt: »Der Friede sei mit euch!« Sie san gscheit erschrocka, weils gmoant hobn, es waar a Geist.
Er aber hots beruhigt und zu eahna gsagt: »Wos seidsn so bestürzt? Schauts her, meine Händ', meine Füaß – i bins selber!«

Lukas 24

201. Da ungläubige Thomas

Da Thomas hot ois verschwitzt ghabt, er war am Tog der Auferstehung net do, wia da Jesus zu de Jünger kemma is.
Wia er wieder zruck war, hobn eahm die andern sofort erzählt: »Stell dir nur grad vor, Thomas, da Jesus lebt! Mir hobn unsern Moaster gsehng!«
»I glaub, ihr hobts es nimmer alle, so an Krampf brauchts mir net verzähln«, hot da Thomas abweisend zur Antwort gebn. »I hob den Leichnam mit eigne Augn gsehng. Des braucht mir koaner weismacha, daß oaner nach so am Martyrium mir nix dir nix wieder lebendig werd. Bevor i net die Wunden an seine Händ und die Wundn an seiner Seitn, in die der römische Soldat mit seiner Lanzn neigstocha hot, fühl, glaub is net.«
A Woch' is verganga, und am nächsten Sonntog hobn sich die Jünger wieder versammelt, da Thomas war aa unter eahna. D' Tür hobn s' abgsperrt ghabt, weils Angst vorm Jesus seine Feinde ghabt hobn. Auf oamoi is da Jesus mitten unter eahna im Zimmer gstanden.
»Friede sei mit euch«, hot ers begrüßt. Dann hot er an Thomas ogschaut und zu eahm gsagt: »So, Thomas, do bin i. Kannst ruhig die Wundmale an meine Händ berühn und die Stell abtasten, wo der Speer mei Seitn durchbohrt hot. Aber hör' as Zweifeln auf, glaub dro, daß i lebendig bin.«
»Du bist mei Herr und mei Gott!« hot da Thomas ehrfürchtig ausgruafa.
»Thomas, du glaubst, weilsd' mi gsehng host«, hot da Jesus zu eahm gsagt. »Aber selig san die, die wo an mi glaubn, obwohls mi no nia mit eigne Augn gsehng hobn.«

Johannes 20

202. »Petrus, mogst du mi?«

Die Jünger san nach Galiläa zruckkehrt und warn glückselig, daß eahna Freund und Moaster, da Jesus, am Lebn war.
Da Petrus, da Jakobus, da Johannes, da Thomas und no a paar andere warn am See Tiberias beinander. Am Petrus wars irgendwia fad, er hot gor net richtig gwußt, wos er toa sollt. »Mei, o mei, des warn no Zeiten«, hot er grübelt, »wia ma no alle zwölfe beianand warn, und mitm Jesus durchs Land zogn san.«
Auf oamoi is er aufgsprunga und hot zu de andern gsagt: »Wißts wos, i geh jetzt zum Fischen.«
»Herrschaft, des is a pfundige Idee«, hobn die andern gmoant, »mir kemma aa mit.«
Sie san zum Seeufer owiganga, hobn as Boot ins Wasser gschoben und san nausgruadert. Aber sie hobn koa Glück ghabt und die ganze Nacht nix gfangt.
In da Morgendämmerung, wias wieder ans Land zruckfahrn wollten, is da Jesus am Ufer gstanden. Sie hobn nan aber wieder net kennt.
»He, Freunde, hobts ihr net vielleicht wos zum Essen?« hot er eahna zuagruafa.
»Naaaa, mir hobn überhaupt nix dawischt!« hobn s' eahm gantwort.
»Ihr müaßts euer Netz über die rechte Seitn auswerfa«, hot er eahna graten. »Werdts sehgn, nacha habts a Glück!«
Sie hobn eahna Netz ausgworfa, und bis gschaut hobn, wars so voller Fisch', daß sies nimmer ei'holn hobn könna.
Do hot da Johannes zum Petrus gsagt: »Des is da Herr!«
Wia da Petrus des ghört hot, hot er schnell sei Obergwand ozogn, weil er bloß a Badhosn oghabt hot, is ins Wasser ghupft und z'Fuaß an Land. Dann san die andern Jünger im Boot nachkemma, sie warn ungefähr neunzg Meter vom Ufer weg. As Fischnetz hobn s' hinter sich herzogn.
Wias ausgstiegn san, hobn s' a Kohlenfeuer mit Fisch und Brot drauf gsehng. Da Jesus hot zu eahna gsagt: »Bringts amoi von dene Fisch, die 's grad gfangt hobts.« Da Simon Petrus is losgrennt und hot des schwere Netz an Land zogn. Sage und schreibe hundertdreiafuchzg Fisch hobn drin zappelt, trotzdem hots des Netz net z'rissen.

Da Jesus hot zu eahna gsagt: »Kemmts her und eßts!« Koaner von de Jünger hot sovui Schneid ghabt, eahm zu frogn: »Wer bistn du?« Is eigentlich aa verständlich, weils gneisst hobn, daßs da Jesus war. Wias mitm Essen fertig warn, hot da Jesus zum Petrus gsagt: »Simon Petrus, mogst du mi?«
Da Petrus hot sich gschaamt, weil er dro denkt hot, wia er an Jesus verleugnet hot. »Ja, Herr, du woaßt, daß i di mog«, hot er ganz piano zur Antwort gebn.
»Weide meine Lamperln!« hot da Jesus zu eahm gsagt.
Dann hot er 'n zum zwoatenmoi gfragt: »Simon Petrus, mogst du mi?«
»Ja freili, Herr, i mog di!« hot da Petrus beteuert.
»Weide meine Lamperln!« hot da Jesus drauf gantwort.
Da Petrus wollt am liabsten sei Ruah hobn, aber da Jesus hotn zum drittenmoi gfragt: »Simon Petrus, mogst du mi?«
Do is da Petrus traurig wordn, weil 'n da Jesus dreimoi gfragt ghabt hot. Kloalaut hot er erwidert: »Herr, du woaßt ois, du woaßt aa, daß i di mog!«
Und da Jesus hot wieder zu eahm gsagt: »Weide meine Lamperln!« Damit hot eahm da Herr as Vertrauen ausgsprocha und an verantwortungsvollen Auftrag erteilt.

Johannes 21

203. Und am End is da Herr Jesus in Himmi aufigfahrn

Nachdem da Jesus auferstanden war, is er seine Freind vierzg Tog lang imma wiedaramoi erschiena. Es hot koan Zweife gebn könna – er hot glebt. Er war koa Geist, seine Spezln hobn nan olanga und mit eahm essen könna. Aber sei Körper war jetzat nimmer derselbige, weil er hot durch verschlossne Türn geh und kemma und verschwinden könna, grad wias eahm paßt hot.

In dene paar Wochen hot da Jesus seine Jünger gholfa, Sachn zu versteh, wo s' no net kapiert ghabt hobn, bevor er gstorbn is. Er hot eahna erklärt, wia die Schriften im Oiden Testament auf an Messias hideut hobn, der für sei Volk leidn und dann wieda auferstehn taat. Eines Togs warn s' draußd am Ölberg, und da Jesus hot si mit seine Jünger unterhoitn.
»Herr, stellst du iatz in dera Zeit as Reich für Israel wieder her?« hobnsn gfragt.
»Moment amoi, Freunde«, hot er s' bremst. »Des steht enk überhaupts net zua, solchane Sachn z'frogn, weil der Terminplan vo meim Vota, der geht enk nix o. Aber es werdts scho die Kraft vom Heilign Geist kriagn, der zu enk owikemma werd. Ihr sollts meine Zeugen sei und mei Lehre weitergebn, zerscht in Jerusalem, nacha in Judäa und Samaria – und am End auf dera ganzn Welt.«
Nachdem er des gsagt ghobt hot, is er vor eahnare Augn in d' Höh ghoben wordn, höher und oiwei höher.
»Servus, Jesus, machs guat!«, »Laß amoi wos von dir hörn!«, »Vielleicht schreibst uns amoi!«, »Vagiß uns net, und denk an uns, pfiati, oider Freind!«
So is des a ganze Zeitlang ganga, bis er allmähli in ana Wolkn verschwunden is und nimmer zum sehng war.
So mancher von de Jünger hot sich verstoin d' Augn ausgwischt, damit ja koaner von de andern die Abschiedstränen bemerkt hot. Weil woana war damois wia heit für d' Manda a Blamasch.
Sie hobn no oiwei ganz unverwandt zum Himmi naufgstarrt, wia auf oamoi zwoa so Typn in weiße Gwänder nebn eahna gstanden san und gsagt hobn: »Wos stehtsn do umanand und schauts in Himmi nauf? Eines Togs werd da Jesus so zruckkemma, wiasn grad hobts geh gsehng.«
Dann san s' vom Ölberg, der so umaran Kilometer außerhoib glegn war, wieda auf Jerusalem einiganga, und so wias eahna da Jesus auftragn ghabt hot, hobn s' aufn Heilign Geist gwart.

Apostelgeschichte 1